Mönau-Verlag

Ich suche die blaue Blume
Ich suche und finde sie nie
Mir träumt, daß in der Blume
Mein gutes Glück mir blüh.

Ich wandre mit meiner Harfe
Durch Länder, Städt und Au'n
Ob nirgends in der Runde
Die blaue Blume zu schaun.

Ich wandre schon seit lange
Hab lang gehofft, vertraut
Doch ach, noch nirgends hab ich
Die blaue Blum geschaut.

Joseph v. Eichendorff

Helga Volkmann

Ein Samenkorn der Blauen Blume

Gärten und Pflanzen –
real, geträumt, erdichtet

Mönau-Verlag

Originalausgabe

Erste Auflage 2012

© 2012 by Mönau-Verlag, Erlangen

E-mail: moenauverlag@aol.com

Alle Rechte vorbehalten / All rights reserved

Umschlagdesign: Nichola Priestley
privat@cv47.de
Umschlagfoto: Helmut Krauß
Satz und Gestaltung: Konrad Vogt
info@cv47.de

Printed in Germany
www.digital-print-group.de

ISBN: 978-3-936657-68-5

Ein Samenkorn der Blauen Blume

*Gärten und Pflanzen –
real, geträumt, erdichtet*

Vorwort

*Es ist doch, dachte ich, eine wunderbare Anmut,
wie der Mensch in der Gesellschaft mit seinen Pflanzen lebt,
die seinen Geist zum Himmel leiten und seinem Leibe die
einfachste, edelste und keuscheste Nahrung gewähren.*
(Adalbert Stifter)

Es hat viele Jahrzehnte meines Daseins gegeben, in denen ich noch nicht wusste, was das bedeutet: „mit seinen Pflanzen leben". Die Erde des eigenen Gartens berühren und lustvoll damit umgehen, aus diesen einfachen Urtätigkeiten Energien schöpfen. Heilsame Energien, wie ich noch einmal ein paar Jahrzehnte später erfahren durfte.

Da lag es nahe, diesen stillen, zumeist einsamen Gartenfreuden einen Ausdruck zu verleihen. Das kann bei mir nur durch das Medium Wort geschehen.

Die vorliegenden Texte sind fast alle zwischen etwa 1990 und 2005 im Bayerischen Rundfunk (Bayern 2 Radio) gesendet worden. Der Mitschnitt auf Kassetten wird eines Tages aus technischen Gründen nicht mehr oder nur unter Schwierigkeiten hörbar gemacht werden können; so möchte ich die Artikel – teils leicht gekürzt oder etwas erweitert – auf diesem Wege erhalten und jetzt und in Zukunft zugänglich machen: Meinen Kindern, Freundinnen und Freunden, Bekannten und Unbekannten aus der großen Familie derer, die mit Gärten und Pflanzen leben.

Marloffstein, im Sommer 2012

Inhalt

Ein Samenkorn der Blauen Blume	11
Wie der Mensch, so sein Garten	14
Das Wort über den Zaun	20
Gärten für jung und alt	26
Kindheit und Jugend	26
Schulgärten	31
Das Gärtnern in den mittleren Jahren und im Alter	37
Die Sprache der Blumen – die Blumensprache	43
Vom Seelenleben der Pflanzen	57
Mensch und Baum – eine altehrwürdige Beziehung	63
Symbolik und Mythos	63
Einen Baum pflanzen – die dritte Dimension erschließen	68
Gedanken über das Bäumeschneiden und -fällen	71
Der Baum im Märchen	73
Eine kleine Geschichte der Rosenkultur	77
Geschichte und Geschichten von Rebe und Wein	83
Holunder tut Wunder	96
Der Apfel in Volksbräuchen, Mythen und Märchen	102
Die Kräuterweihe der „Wurzbüschel"	107
Des Menschen letztes Gärtlein	112
Gartenkultur im alten Nürnberg	119
Der Pegnesische Blumenorden	132
Gärten und Pflanzen im alten Bamberg	137
Gärten bei Eichendorff	143
Gärten und Pflanzen bei Hans Christian Andersen	150
Die Pflanze im Jugendstil	156

Die Gärten der islamischen Welt 165
Märchengärten 176
    Gärten in den Märchen der Brüder Grimm 176
    Gärten in den europäischen Volksmärchen 182
    Gärten in orientalischen Märchen 188
Zaubergärten – Hexengärten 194

Ein Samenkorn der Blauen Blume

Gärtnern adelt. Über Spaten und Hacke scheint der Gärtner (hier und im Folgenden immer auch die Gärtnerin) auf geheimnisvolle Weise mit den Erdkräften verbunden und über seinen sechsten Wettersinn mit den Himmelsmächten. Abgehoben denken wir uns die Gärtner von Intrigen und Verstrickungen allzu weltlicher Art; kommt einer in Geschichte und Literatur überhaupt vor, so allenfalls, um für Blumenschmuck in den Salons der hohen Herrschaften zu sorgen, nicht aber, um Revolutionen anzuzetteln oder auch nur mitzumachen. Auf ihn (oder sie) ist Verlass, er hat seine Wurzeln im Boden wie das, was er pflegt. Auch wenn Gärtner sich heutzutage mit Hilfe von Computerprogrammen in die Bedürfnisse ihrer Pflanzen einfühlen, sie gar in Kunstfasern betten statt in der heiligen Nährmutter Erde – wir hören es mit Befremden, es passt nicht recht ins Bild, aber der Ruf der Zunft hat bisher noch nicht ernsthaft gelitten.

Freizeitgärtner profitieren ein bisschen von diesem Image. Wir und unsere Gärten – sie sind vom Namen her versippt mit hehren Vorbildern, in verwässerter Seitenlinie zwar, aber etwas von den Quasi-Paradiesen, den „seligen Orten" haftet auch ihnen noch an. Das verpflichtet. Man bindet die grüne Schürze um und streift die Handschuhe mit dem grünen Daumen über – was beides symbolisch gemeint sein kann. Die echten Gartenfreunde brauchen keinen grünen Überzieher für ihre Daumen, denn diese sind naturgrün durchgefärbt bis auf die Knochen. Handschuhe verschmähen sie sowieso zumeist, lustvoll suchen sie den Kontakt mit der Erdkrume; man erkennt sie während der Gartensaison an den brüchigen, mühsam entschwärzten Nägeln und den auffällig gegerbten Hautritzen der Hände. Ungern allerdings teilen sie den Nimbus des von Urbildern geweihten Gärtners mit den Leuten, die ihre Gärten lediglich zum Faulenzen und Grillen haben und allenfalls im Herbst ein paar Tulpenzwiebeln stecken.

In den Medien ist zu lesen, dass man die Gartenbesitzer in Gruppen aufschlüsseln kann: Die wirklich Passionierten, denen ihr Garten alles ist, oder zumindest fast alles und die ihm höchstens in der Winterzeit den Rücken kehren; zweitens die dahinter zurückbleiben und es beispielsweise fertig bringen, gelegentlich zu Urlaubsreisen aus ihrem Garten zu desertieren; drittens die rein „Ertragsorientierten" und schließlich die mehr passiven Liegestuhlgärtner. Das klingt erfreulich. Millionen also kennen das gute Gefühl, wenn man die haarfeinen Würzelchen junger Pflanzen der Erde übergibt oder sich bei der Frühjahrsbestellung plötzlich schwitzend die Jacke ausziehen muss. Rasenmähen, Heckenschneiden, alles recht, aber es scheint da doch eine Rangordnung zu geben.

Nicht unbedingt haben echte Gartenfreunde auch die „schönsten" Gärten. Sie sind experimentierfreudig und haben neben den üblichen „Selbstversorgern" bei den Stauden, Kletterpflanzen, Einjährigen immer auch ein paar schwierige Versuchsobjekte in ihrer Obhut mit ungewissen Wachs- und Blühresultaten, Kümmerlinge unter Umständen, die hässliche Kahlstellen auf den Beeten hinterlassen. Aber solche Herausforderungen braucht diese Sorte Gartenfans, wenn ihnen das Gärtnern Spaß machen soll.

Nie sind ihre Gärten „fertig", immer gibt es etwas umzugestalten, sie jagen der Chimäre eines Paradiesgartens nach. Ihre Gärten sind nicht geleckt, nicht einmal „sauber", denn sie reißen kein Pflänzchen aus, das sie nicht identifizieren können – immer halten sie es für möglich, dass der Wind ihnen ein Samenkorn der Blauen Blume in den Garten geweht hat. Sie frohlocken über feuchtes „Wachswetter" für ihre frischgesetzten Pflanzen, auch wenn ihnen damit ein Ausflug verregnet ist. Sie leiden mit den Kahlfrösten und werden zu bestimmten Zeiten nicht müde, mit ihresgleichen zu erörtern, ob die Eisheiligen noch kommen oder nicht.

Sie führen außerdem ein Gartennotizbuch oder nehmen es sich zumindest jedes Frühjahr von neuem vor, um alle Momenteinfälle für Verbesserungen hier und jetzt festzuhalten. Eine wohlgenährte Quecke zwischen Zierpflanzenarrangements stört sie selbst in fremden Gartenbeeten und öffentlichen Anlagen; irgend etwas Unkontrollierbares in ihnen treibt sie zu Boden, um diese auszureißen. Ihre gärtnerische Phantasie, ihre Schaffenslust erlahmen selbst nach zehn oder zwanzig Jahren nicht – gerade dann erst recht nicht.

Verständlich, dass bei all dem emsigen Werkeln leicht die mehr besinnliche Seite im Umgang mit der gehegten Natur zu kurz kommt. Diese Spezies von Gartenfreunden bindet die grüne Schürze auch sonntags nicht ab, sie laden unterprivilegierte Stadtmenschen ein, unbedingt mal vorbeizuschauen und ihnen beim Genießen zu helfen. Aber eigentlich ist das nur ein Vorwand für eine lehrhafte und langwierige Gartenbegehung; sie lieben solche Rundgänge. Danach sind Besucher eher im Wege.

Also, Gartenfreunde haltet ein, eure Gartenmöbel sind auch für Euch selbst zu müßigem Sitzen da! Beugt euch über eure Beete, aber nicht nur zum Hacken und Jäten. Nicht allem, was da in Fülle wächst und blüht, kann man sich mit ungeteilter Aufmerksamkeit zuwenden, aber eine Staude – oder auch zwei oder drei – sollte man durch das Gartenjahr genau beobachten, von der winzigen Blattrosette über all die Wunder ihrer Entfaltung bis hin zum herbstlichen Vergehen. Dazu eine Rosenknospe in den Tagen ihres Sich-Öffnens und eine Mohnknospe in den wenigen Stunden, da die papierknittrigen Blütenblätter das Grün sprengen und sich zum Kelch auseinander spreizen.

Auch sprechen dürfen wir nicht nur durch Blumen, sondern mit ihnen; wie gut ihnen das tut, hat sich inzwischen herumgesprochen. Die Kommunikation mit den Elementen des eigenen Gartens muss nicht in Worten geschehen: Ein Wiesen- oder Rasenstück erschließt sich beispielsweise erst, wenn man darin ganz ruhig und allein gelegen hat. Die „Spontanvegetation", der Wildwuchs also auf den künstlichen Magerböden: Den Terrassenfugen etwa, den Kiesaufschüttungen ums Haus, den Wegspalten – wer brächte es über sich, sie auszurupfen oder gar wegzuspritzen, wenn er sie zuvor genau betrachtet hätte, die zierlichen Miniformen von Hirtentäschel, Franzosenkraut, Bellis. Oder die Dramen, die sich in Spinnennetzen abspielen, die es zu beobachten lohnt, und rings um die blühenden Wildstauden das emsige Geschwirr von Schwebfliegen, Schlupfwespen und ähnlichem Insektengetier, das der kundige

Gartenfreund natürlich auseinander zu halten und für ökologische Zwecke zu nützen weiß.

Bäume und Büsche sollten auch nicht nur Objekte für den Winterschnitt sein; zwar fehlt ihnen im Winter das, weswegen wir sie gepflanzt haben, aber jetzt geben sie ihren eigentlichen Wuchs preis, sofern man sie nicht zur Uniform gestutzt hat. Es tut gut, sich vor sie hinzustellen und ihre Gestalt mit Muße in sich aufzunehmen. Auch den Vögeln schaut man in der Zeit der entlaubten Bäume besser ihr Gebaren ab.

Bessere Menschen sind die Gärtner und ihre Hobby-Kollegen wohl nicht unbedingt. Aber sie hätten gute Chancen, wenn sie die Lektionen nur annehmen und beherzigen würden, die ihnen die Natur anbietet: Genaues Hinsehen, Hinspüren auf die Bedürfnisse von etwas Lebendigem, das ihrer Pflege anvertraut ist. Und Geduld – pflanzen, säen, wässern, dann aber vor allem warten können. Das käme einem nicht nur im Garten zustatten.

Wie der Mensch, so sein Garten:

Psychologische Aspekte des Gärtnerns

Es wird berichtet, dass ein englischer Weber im Jahre 1847 zu Tode kam, weil er sein Tulpenbeet mit seiner einzigen warmen Decke gegen die Nachtfröste schützte, anstatt sich selbst damit zuzudecken. Eine hintergründige Geschichte, die auf soziale Missstände hinweist. Sie fasst gleichzeitig die berühmte Gartenliebe der Engländer in ein prägnantes Bild, lässt aber doch einige Fragen offen. War der Mann vom Tulpenfieber befallen, jener grassierenden Seuche, die seit dem 17. Jahrhundert in Westeuropa die unscheinbaren Zwiebeln mit den wunderbaren Blühmöglichkeiten zu Liebhaber- und Spekulationsobjekten machte? Oder hätte er jede seiner Kulturen so aufopfernd geschützt? Eine dicke Decke, beschwert noch durch die Nachtfeuchte, mag mit ihrem Gewicht den Tulpen mehr zugesetzt haben als ein bisschen Bodenfrost. War er also ein kopfloser Hysteriker?

Gern würden wir dem guten Mann über die Zeiten hinweg mit ein paar Rollen Abdeckvlies aushelfen. Auch seine Tulpen hätten wir ihm wohlfeil über den Versandhandel oder im Gartencenter ersetzt. Ein Vorschuss an Sympathie begünstigt Gartenfreundinnen und -freunden untereinander, und sowieso profitiert der Gärtner – und hier ist grundsätzlich die Gärtnerin ebenso gemeint – vom positiven Image, das seiner Zunft anhaftet. Diese Leute, die mit den Kräften der Erde und des Wachstums umzugehen verstehen – wer traut ihnen etwas Böses zu? Jean Gabin etwa als Hobby-Gärtner beim Ausputzen seiner Rosen in einem seiner späten Filme, welcher Kommissar, welcher naive Kinogänger vermutete in ihm einen verkappten Ganoven? Auf die Gärtner ist Verlass, meint man. Sie haben ihre Wurzeln im Boden wie das, was sie pflegen.

Gärtnern macht sesshaft. Wer einen Garten hat, der wird seiner Nomadennatur, der wird seinem Fernweh Zügel anlegen müssen. Gärtnern macht friedliebend. Wer die Mühen kennt, die es kostet, ein Stück Land unter Kultur zu nehmen, dem werden Skrupel ankommen, wenn es darum geht, fremde Gärten zu verwüsten. Gärtnern macht geduldig. Säen, pflanzen – und dann warten mit dem langen Atem, den wir brauchen im Umgang mit den Geschöpfen und den Vorgängen der Natur – wir, die gewohnheitsmäßigen Vorantreiber und „Macher". Sesshaft, friedlich, geduldig – so sind die Gärtner also die besseren Menschen? Nicht unbedingt, denn in allzumenschlicher Beschränktheit nehmen wir die Lektionen der Natur nur unvollkommen an. Mag sein, der stete Tropfen, das „Alle-Jahre-Wieder" verfehlt mit der Zeit seine Wirkung nicht. Geläutert und besänftigt ziehen sie sich vielleicht irgendwann ganz zu ihren Pflanzen zurück, um ihnen das letzte Geheimnis ihres vollkommenen Blühens und Reifens abzulauschen, wie es von den chinesischen Weisen berichtet wird. In den aktiven Gärtnerjahren sind sie von dieser Art positiver Resignation jedoch weit entfernt.

Kehren wir noch einmal zu jenem englischen Tulpenfanatiker zurück. Zweifellos war er ein exzentrischer Typ, doch als solcher unter den Gartenfans kein Einzelfall. Nach wie vor erkennt man sie an ihren seltsamen Marotten, welche anderen Gartenbesitzern befremdlich erscheinen müssen, die eben auch ein bisschen garteln, weil ums Haus ein Stück Land nicht brach gelassen werden kann oder weil der Doktor Bewegung verordnet hat, joggen zum Beispiel oder eben Gartenarbeit. Die besondere Spezies Mensch mit den höheren Gartenweihen – von Spaziergängen tragen sie etwa Rossäpfel oder Kuhfladen in Plastikbeuteln heim, um ihren Kompost damit zu impfen, und für spezielle Schützlinge ihrer Kulturen eimerweise die feimkrümelige Erde von Maulwurfshaufen. Diese Menschen sammeln Kaffeesatz, nicht etwa, um die Zukunft daraus zu lesen, sondern weil angeblich ihre Regenwürmer ihn besonders schätzen. Sie können überhaupt Regenwürmer, Ohrwürmer, Schnecken mit bloßen Händen anfassen, nur weil es ihrem Garten nützlich ist. Habsucht kann über sie kommen angesichts der besonderen Varietät einer Staude, die sie noch nicht haben: Ein verstohlener Blick, ein Tritt ins fremde Beet, Plastiktüte und Schäufelchen hervorgeholt, die für solche Zwecke immer in der Tasche mitgeführt werden, einen Seitentrieb abgetrennt – und schon ist Dein zu Mein geworden. Diese Art des „Mundraubs" übrigens wird unter Gartenfreunden als Kavaliersdelikt angesehen, und eine plausible Entschuldigung liefern sie gleich mit: Geklaute Ableger wachsen besonders gut an, behaupten sie.

Auch andere Menschen lassen sich gelegentlich von ihrem Steckenpferd gehörig herumscheuchen und drangsalieren und sind unter seinem Einfluss zu manchem fähig, die Drachenflieger zum Beispiel oder die Amateur-Pianisten. Ist also das Gärtnern ein Hobby wie jede andere ernsthafte Freizeitbeschäftigung? Das muss entschieden verneint werden. Es ist vielmehr ein Ur-Bedürfnis, das bestimmte Menschen zu der Ur-Beschäftigung drängt, von der einstmals das Überleben abhing: Sich mit der Erde und dem Pflanzenreich zu verbünden, ein Stück Natur unter Kultur zu nehmen. Es scheint so etwas wie ein Garten-Gen zu geben, das in unzuverlässiger Linie vererbbar ist. Seine Auswirkungen schwemmen jedes Frühjahr von neuem bestimmte Erreger ins Blut, und das bis ins hohe Alter. Wohl dem Betroffenen, dem ein gütiges Geschick ein Stück Land beschert! Doch als der Zunft zugehörig kann man sich auch schon an ein paar Balkonkästen erweisen. Für das Grunderlebnis des Gärtnerns bedarf es nicht viel: Ein paar Körnchen und ein bisschen Erdreich. Und dann den zarten Flaum einer aufgegangenen Saat feiern, das Treiben, Sprossen und Sprießen aus Kernen, Knollen und sonstigen Wunderkeimen, in denen Flora ihre Kräfte verbirgt, bis sie mit unserer Starthilfe zum Leben erwachen. Eine schöne Illusion von Schöpfung und Allmacht!

Jenes Extra-Garten-Gen trifft auf die unterschiedlichsten Charaktere und verbindet sich mit diversen Temperamenten. Nahe liegend ist, dass es sich bei den einfühlsamen Naturen besonders gut entfalten kann. Das sind die Leute, denen jede Katze gleich auf den Schoß springt, die jeder Hund anwedelt. Sie kommunizieren auf magische Weise auch mit Pflanzen. In ihrer Nähe, unter ihrem Blick scheinen Pflanzen aufzuatmen und alle ihre Kräfte zu sammeln, um ihr Bestes zu geben. Sie sind die potentiellen Gartenkünstler, auch wenn sie womöglich niemals einen Garten ihr eigen nennen dürfen. Im Umgang mit ihren Pflanzen haben sie etwas von Saint-Exuperys „Kleinem Prinzen", der auf seinem Mini-Planeten seine geliebte, himmlische, einzige Rose mit einem Glassturz gegen die Unbilden des Lebens zu schützen versucht. Das ist poetische Überhöhung, doch auch in der Realität gibt es die mit den überempfindlichen Organen für alles Feingesponnene. Im Extremfall können sie keine Schnittblume um sich haben, weil sie deren Sterben in ihrer Nähe nicht ertragen.

Bei aller Sympathie für soviel sensible Teilhabe am Wachsen und Welken in der Natur – zum erfolgreichen Gärtnern gehört doch auch ein Quantum Robustheit. Schnecken, Engerlinge und anderes Ungeziefer muss man umbringen können, und das ist weder appetitlich noch den Tierchen gegenüber einfühlsam. Rabiat muss man die Disteln und andere schmucke Samenverstreuer rechtzeitig köpfen können. Bäume fällen, Hecken rigoros eine Form aufzwingen, bestimmte Pflanzen zu Unkraut erklären und sie ihrem natürlichen Lebenszyklus entziehen – Gärtnern ist immer auch ein Angehen gegen die Natur, es fordert uns stets von neuem einen Balanceakt ab, der selten ganz gelingt. Der eine hält es von seinem eigenen Wesen her eher mit dem Laissez-faire, der andere mit dem Ordnen und Planen. Dieser hat seinen Garten durchgestaltet bis ins hinterste Eck. Er liebt seine schnurgerade Tulpenallee, die vegetationsfreien Wege und sandstrahlgesäuberten Pflastersteine geben ihm das beruhigende Gefühl, alles unter Kontrolle zu haben. Der andere betreibt „ökologische Minimalbestellung", ein positives Etikett für eine die traditionellen Gartensitten unterlaufende Arbeitshaltung: Der etwas versumpfte Gartenteich, verschwiegene von keinerlei Gärtnerfleiß aufgespürte Winkel, in denen Rumpelstilzchen unbelauscht ums Feuer tanzen könnte, wo zumindest der Igel keine Störung fürchten muss.

Das sind Extrempositionen. Dazwischen liegt die ganze Skala gärtnerischer Möglichkeiten, und das alles hat seinen tiefenpsychologischen Hintersinn, über den zu spekulieren hier zu weit führen würde. Die Urangst vor dem Chaos aber sei doch erwähnt – und die kann schon ein liegen gebliebener Reisighaufen wachrufen. Und als Gegenzauber jene Ordnungsliebe, die sich natürlich in den Innenräumen fortsetzt, nur dass sie dort nicht so auffällt. Der Garten liegt eben im Grenzbereich zwischen dem Innen und dem wirklichen Draußen.

Es gibt Gärten der Repräsentation und solche bewusster nobler Beschränkung. Es gibt protzige Gärten, die von unersättlichem Habenwollen künden, und trotzige Gärten, die wie ein Fanal gegen den Standard der Nachbarschaft stehen. Manche Gärten sind in ihrer Gestaltung auf halbem Wege stecken geblieben, und auch das geschah nicht von ungefähr. Sie alle zeigen auf subtile Weise die seelische Befindlichkeit ihrer Besitzer an. Bei all diesen Zuweisungen ist natürlich immer zu forschen, wer in der Familie mit seinem Gestaltungswillen und seinem Pflegestil im Garten den Ton angibt. Gärten der Besserwisser und Alleskönner gibt es, aber das merkt man erst, wenn diese den Gast zu einer langwierigen und lehrreichen Gartenbegehung geködert haben. Triumphierend deuten sie auf die vom Nachbarn weggeworfenen Stiefmütterchen, die

Chrysantheme vom Friedhofsmüll, die sie alle wieder kerngesund gepflegt haben. Und wenn man gemeinsam nach dem Namen einer Pflanze sucht – sie haben ihn immer zuerst auf der Zunge und den lateinischen gleich dazu. Man wird sie im Sommer nicht wieder besuchen.

Auch wie es jemand mit der Grundstückseinfriedung hält – mit Hecken und Zäunen also – legt psychologische Schlüsse nahe: Die blickdichte Hecke in doppelter Pflanzung, die kettengesicherte Garageneinfahrt, doch auch das Gegenteil dieser Haltung, also unbekümmertes Zur-Schau-Stellen der eigenen Lebensweise hinter Maschendraht und ein paar Sommerblumen, sowie all die Zwischenstadien – das hat etwas mit dem Verhältnis zu Eigentum, zu Öffentlichkeit und menschlicher Nähe zu tun.

Unsere gärtnerischen Gewohnheiten sind uns also keineswegs so zufällig dahergeweht wie die Samen, die uns Vögel in die Beete streuen. Und auch die Arbeiten, die wir bevorzugen und die uns besonders wohl tun, hängen mit den Grundmustern unserer Psyche zusammen. Wer das Kniebänkchen verschmäht, das eine wohlmeinende Seele ihm als Geschenk unter den letzten Christbaum stellte, und wer es grundsätzlich „vergisst", die Handschuhe mit dem grünen Daumen überzustreifen – der genießt eben den direkten Kontakt mit Mutter Erde. Er hat ihn vielleicht besonders nötig. Andere sollten da nicht dreinreden, sollten über die während der Gartensaison zumeist leicht geschwärzten Nägel und rissigen Fingerkuppen und die erdigen Flecken in der Kniegegend seiner Arbeitshose hinwegsehen.

Natürlich lieben alle Gärtner zuvorderst die aufbauende Arbeit des Säens und Pflanzens, sagen sie. Aber ist das wirklich so? Empfindet nicht mancher eine von keiner anderen Arbeit zu übertreffende Lust beim destruktiven Akt des Jätens, beim Nachspüren langer Wurzeln im nackten Erdreich, ihrem Widerstand und dem sanften Ruck, mit denen wir ihnen den Garaus machen?

Das Jäten übrigens gilt noch immer als eine typisch weibliche Arbeit. Natürlich gibt es, wenn in der Familie gemeinsam gegartelt wird, eine ziemlich verbindliche Rollenverteilung. Männer jäten nur, wenn sie für alle Gartenarbeiten zuständig sind. Schreddern dagegen ist eindeutig Männersache. Auch die neue Methode, Wühlmäuse zu vertreiben – nämlich mittels Schallwellen -, werden eher Männer praktizieren, die sie gewiss auch erfunden haben.

Es gibt einen alten Spruch, der besagt: „Gärten sind Visitenkarten – wie der Herr, so der Garten." Auch der Garten also eine jener papierfreien Visitenkarten, die wir angeblich laufend verteilen, wie der Schreibtisch, der Autokofferraum, der Nähkasten. Und immer geht es dabei um Ordnung und Sauberkeit. Eine etwas verkürzte Sichtweise, zumal, wenn es um den Garten geht. Die wahren Kardinaltugenden des Gartenfreundes – der freudige, einfühlsame Umgang mit den seiner Obhut anvertrauten Mitgeschöpfen -, die offenbaren sich nicht über jene „Visitenkarten"", also mit dem flüchtigen kritischen Blick über den Zaun in den Vorgarten.

Das Wort über den Zaun

Soziale Aspekte des Gärtnerns

„...Wenn in den Schnabelbohnen drin / der Jemand eine Jemandin / man kann wohl sagen herzlich küsste...", so dichtete Wilhelm Busch.

Gärtnern verbindet. Und dabei sind es natürlich nicht nur – und nicht einmal in erster Linie – erotische Bande, die sich in Gärten und Parks besonders gut knüpfen lassen. Blick und Wort durch die Hecke hindurch oder über den Vorgartenzaun stiften Gemeinsamkeit. Es entsteht so etwas wie Komplizenschaft beim zweistimmigen Klagelied über die neuerliche Schneckenplage, beim Lobgesang auf die heuer besonders üppige Rosenpracht. Auch wenn der Ratschlag mit der Bierfalle gegen die Schnecken ein bisschen abgestanden ist – darum geht es nicht. Zäune und Hecken bauen Schutzwälle und Hürden auf; Gartengespräche aber helfen, diese wieder einzureißen. Ein mühsam allen Widrigkeiten abgerungenes Alpengärtchen in 1.500 m Höhe und seine Besitzerin, die den fremden Wanderern ihre Strategien gegen frühsommerliche Nachtfröste vorführt; ein Atriumhöfchen in Griechenland, an die weißgekalkte Mauer gelehnt das mannshohe purpurne Farbwunder einer Pelargonie und der Besitzer, der dem fremden Bewunderer einen Trieb abzwackt und ihm mit Gesten bedeutet, wie er ihn am besten einpflanzen soll – es braucht nicht viel, und das Band ist geknüpft. Der Kreis schließt sich, der Gartenfreundinnen und -freunde miteinander verbindet.

Dabei muss der Garten nicht immer präsent sein, um sich über ihn zu verständigen. Irgendwo zwischen Hannover und Kassel in einem Zugabteil kommt die Rede auf den ausbleibenden Regen, plötzlich steht gemeinsame Sorge um die dürstenden Gartenkulturen im Raum. Man tauscht sich aus über Schachtelhalm-Absud und Brennnesseljauche; fast hätte ich die offensichtlich gartenkundige Dame mir gegenüber sogar gefragt, wie sie das macht mit ihren makellos manikürten, zinnoberrot lackierten Fingernägeln, wie sie die mit der Gartenarbeit vereinbart.

Die Wahrscheinlichkeit ist zum Glück ziemlich groß, dass Gartenfreunde – und damit seien ein für allemal die Gartenfreundinnen ebenso gemeint – auf ihresgleichen treffen. Laut Statistik bezeichnen sich über die Hälfte aller Gartenbesitzer als „aktive Hobby-Gärtner" – Leute also, denen das Gärtnern Spaß macht. Dabei reicht die Skala von den Samstags-Rasentrimmern, die im Herbst ein paar Tulpen stecken und im Frühjahr Sommerblumen aus dem Gartencenter setzen, bis hin zu den Fast-Profis mit durchgefärbten grünen Daumen und aus Erfahrung geborenen Antworten auf fast alle Gartenfragen. Die nicht praktizierenden, nur potentiellen Gartenliebhaber werden von der Statistik natürlich nicht erfasst: Die Leute also, denen das Schicksal kein Häuschen oder zumindest eine Laube in einen Garten gestellt hat – und das ist in Deutschland rund die Hälfte der Bevölkerung – und die doch das Zeug zum freudigen Umgang mit Mutter Erde und Schwester Pflanze hätten. Sie bleiben in der imaginären Subkultur der

Hobby-Gärtner außen vor. Denn der Besitz oder zumindest der Niesnutz eines Gartens ist Voraussetzung für Gartenlust und Gartenfrust.

Wie aber wird man Gartenbesitzer? Einen Garten kann man eigentlich nicht kaufen, so wenig wie die anderen wichtigen Dinge im Leben, Freundschaft etwa oder Gesundheit. Man kann ein Stück Land erben. Oder man kann es sich grundbuchamtlich überschreiben lassen und dafür einen mehr oder weniger erklecklichen Betrag vom eigenen auf ein fremdes Konto überweisen. Man spart Kosten und Mühe, wenn dieses Stück Land bereits Gartencharakter hat. Wirklich zu eigen aber wird es einem erst, wenn man gehörig und schweißtreibend darin herumgewerkelt hat.

Für die meisten Leute steht am Anfang ihrer Gartenkarriere ein von Baufahrzeugen malträtiertes, bodenverdichtetes Grundstück, das einstweilen die einzige Funktion hat, Abstand zum Nachbarn zu schaffen. Auf Brettern balancieren sie durch ihren späteren Vorgarten in ihr Eigenheim, das zunächst für den planenden Verstand und den Geldbeutel absoluten Vorrang hat. Dass jene wüsten Schollen ums Haus herum nach Bearbeitung schreien, wird als notwendiges Übel betrachtet. „Am besten zubetonieren und grün anstreichen!" – das heißt „pflegeleicht um jeden Preis"; diesen Rat eines Zynikers in Gartendingen weist man zunächst durchaus nicht empört von sich.

Doch das kann und wird sich ändern. Es geht ein Sog aus von gewissen menschlichen Ur-Beschäftigungen: Dem Formen eines Stückes Ton zu einem Gefäß zum Beispiel oder eben dem Urbarmachen eines Stückes wüsten Landes, um ihm menschliche Nahrung, Sprießen und Blühen zu entlocken. Für wen das Gärtnern dann früher oder später die wichtigste Nebensache der Welt wird, das hängt von vielerlei Umständen ab. Ein Vorbild aus dem Elternhaus, einfühlsam vermittelt, ist ein gutes seelisches Kapital. Manchen scheint der grüne Sinn in die Wiege gelegt, und es bedarf dann bloß jenes mehr oder weniger unbestellten Stückes Landeigentum, um den inneren Fundus zu aktivieren und eben jene Kombination von sensibler Naturverbundenheit und robustem

Gestaltungswillen zum Tragen zu bringen, die den erfolgreichen Gärtner ausmachen.

Wenn der Virus der Gartenleidenschaft oft Jahrzehnte braucht, um auszubrechen, so hat das etwas zu tun mit der Häufung von Aufgaben im frühen und mittleren Erwachsenenalter. „Bei uns gartelt die Oma" – so ist zumal im ländlichen Umfeld zu hören. Die hätte es wahrscheinlich schon immer gern getan, wenn dafür Zeit gewesen wäre. Die Älteren sind unter den aktiven Gärtnern überrepräsentiert, das bestätigt auch die Statistik. Im Ganzen aber gibt es kaum ein Hobby, das in ähnlicher Weise Alters- wie auch Standesunterschiede nivelliert. Der Mann mit der Schubkarre in ausgefranstem Hut und grünfleckigen Jeans – ist es der Herr des wohlgepflegten Anwesens, oder ist es sein Gärtner? Cyrus, der allmächtige Perserkönig, soll in seinen sagenhaften Parks selber Bäume gepflanzt haben; dem Fürsten Pückler-Muskau wurde die Nebensache Garten zur Vermögen verschlingenden Hauptsache. Goethe, der engagierte Betreuer mehrerer Gärten – nur diese drei seien aus der langen Reihe prominenter Gartenfans genannt. Sie werden sich kaum regelmäßig Hände und Schuhe beim tätigen Umgang mit Hacke und Spaten schmutzig gemacht haben. Aber gepackt hat es sie doch. Und ihre Gartenlust teilen sie über Zeiten und soziale Barrieren hinweg mit all den namenlosen Groß- und Kleingärtnern in Floras Diensten.

Frauen haben sich als Gartenfreundinnen kaum je einen Namen gemacht, sieht man einmal ab von Vita Sackville-West und Gertrude Jekyll, die im England unserer Tage Maßstäbe für Ziergärten setzten. Und dann war da noch, um die 3.500 Jahre früher, die ägyptische Pharaonin Hatschepsut, die ihrem Gotte zu Ehren einen Hain anlegen ließ und, um ihn mit exotischen Bäumen zu bestücken, jene berühmte botanische Expedition ins Wunderland Punt schickte. Gärtnern Frauen also seltener und weniger freudig? Das muss entschieden verneint werden. Möglich, dass Urmutter Eva selbst sogar die erste Gärtnerin war. Wahrscheinlich aber experimentierten Frauen in der Frühgeschichte der Menschheit als erste mit aufgelesenen Samen und mit Anbaumethoden, um die Mäuler der ihnen Anvertrauten zu stopfen, während die Männer in Sachen Jagd- und Kriegsbeute unterwegs waren. Die Zuständigkeit der Frauen für das Eingefriedete ums Haus herum, also den Garten, zieht sich durch die Zeiten bis in unsere Tage. Zumindest in Mitteleuropa war und ist der Garten Domäne der Bäuerin – ein Nutzgarten, der Zukost für die Küche liefert. Das schließt die Gartenlust nicht aus. Der Bauer brummelt, weil die Frau nach seiner Meinung allzu viel Zeit vertut mit dem „Zeugs, das nichts bringt". Und tatsächlich hat sie gerade liebevoll ihre Saatschalen mit Tagetes und Löwenmaul betreut oder sich mit Worten über den Zaun aufgehalten und mit der Nachbarin Dahlienknollen ausgetauscht. Den Damen der besseren Stände war das aktive Gärtnern dagegen sowieso verwehrt. Eine Rose schneiden, einen Trieb hochbinden, das stand ihnen wohl an, nichts aber, was nach Arbeit aussah – Gefahr für die edle Blässe, Gefahr auch, unbefugte Blicke auf bloße Waden und auf mehr zu lenken.

Diese rigide Rollenverteilung im Garten ist inzwischen längst durcheinandergeraten, zumal im geographischen und sozialen Umfeld der Stadt. Auch Männer pflegen ihre Gärten mit Lust und Engagement. Wenn ihnen der Sinn danach steht, ihre grünes Potential auszuleben und in Gartenaktivität umzusetzen, sind sie keineswegs nur mehr fürs Grobe und Harte zuständig. Die ganze Palette der Arbeiten steht ihnen offen. Sie legen Teiche und Plattenwege an, bauen Gewächshäuser, sie ziehen Pflanzen und reden sie mit lateinischen Namen an, sie propfen Bäume und züchten Lilien. Diese Sorte Männer jäten auch und bekennen sich mit dieser traditionell niederen Arbeit offen zu ihrem Hobby. Denn so wenig wie Männer sich je um das Federvieh kümmerten, so wenig hätten sie Unkraut gezupft. Der neue, der postmoderne Mann aber schreckt auch davor nicht zurück.

Im Ganzen und in der großen Überzahl sind es jedoch nach wie vor Frauen, die sich voll auf ihren Garten einlassen und allenfalls beim Rasenmähen, Bäume-Schneiden, Zäune-Reparieren männliche Zuarbeit akzeptieren. Das geduldige Hegen und Pflegen, der Zentralbereich allen gärtnerischen Tuns, gilt jedoch nach wie vor als dem Weiblichen ur-gemäß. Auch beim Neugestalten und Ausprobieren sind eher Frauen die treibende Kraft. Ihre Sache ist es auch, die sozialen Normen der Vorgartenkultur einzuhalten, und die sind – zumal auf dem Lande – streng. Der Blick über den Zaun kann auch scheel, das Wort über den Zaun missgünstig sein. Unkraut wird da nicht schöngeredet, sondern gilt als Ärgernis. Vogelmiere, Schachtelhalm zeigen nicht nur wertneutral diesen und jenen Boden an, sondern sind Indiz für Abweichungen von properen Gartensitten und können rufschädigend sein.

Der Garten, Schnittpunkt von Privatsphäre und Öffentlichkeit, eignet sich natürlich auch zu positiver Selbstdarstellung, und zwar besser als jedes Wohnzimmer. Das wussten schon die barocken Fürsten, denen ihre Parks vor allem als Theaterbühnen zu festlicher Repräsentation dienten. Gartenfeste sind auch heute Höhepunkte des Sommers und lohnen im voraus spezielle Putzorgien und tausend Stoßgebete zum Wettermacher. Und wenn auch die Gastgeber bei solchen Gelegenheiten – ganz wie ehemals die Fürsten – Huldigungen und Komplimente, ihre Gartenarrangements betreffend, gern entgegennehmen, so wird doch vor allem das ungezwungene Flair geschätzt, das bei einer Party unserer Tage mit grüner Kulisse von der Natur mitgeliefert wird.

Konkurrenzdenken und Gruppendruck stellen sich eher im Alltag ein. Das unerreichbare Wunschbild des makellosen Rasens steht dabei im Mittelpunkt des edlen Wettstreits, wie die fachkundigen Ratgeber an den regionalen Gartentelefonen zu berichten wissen. Kirschen aus Nachbars Garten sind nicht nur sprichwörtlich süßer – auch sein Rasen ist dichter, grüner, unkrautfrei und damit eine ständige Herausforderung für eigene Rasenpflege. Wir halten uns für selbstbestimmt in unserem Gartenstil und werden doch mit sanften Banden vom Zeitgeist gezogen. Selbst an eingefleischten Individualisten gehen Moden nicht spurlos vorüber. Damals in den protzigen Siebzigern war es die Ansammlung teurer Koniferen, das Nutzgärtlein bekam für Statusbewusste den Geruch von Arme-Leute und Billignahrung und schrumpfte zusammen auf ein paar Stängel Schnittlauch und Petersilie. Im Zuge der neuen Natürlichkeit musste es dann das Feuchtbiotop sein, die Wildstaudeninszenierung. Bäuerliche Natursteintränken, „echt antik", zogen in städtische Gärten ein und wurden plötzlich sehr teuer. Der Trend zu „immer mal was Neuem und Ausgefallenem" machte Pflanzen zu Wegwerfprodukten. Eben mal ein Dutzend der lilablauen Rose ‚Mainzer Fastnacht' etwa – und dafür die gute alte ‚Gloria Dei' ausgerissen und entsorgt – ein Trend, der glücklicherweise jetzt eine gewisse Umkehr erfährt.

Gartenfreunde pflanzen und pflegen aus Spaß an der Freud', weil es manchmal sein muss und weil es ihnen immer gut tut. Dabei kann es vorkommen, dass draußen einer vorbeigeht, anhält und einen Blick der Bewunderung über den Zaun wirft, auf die üppigen Schäfte des Rittersporns vielleicht oder das Spiel der Falter um die Budleia. Der Gärtner, die Gärtnerin richten sich staunend aus ihrer Hockstellung auf. Sie sind nicht eitel, aber das sind doch unerwartete Streicheleinheiten für ihr Gärtner-Ego. Womöglich spinnt sich ein Dialog an. Solche Momente sind Höhepunkte in ihrem Gartenleben.

Gärten für jung und alt

Kindheit und Jugend

Der Garten der Großeltern war wirklich riesig. Es gibt ihn schon lange nicht mehr. Wo jetzt ein vom Städtischen Gartenbauamt recht und schlecht mitbetreuter Vorgarten als Abstandsgrün zwischen dem Haus und einer vierspurigen Durchgangsstraße fungiert, war damals ein Rosenrondell. Gegenüber stand der alte Birnbaum, und aus seinen Ästen kamen, wenn die Großmutter das Küchenfenster öffnete und die Lippen zu einem speziellen Flötenton spitzte, Singvögel auf ihre Hand geflogen und pickten ihre tägliche Ration Körner auf. Im Schatten des Birnbaums, in einer Zinkwanne auf hölzernem Bock, badete sie auch den gemischrassigen, schwarz-weiß gefleckten Hund Bobby, wenn sie es für nötig befand. Das Kind stand daneben und durfte das glitschige Stück Kernseife halten. Die Großmutter war für die Tiere zuständig und der Großvater für die Pflanzen. An der Stelle der jetzigen Asphaltwüste erstreckten sich damals seine Gemüse- und Erdbeerbeete und im Frühling die soldatisch akkurat aufgereihten Tulpenalleen. In den Tulpenkelchen waren zu Ostern die kleinen Zuckereier versteckt, und unter den jungen Rhabarberblättern durfte man einen Schokoladenhasen vermuten.

Gefrühstückt wurde bei gutem Wetter in der Laube, und da hatte der Großvater einen Teil seines Gartentagwerks bereits hinter sich. Er wusch sich die Hände in der Wassertonne und legte dann dem Kind wortlos ein paar Beeren auf den Teller – obwohl das Beerenpflücken eigentlich Frauensache war. Und damit wurde der ungeliebte, schleimige Milch-Haferbrei, von dem man angeblich groß und stark wurde, kulinarisch stark aufgewertet und bekam zumindest bissenweise eine köstliche Geschmacksnote. Dann legte der Großvater seinen Strohhut auf die Bank, fuhr sich mit dem Taschentuch über Stirn und Nacken und langte zu. Er strahlte Gärtnerzufriedenheit aus.

Im Elternhaus gab es über die Jahre und für den Alltag einen vergleichsweise kleinen Garten, mit einem Sandkasten und einer Schaukel und ein paar Obstbäumen, in die man dann sogar hineinklettern konnte, als sie herangewachsen waren und verlässlich tragende Astgabeln hatten. Die Eltern taten im Garten, was zu tun war; sie strahlten dabei jedoch keinerlei Verklärung aus, wie bisweilen der Großvater. Es wird also sein Beispiel sein, das unterschwellig fortgewirkt hat und in mir viel später das Samenkorn der Gartenlust hat aufgehen lassen. Von den Eltern sprang kein Funke über, und doch war es wichtig für das Kind, den Vater, der in seinem technischen Beruf die ganze Woche über zu abstrakten, unbegreiflichen Zielen außer Haus war, hier und jetzt im Garten bei einer überschaubaren, konkreten Arbeit zu erleben: Eine wichtige Erfahrung für jedes Kind.

Von den Eltern wurden dann auch gewisse Leistungen eingefordert: Die Wegränder jäten, junge Gemüsekulturen wässern, den Zaun zum Nachbarn von Unkraut freihalten. Es kann nicht viel gewesen sein, der Garten war nicht groß. Wie aber kommt es, dass bei mir – und bei vielen anderen, die ich über Gartenerlebnisse der Kindheit befragt habe – gerade diese kleinen Pflichten nur als lästig empfunden wurden und auf der Negativbilanz im Gedächtnis geblieben sind?

Kinder brauchen Gärten – doch wie viel und welche Art von Gärten braucht ein Kind? Gartenfreude jedenfalls versteht sich nicht von selbst, schon gar nicht bei Kindern. Und sie hat zum Glück mit der Größe des Gartens und dem mehr oder weniger an Luxus seiner Ausstattung herzlich wenig zu tun. Lärmen, Fußballspielen innerhalb des eigenen Grundstücks – zugegeben, solche Dinge machen Spaß und setzen großzügig bemessene Grenzabstände voraus, die kaum je gegeben sind. Erziehung zur Gartenlust jedoch, das Heranführen an die Freude des Gestaltens mit und in der Natur, das geschieht auf einer anderen Ebene. Es ist eine Sache des Vorbildes, wie fast alles, was erzieherisch gelingen soll. Vielleicht springt ein Funke über und das Kind begreift, dass es sich lohnt, mit Samentüten und selbstgezogenen Pflanzen umzugehen. Und es begreift damit eine überaus wichtige Lebenslektion: Wenn das Ganze stimmt und freudig erlebt wird, dann wird auch das Lästig-Alltägliche wie Hacken und Gießen fraglos und klaglos hingenommen und erledigt.

Dem Vorbild also kommt eine weittragende Bedeutung zu. Eine schwerwiegende Verantwortung, der Eltern gern einige entlastende Maßnahmen zur Seite stellen würden. Was sagt die Pädagogik dazu, wie führt man Kinder verantwortungsbewusst an den Segen der Erde und die Schönheit der Pflanzen heran? Kein leichtes Unterfangen, denn der Sinn für den ästhetischen Reiz von Gartenbildern ist vor der Pubertät kaum ausgebildet. Bei Besuchen mit Kindern in Botanischen Gärten und in Parks zählen keine begeisternden Panoramen und Pflanzenarrangements. Schöne Natursteine interessieren nur, wenn man auf ihnen balancieren kann, Teiche, wenn es Fische darin zu beobachten und womöglich zu fangen gibt, steinerne Statuen, wenn man eine spannende Geschichte um sie erfindet. Wenn der Ort der größten Attraktion bei solchen Ausflügen in die Gartenwelten nicht die Eisbude am Ausgang sein soll – die natürlich auch dazu gehört -, dann werden die Erwachsenen ihre eigene botanische Neugier, ihre Freude am besinnlichen Schauen wohl oder übel den Kleinen zu Liebe für ein paar Jahre unterdrücken müssen. Deren Bedürfnisse sind von anderer Art. Kinder sind „handlungs-orientiert", – so nennen es die Pädagogen. Kopf, Herz und Hand müssen gleichermaßen angesprochen werden, verlangt Pestalozzi, will man bildend auf ein Kind einwirken. Das macht das Heranführen an das Naturerleben, im Garten und anderswo, schwierig und doch auch leicht. Der Kopf kommt heutzutage in der Erziehung selten zu kurz, wohl aber ‚Herz' und ‚Hand', und für deren Aktivierung bietet der Garten, oder auch schon ein mit Bedacht möblierter und bestückter Balkon, ideale Voraussetzungen. Kinder interessiert das Nahe, das Anschauliche und Begreifbare, und sie schaffen sich ihre Erlebnisräume im Garten selbst, wenn man sie lässt.

Ein behutsamer Anschub für die Fantasiekräfte, die eigene Beobachtungslust und die Aktivität ist allerdings hilfreich und sinnvoll: Im Sandkasten etwa lässt sich nicht nur mit bunten Plastikförmchen ‚backen', bauen und gestalten, sondern fast noch besser mit Naturmaterialien wie Samenkapseln und Fruchtständen, Blumen, Zweigen und leeren Schneckenhäusern. Gemeinsam kann man die scheue Igelfamilie belauern, die endlich unter dem bereitgestellten Reisighaufen Wohnung genommen hat. Man kenn sich Strategien ausdenken, wie man das Vogelnest in den Efeuranken katzensicherer macht. Eine Ameisenstraße beobachten, das Auf und Ab von Fluginsekten bestaunen. Das alles sind intensive gemeinsame Erlebnisse, die den Grund legen für einen sensiblen Umgang mit der Natur und die der Eltern-Kind-Beziehung besonders gut tun. Mehr auch als ein getrimmter Rasen gibt da natürlich eine selten gemähte Wiese her, womöglich mit einigen verschlungenen Rasenmäherwegen zu einem Baumhaus, einem Tümpel oder anderen erlebnisträchtigen Extras, die man gemeinsam gebaut bzw. angelegt hat.

Immer wieder geht es um Tiere im „Kinderparadies Garten", die für uns Erwachsenen, abgesehen von den Vögeln und den Schmetterlingen, eher als Eindringlinge, gar Schädlinge eine möglichst unauffällige Randexistenz spielen sollen. Für uns stehen die Pflanzen im Vordergrund. Für Kinder dagegen geht das Heranführen an Naturfreude und Gartenlust zunächst vor allem über das Tier. Insekten (sofern sie nicht stechen), Mäuse (sofern man sie nicht anfassen muss), Vögel (die sowieso Abstand halten) und all die anderen mehr oder weniger geduldeten Mitbewohner des Gartens dürfen ihrer spontanen Zuwendung sicher sein. Damit können Pflanzen nicht konkurrieren. Bei ihnen dauert einfach alles zu lange. Kinder haben ein anderes Zeitverständnis, den langen Atem des Hegens und Pflegens, den es selbst bei Schnellentwicklern wie Radieschen und Ringelblumen braucht, kann ein Kind nicht leicht aufbringen. Es wäre verfrüht, ein Fünf- oder Sechsjähriges zu kontinuierlicher Pflanzenbetreuung anzuhalten oder diese gar einzufordern, um daran das Durchhalten und Nicht-Aufgeben zu lernen und zu üben. Solche nützlichen pädagogischen Ziele sind kaum vor dem 8. oder 9. Lebensjahr sinnvoll zu verfolgen. So bringen die löblichen Initiativen mit eigenen kleinen Beet zumeist recht unbefriedigende Resultate und bleiben auf halbem Wege stecken. Da wird dann vom eifrigen Beetanleger hier neugierig in der Erde nachgebohrt und da ungeduldig am Kraut der halbwüchsigen Möhren gezupft oder gar mit heißem Gießwasser nachgeholfen, damit es mit den Bohnen schneller geht. Und was da grundsätzlich ausgerupft und ausgemerzt gehört und was nicht, wieso etwa eine pieksige Rose schöner sein soll als die lustigen Butterblumen, das ist für ein Kind sowieso nicht recht einzusehen.

So bleibt denn vor allem – außer dem eigenen Beet, wenn es denn wirklich gewünscht wird -, den Kindern im Garten Erlebnisräume und Betätigungsbereiche vielfältiger Art zu schaffen. Das verträgt sich nicht immer mit dem, was die Eltern unter einem ‚schönen' Garten verstehen. Doch empfiehlt es sich, die eigenen Gestaltungswünsche einstweilen hintanzustellen zu Gunsten eines kinderfreundlichen, kindgerechten, also flexiblen, eher konzeptlosen

Gartenkonzeptes. Es sind sowieso nur ein paar Jahre und die lieben Kleinen, dann nicht mehr so kleinen, werden sich total gelangweilt von jeglicher Gartenlust erst einmal verabschieden. Und man hat nun freie Bahn für ausgedehnte Staudenrabatten, für bepflanzte Kübel, Pergolen und Raseninseln, auf denen allenfalls noch zwecks Erlangung einer attraktiven Sonnenbräune gelagert, aber nicht mehr gespielt wird. Sofern sie das elterliche Zuhause wegen mancher Annehmlichkeit noch zu schätzen wissen und als Bleibe akzeptieren, haben sie, die kraftstrotzenden Halbwüchsigen, sich aus dem heimischen Garten weitgehend abgemeldet. Jetzt wären sie stark genug zu jeder nützlichen, aufbauenden, die Eltern entlastenden Arbeit. Aber selbst das Rasenmähen ist nun eine Zumutung für sie. Mürrisch, in demonstrativ gezeigter Unlust, nur kurz vor dem explosiven Zusammenbruch des Hausfriedens, unterziehen sie sich dem lästigen Geschäft. Jetzt beginnt im menschlichen Leben die gartenlose Zeit. Und erst, wenn eine eigene junge Familie in Aussicht steht, heißt es „ein Kind bräuchte eigentlich einen Garten". Und damit schließt sich der Kreis

Schulgärten

Alle Kinder bräuchten eigentlich Gärten, auch die vielen, die zu Hause keinen haben. In überschaubaren Außenräumen lernen sie, wie man mit der Natur ordnend und doch pfleglich umgeht – ein Lernziel, das über individuelle Gärtnerfertigkeiten und Botanikkenntnisse weit hinausgeht. In diesem Sinne, d.h. eingegliedert in die Erziehung zu ökologiebewusstem Denken und Handeln, erlebt auch der Schulgarten in jüngerer Zeit wieder neue Förderung.

Der große Moment ereignete sich zum Glück nicht unbeachtet am Wochenende, sondern an einem normalen Unterrichtsvormittag. Schon am Morgen bei Schulbeginn war zu spüren, dass sich bei den Kokons atmosphärisch etwas verändert hatte. An Lese- und Rechenübungen war nun nicht mehr zu denken. Vorsichtig hob die Lehrerin das Anzuchtgefäß an das geöffnete Fenster, dann kam Bewegung in die bis dahin starre Puppe; es ereignete sich das Wunder der Schmetterlingsgeburt: Eine Sternstunde, die diesen Schultag – und was ihm geburtshelferisch vorausgegangen war – gewiss für jedes der Kinder unvergesslich machte und in positiver Weise mit den Begriffen Schulgarten und Biologieunterricht verband. Es war ein Pfauenauge, und es war ihr Pfauenauge, auch wenn sie den Falter, aufgeregt und ein bisschen traurig, schließlich fliegen lassen mussten.

Wochen zuvor hatte die Lehrerin ihre Zweitklässler in die Gartenecke zu den Brennnesseln geführt und hatte ihnen eine unansehnliche dunkle Raupe gezeigt. Es fanden sich noch zwei weitere, und sie wurden alle drei in einem Gefäß untergebracht. Brennnesseln waren ihre Nahrung, ein Futterdienst wurde eingerichtet und keiner sagte mehr igit! und eklig!, weder bei den Brennnesseln noch bei den Raupen. Vielmehr hätte jeder die Tiere gern angefasst und ein bisschen gestreichelt, wenn das erlaubt gewesen wäre. Die Raupen wurden nun mit Begeisterung gemalt, Raupenspiele wurden erfunden, und jeden Tag wurde das Raupenprotokoll im Heft um einen Satz ergänzt.

Eine Schulgartensituation so mustergültig, wie sie eigentlich nur der Autor eines Lehrbuchs für Grundschulpädagogik hätte erfinden können. Aber so ähnlich soll sich diese Geschichte von der Pfauenaugengeburt und ihren kleinen Zeugen tatsächlich zugetragen haben. Natürlich wäre dafür nicht unbedingt ein Schulgarten nötig gewesen. Die Raupen hätte man sich auch in Feld und Flur sammeln können. Eine für 'live'-Versuche genutzte Fensterbank ist für den Biologieunterricht allemal besser als die schönste Diaserie. Doch es ist die Herkunft aus dem Garten hinter dem Schulhaus, der aus anonymem ‚Anschauungsmaterial' – natürlich auch und gerade dem aus Pflanzen – etwas Vertrautes, Nachbarliches macht. Im Schulgarten werden, zumal für Stadtkinder, Wechselwirkungen und die soviel zitierten Vernetzungen zwischen Naturphänomenen lebendig erfahren.

Im Zuge dieser ‚Ökopädagogik' kommt dem Schulgarten seit einigen Jahrzehnten eine neue Bedeutung zu. Die natürlich gestaltete

Schulhausumgebung und ihre möglichst intensive Nutzung für den Unterricht aller Altersstufen und in vielen Fächern steht vor allem im Dienste der Umwelterziehung – und diese hat die Kultusministerkonferenz in den 1980er Jahren für alle Bundesländer als im Unterrichtskanon verpflichtend vorgeschrieben. Schulgärten also mussten und müssen wieder her. Jahrzehnte waren sie für Pausenhöfe und Lehrerparkplätze zuzementiert worden, allenfalls ein paar pflegeleichte, vom Gartenbauamt mitbetreute Sträucher und Bodendecker waren geblieben. Generationen von Schülern sind nach dem 2. Weltkrieg gänzlich ohne Schulgarten aufgewachsen. „Opas Schule", die vielgeschmähte, wurde entrümpelt und generalüberholt, und dabei wurden die Schulgärten durchweg abgeschafft. Sie hatten vor allem dem Biologieunterricht als Lieferant für abgeschnittene Pflanzen gedient. Wie heißt dieses Kraut? Was hat es für Merkmale, in welche Pflanzenfamilie gehört es? Lippenblütler, Kreuzblütler, keimblättrig, endständig...Die ‚Katalogisierungsbotanik', wie sie dann abfällig genannt wurde, stand modernen pädagogischen Zielen entgegen, in denen es in der Biologie vor allem um innere Zusammenhänge, um die Pflanze als ‚soziales Wesen' in einem großen Ganzen geht.

Auch die anderen Tugenden, die im Schulgarten alten Typs eingeübt werden sollten, also Ausdauer, Geduld, eine konsequente Arbeitshaltung, schienen nicht mehr recht zeitgemäß. In einem Traktat von 1882 über den Schulgarten ist zu lesen: „Somit erfüllt in den Schulen der Schulgarten den Zweck, die Jugend vor Müßiggang zu bewahren, sie an Arbeitsamkeit als allgemeine Menschenpflicht, an Ordnung und Sparsamkeit zu gewöhnen ...um sie mit geringen Kosten zu tätigen und wohlgesinnten Bürgern zu erziehen."

Es leuchtet ein, dass mit solchen Bildungszielen heute weder Schüler noch Lehrer in die Beete zu locken wären.

Bereits die Reformpädagogik der 1920er Jahre hatte dann die Arbeit im Schulgarten als persönlichkeitsbildend in einem tieferen Sinne entdeckt. Lernen mit Herz, Hand und Verstand, für diese Forderung Pestalozzis bietet der Garten das ideale Betätigungsfeld. Doch es musste die Stoßkraft der Ökologiebewegung hinzukommen, die Sorge um die Bedrohung der Natur durch den Raubbau des Menschen an seinen Lebensgrundlagen, um den Schulgarten und die Arbeit darin als Basisunterricht in „ökologischem Denken und Tun" generell aufzuwerten. Schon die Radieschenbeete der Vorschul- und Grundschulkinder, das Anziehen und Pflegen von Blumen zum Anfassen und Liebhaben und das klassengemeinsame Planen, Werkeln und Ernten der Älteren, die in der Gruppe erlebten Erfolge und Misserfolge – das alles bekommt in diesem Rahmen seinen höheren Sinn. Mit schönen klugen Worten ist darüber in den Richtlinien und Begleitschriften der Schulbehörden zu lesen: „Ein Stück geretteter Landschaft" sei der Schulgarten, die Arbeit darin „direkter handlungsorientierter Kontakt zwischen Kind und Natur", sei „entdeckendes Lernen" und so weiter.

Es bedarf nun bloß noch der Lehrer, die diese hochgesteckten pädagogischen Ziele in Taten rund um das Schulhaus umsetzen. Und da steckt das Problem. Wer das Mammutprojekt auf sich nimmt, den „Schulaußenbereich" – wie es im Amtsdeutsch heißt – zu einem Schulgarten zu machen, also zumeist zu entsiegeln und der Natur zurückzugewinnen, der braucht ein gehöriges Maß an Idealismus und Engagement. Er wird sich darauf einstellen müssen, dass er ein Einzelkämpfer ist. Seine Begeisterungsfähigkeit muss so groß sein, dass sie nicht nur ihn selbst über seine unvermeidlichen Anfälle von Resignation hinweghilft, sondern auch auf Generationen von Schülern immer wieder motivierend und ansteckend wirkt. Im Normalfall wird dieser Lehrer oder diese Lehrerin – außer ein paar Broschüren und, wenn es hochkommt, einigen aufmunternden Worten – kaum auf Hilfe ideeller oder gar finanzieller Art rechnen können. Vor allem gilt es, zunächst die Schulleitung und die Kommune für das Projekt zu gewinnen. Die aber sind zumeist skeptisch, bedenken die Folgelasten und -kosten.

So ist auch hierbei aller Anfang besonders schwer. Vielleicht machen erst einmal ein paar Öko-Inseln auf dem Schulgelände mit der Zeit Lust auf mehr. Oder man geht gleich aufs Ganze, wie in einem innerstädtischen Gymnasium in Nürnberg. Dort hat eine junge Biologielehrerin in wenigen Monaten mit einer kleinen Schülergruppe 1000 m² Teerwüste in eine grüne Oase ungewandelt mit einem Feuchtbiotop, einem Kiefernwäldchen, einem Sandhügel und einer Kalkfelsflur, und natürlich vor allem den jeweils dazugehörenden Pflanzengesellschaften. Auch ein Bauerngärtchen für die obligaten Radieschen und Sommerblumen fehlt nicht. Angetrieben von Pioniergeist, zunächst vor allem Muskelkraft, Spitzhacke und Schubkarren, gingen sie an die Arbeit, und erst dann kam ihnen der eine oder andere glückliche Zufall zu Hilfe: Ein paar unentgeltliche Baggerstunden durch einen ehemaligen Schüler, einige Ladungen Sand, schließlich eine großzügige Spende des Elternbeirates. Als das Projekt in Gang war, fanden sich eine Menge Schülerhelfer ein, unter anderem fürs Grobe: Die Teilnehmer eines Sportkurses in Bodybuilding, die eine Weile statt mit Hanteln und mechanischen Trainern eben nützlich mit Schaufeln und Granitsteinen hantierten.

Der verantwortliche Lehrer für einen Schulgarten muss also nicht nur fachkundig und ansteckend enthusiastisch sein. Mindestens so gut wie mit Gartengeräten muss er mit der Werbetrommel umgehen können. Sponsoren sind zu gewinnen: Die Sparkasse vielleicht für das Gerätehäuschen, der örtliche Gartenbauverein mit einem Zuschuss für die Erstbepflanzung. Wenn der Schulgarten erst einmal dazugehört, läuft alles von alleine, meint optimistisch ein erfolgreicher Projektleiter in einer Grund- und Hauptschule in Oberbayern. Unter seiner Anleitung ist auf dem Schulgelände nach und nach ein wahres Naturparadies entstanden, mit vier verschiedenen Moorbereichen und den dazu gehörigen Pflanzen- und Tiergesellschaften, mit einem Großteich, mit Laichgewässern, einem durch das Gelänge mäandernden Flüsschen sowie einem Vogelbeobachtungshäuschen, das übrigens von den Einkünften beim „Tag der offenen Schulgartentür" angeschafft werden konnte. Dass auch diese Schule unter den Preisträgern im Wettbewerb war, versteht sich wohl von selbst. In zwei Arbeitsgemeinschaften – Drittklässler und Zehn- bis Zwölfjährige – wird im Garten gearbeitet und ‚gelernt', und die Kinder reißen sich darum.

Im Gymnasium und in den höheren Klassen anderer Schularten scheint das Motivieren der Schüler schwieriger zu sein, und man muss sich einiges einfallen lassen, um ein verlässliches Team zu dauerhaftem Mittun zu gewinnen. Da wird der Schulgarten zum Freilandlabor: Ph-Werte werden gemessen, Kulturen werden bei unterschiedlichen Düngemethoden beobachtet, Fraßleistungen von Bodenlebewesen im Kompost werden untersucht. Schriftliches Protokollieren der Resultate ist selbstverständlich, und aus manch einem Projekt ist eine Abiturfacharbeit hervorgegangen. Theorie und Praxis gehen also Hand in Hand. Und da der Schulgarten nicht nur in allen Altersstufen, sondern auch möglichst fächerübergreifend genutzt werden soll, wird sein Initiator auch die Kollegen zum Mittun motivieren müssen. Eine Deutschstunde etwa statt im Klassenzimmer am Gartenteich, und alle greifen zur Feder: Lyrik, erzählende Prosa oder sachliche Darstellung des Insektenlebens, jeder wie er kann und mag. Der Fotokurs geht auf Motivsuche in den Schulgarten, und dann hängen Makroaufnahmen von Blütenkelchen, Tautropfen auf Grashalmen usw. neben Gruppenbildern fröhlicher Gärtner in der Eingangshalle zur Prämierung aus. Ein guter Werbeeffekt ist ihnen gewiss, um andere Schüler für die Gartenarbeit zu gewinnen. Im Kunstunterricht werden Nistkästen getöpfert, Namensschilder werden für einen Naturlehrpfad emailliert. Auf dem Basar des Schulfestes werden selbstgezogene Setzlinge und Ableger, Dauersträuße und Marmelade von Früchten aus dem Schulgarten feilgeboten, die dann wieder Geld für ihn einbringen, ein die Gartenlust anfeuernder Kreislauf.

Das sind interessante Projekte, die hier und da auch in die Tat umgesetzt werden. Die Praxis der Schulgärten landauf landab allerdings bestimmen sie nicht. Die wenigsten Schulen haben überhaupt einen aktiv von Schülern bearbeiteten Garten. Und wo es einen gibt, hängt alles, wie gesagt, an der Initiative und am Engagement eines einzelnen Lehrers. Die Empfehlungen der Schulbehörden sind unverbindlich, und so ist der Lehrer zumeist auf ein Grüppchen Freiwilliger angewiesen, die sich immerhin soweit mit ihrem Schulgarten identifizieren müssen, dass für die Ferien – und bei Sonderprojekten auch an Wochenenden – ein verlässlicher Gieß- und Pflegedienst funktioniert.

Partnerschaftliches Arbeiten also ohne Notendruck – das ist die positive Seite. Anders als in den prüfbaren Fächern wird die Notwendigkeit bestimmter Leistungen im Schulgarten von den Schülern sehr praktisch und direkt erfahren. Und wenn der Lehrer es mit seinen Schulgartenprojekten schafft, bei einigen wenigen Verständnis und Verantwortungsgefühl für die Natur zu wecken, womöglich das Fünkchen Gartenlust auf Dauer zu entzünden, so hat er als Pädagoge durchaus sein Klassenziel erreicht.

Das Gärtnern in den mittleren Jahren und im Alter

Gärten werden älter als Menschen. Sie waren oft vor uns da und zumeist überleben sie uns. Für ein paar Jahrzehnte ist die Geschichte unseres Gartens mit unserer eigenen Lebens- und Familiengeschichte verzahnt und macht deren Wandel mit. Gartenräume haben gegenüber den steinernen Innenräumen den Vorteil, dass sie leichter den verschiedenen Familienphasen anzupassen sind. Und auch unsere Einstellung zum Garten und zur Arbeit in ihm kann und wird im Laufe der Zeit seine Gestalt nachhaltig prägen.

Die Autorin hat in ihrem Freundes- und Bekanntenkreis einen Fragebogen an Hobbygärtner der mittleren und älteren Generation verteilt und darin nach ihrer Einstellung zum Garten in den verschiedene Lebensphasen gefragt. Die Ergebnisse dieser Umfrage sollen im Folgenden mit berücksichtigt werden.

Für die meisten Menschen beginnt ihre Gartengeschichte mit einem neuen Haus und einem wüsten Drumherum. „Chaos vorgefunden, Garten draus gemacht!", so bringt ein ehemals leitender Angestellter, jetzt im Ruhestand, die klassische Gartensituation der frühen mittleren Lebensjahre auf den Punkt. Eine Herausforderung an den Pioniergeist und ein Akt der Selbstverwirklichung, wie der in dieses Lebensalter passt. Ein Familiengarten wird angelegt. Da sind Interessenkonflikte zwischen Eltern und Kinder vorprogrammiert und die Eltern sind gut beraten, wenn sie ihre Ideen und Phantasien von schönen Gärten erst einmal hinanstellen; davon war bereits die Rede.

Manch einer der Befragten führt seinen grünen Daumen in direkter Erbfolge auf Eltern oder Großeltern zurück. Trotzdem bleibt der Einfluss der Gene ungeklärt, und eine gärtnernde Mutter oder Schwiegermutter kann der Entwicklung von gärtnerischen Initiativen auch ganz schön hinderlich sein. Einigen sagt man nach, sie hätten immer alles besser gewusst, Experimente der Jüngeren mit unüblichen Sorten oder neuen Pflegemethoden seien ihnen ein Gräuel gewesen. Wie weit gärtnernde Mütter gehen konnten, bezeugt ein betagter Gartenfreund: Noch nach einem halben Jahrhundert erinnert er sich an den Ausspruch seiner Mutter, als er ihr seine Liebste und somit die potentielle Schwiegertochter zum ersten Mal ins Haus brachte: „Eine, die Zinnien nicht von Astern unterscheiden kann, gehört nicht in unsere Familie."

Wenn drei Generationen unter einem Dach leben, so kann später der Hausfrieden von der Gartenseite her noch einmal bedroht sein: Die Alten sind zunehmend auf die Hilfe von starken Armen angewiesen, die Jungen und inzwischen gar nicht mehr so ganz Jungen sind es leid, im Garten immer nur fürs Grobe zuständig zu sein. Da muss dann auch fürs Kreative und für alles, was Spaß macht, ein Weg der Aufgabenteilung gefunden werden. Das ist nicht immer leicht, wenn die gärtnerischen Vorstellungen weit auseinander klaffen. Eine Seniorengärtnerin aus Hameln empfiehlt die radikale Lösung: Lediglich einen Sitzplatz mit einem Blumen- und Kräuterbeet hat sie für sich behalten. Der große Garten aber wurde von den Jüngeren nach eigenen Vorstellungen – und aus eigener Tasche – umgestaltet. Nach einer für beide Seiten etwas schwierigen Anlaufphase fühlt sie sich nun als willkommener Besuch im ehemals eigenen Reich, lobt und staunt und wird inzwischen sogar wieder um ihren Rat gefragt.

Kompetenzprobleme kann es ebenso unter Eheleuten in der ersten Zeit des Ruhestandes geben. Vielleicht entdeckt auch der Jungpensionär jetzt, dass er nicht immer nur Handlanger sein möchte. Doch die Chefposition im Garten ist längst besetzt. Auch da kann eine teilweise Neuanlage, vor allem aber ein grundsätzliches Überdenken des Ist-Zustandes und aller künftigen Gartenwünsche und -möglichkeiten hilfreich sein, als Auftakt zu einem gemeinsamen, die Beziehung vertiefenden Garten-Hobby. Das liest sich bei einer Gartenfreundin aus Sachsen so: „Nun sind wir Rentner und haben Gott sei Dank endlich Zeit für den Garten... Es gibt nichts Schöneres, als den ganzen Tag gemeinsam im Garten zu sein. So lange wir unseren Garten noch in Schuss halten können, so lange wollen wir ihn auch behalten. So haben wir immer eine schöne Aufgabe, die uns Freude macht und uns fordert. Ich denke mir etwas aus, was im nächsten Jahr dann angebaut wird und wie ich die Rabatte bepflanze. Und dann freuen wir uns, wenn alles gelingt." Einer rüstigen 70-Jährige aus der Fränkischen Schweiz, wo zur Kirschenernte alt und jung ganze Tage in den Bäumen pflückte, räumte der Ehemann schließlich zur Kirschenzeit die Leitern weg; man lese und höre zu viel, das „alte Frauen" von den Leitern fallen und sich die Haxen brechen.

Ob mit Partner oder allein, das siebente Lebensjahrzehnt ist oft eine Zeit intensiver und genussvoller Garten-Aktivität. Viele mussten in den Jahrzehnten der Berufstätigkeit und der Familienphase notgedrungen ihrem Garten Zeit und Zuwendung schuldig bleiben. Diese Zwänge fallen nun weg. Allenfalls die neu erwachte Reiselust schafft bei manchen neue Konflikte – und kann hier und da ein Grund sein, Haus und Garten aufzugeben und in eine Wohnung zu ziehen.

Für die Älteren war der Garten immer auch ein Nutzgarten mit Gemüsebeeten, Beerensträuchern und Obstbäumen – und mit aller der arbeitsintensiven Pflege und dem saisonalen Stress des Konservierens für den Winter. Das wird nun gern aufgegeben beziehungsweise auf ein kleines Beet für Salat und Kräuter reduziert. Zumal die Frauen freuen sich über den dazu gewonnenen Platz für das, was sie schon immer gern gehabt hätten: Ein größeres Staudenbeet, einen Gartenteich, eine Bank daneben – oder gleich mehrere an verschiedenen Stellen des Gartens. Den Garten in Muße genießen, das sollte künftig nicht mehr nur Besuchern vorbehalten sein.

Fast alle befragten Gartenfreunde finden schöne und gefühlsbetonte Worte für ihr Verhältnis zum Garten und zur Gartenarbeit.

Für viele ist und war die Arbeit „Lebenselixier", Ausgleich für Hast und Stress, Gesund- und Jungbrunnen, wirksame Therapie gegen den Pensionierungsschock. Andere schätzen das selbstbestimmte Tätigkeitsfeld, „wo man Arbeitgeber und Arbeitnehmer in einem ist". Eine passionierte Gärtnerin jenseits der 70 empfiehlt gegen Kümmernisse und Ärger, die man anders nicht los wird, trotz allem und nun gerade die Anlage eines neuen Staudenbeetes – eine Aktion von aufbauender und das Ego stärkender Wirkung.

Bewusster werden im Alter Gartenerlebnisse wahrgenommen und genossen, an denen man in jüngeren Jahren leicht vorbeiwerkelt. Nicht nur schaffend, sondern mehr als früher auch schauend wird der Garten erlebt. Ein pensionierter Gartenbauingenieur drückt das so aus: „Oft hat man mit zunehmendem Alter das beglückende Gefühl, das Blau des Rittersporns ist heuer besonders tief und das Rot des Phlox besonders feurig. Dann legt sich die Hand vielleicht liebevoller um das Rund des prächtig geratenen Apfels „Freiherr von Berlepsch" bei der Ernte. Solche kleinen Erlebnisse möchte ich jedenfalls allen jung gebliebenen alten Gärtnern wünschen."

Immer wieder ist von der Gelassenheit die Rede, die man jetzt den Wechselfällen des Gartenjahres gegenüber eher als früher aufbringt: Der alljährlichen Gierschplage, der Schneckeninvasion, den ungeputzten Gartenecken und wildwuchsdurchsetzten Plattenwegen. Andererseits ein gewisser Zwang, immer „am Ball zu bleiben" und gegen die Resignation des „Es-lohnt-sich-nicht-mehr" anzugehen – das wird von Gartenbesitzern im fortgeschrittenen Seniorenalter als heilsam empfunden. Die schleichend auftretenden Zipperlein der späten Lebensjahre allerdings machen Angst auf eine anstehende Entscheidung gegen weitere Gartenarbeit. Andererseits – so stellt eine 86-jährige Erlangerin fest: „Leidenschaftliche Gärtnerinnen und Gärtner lassen sich auch im Alter nicht durch körperliche Beschwerden, z.B. in Rücken oder Knien, vom Gärtnern abhalten."

Ohne Hilfe geht es dann allerdings nicht mehr, wobei diese durchweg als notwendiges Übel angesehen wird. Die betagte Besitzerin eines riesigen Gartens, der natürlich nur mit Hilfskräften in Stand zu halten ist, hat sich den Rosen- und Staudengarten als eigene Domäne vorbehalten, denn wie könne man in solchen sensiblen Gartenbereichen, wo man selbst jedes keimende Blättchen kennt, jemand anderen wirtschaften lassen!

Auch über Strategien zur Arbeitserleichterung und –reduzierung wird nachgedacht, je nach Temperament frühzeitig oder, wenn es fünf vor zwölf ist. Bei denen, die es einfach nicht lassen können, werden solche Maßnahmen jedoch auch immer wieder durchkreuzt von neuen Pflegepflichten: Wenn die Nachbarin z.B. ein Töpfchen ihres Überflusses an Cosmea-Setzlingen herüberreicht und man einfach nicht nein sagen mag. Oder wenn man – wider alle Vernunft – immer wieder mal in einer Staudengärtnerei vorbeischauen muss und man sie natürlich nicht mit leeren Händen verlässt. Nützliche Vorschläge zur Erleichterung des Kraftaufwandes werden gemacht: Hochbeete für das Bisschen an Gemüse und Kräutern, auf das man nicht verzichten möchte, rollbare Untersätze für Kübel und schwere Töpfe. Bodendecker, großflächige, pflegeleichte Polster und niedrige Sträucher sollten notgedrungen wenigstens teilweise die pflegeintensiveren Stauden und Einjährige ersetzen. Vor allem aber – und hier sei ein pensionierter Schulrektor zitiert für viele, die sich geänderte, den Umständen angepasste Arbeitsgewohnheiten vorgenommen haben: Ich lasse mir mehr Zeit, teile mir die anfallenden Arbeiten je nach Witterung, körperlicher Befindlichkeit ein. Ich mache mir mehrere kleinere Arbeitseinheiten mit unterschiedlichem Schweregrad, die ich unbedingt in etwa einzuhalten versuche."

Ein Leben ohne Garten ist für fast alle der Befragten eigentlich nicht recht vorstellbar. Eine Seniorenheim-Bewohnerin allerdings meint, das Gefühl von Ohnmacht und Hilflosigkeit angesichts ihres zusehends verwildernden Gartens habe den Ausschlag für den Entschluss gegeben, in ein Heim zu ziehen. Ein pflegeleichter Allerweltsgarten scheint für manche keine recht Alternative. Und im übrigen, ein solcher unterhält sich ja auch nicht von selbst.

Im allgemeinen aber gilt: „Einmal Gärtner – immer Gärtner".

Von der Gültigkeit dieser Sentenz überzeugte eine Bäuerin aus Siebenbürgen ihre Umwelt auf eindrucksvolle Weise. Nach ihrer Umsiedlung in die Bundesrepublik war sie notgedrungen für Jahre von jeglichen Gartenfreuden abgeschnitten. Beim Umzug in einen Neubaublock bot sich noch einmal die grüne Chance, die sie konsequent ergriff: Als die Planierraupen und das Gärtnerteam anrückten, um den üblichen Abstandsrasen vor dem Haus anzulegen, war sie auf dem Plan und rettete ein Geviert von 9 x 9 m² für ein Gärtchen mit Blumen und Kräutern, mit Salat und einer Reihe Stangenbohnen und sogar einem Apfelbäumchen. Die Mitbewohner, die solche Senioren-Schrullen zunächst nachsichtig-amüsiert belächelt hatten, lassen sich inzwischen gern gelegentlich mit den Gaben des Gartens beschenken.

Einige weitere Zitate aus den Fragebögen sollen dieses Kapitel über die Gartenlust (oder ihr Fehlen) beschließen:

„Ich lasse jetzt viel so wachsen (oder auch umkommen), wie die Natur es will, und betrachte meine Pflanzen heute viel mehr als lebendige, geheimnisvolle Wesen, die mir das Sehen und Lauschen in der Natur ermöglichen. So ist mein Garten weiterhin ein kleines Paradies für mich, auch wenn er oft ungepflegt ist."

„Die Freude an der Gartenarbeit wird durch Kreuz-, Kopf- oder Kniebeschwerden nicht gemindert – ein Tag im Garten vermittelt ein wunderbares Lebensgefühl: Hineingenommensein ins Wachsen und Vergehen, bewusstes Annehmen der Tatsache, dass „alles Fleisch, es ist wie Gras...und wie des Grases Blume"."

„Der Rhythmus des Gartenjahres ging mit den Jahren unmerklich ins Blut: Der brennende Tatendrang des Frühjahrs, „wenn es wieder losgeht" – der Übergang zur ruhigeren Gangart des Sommers, „wenn die Weiden bestellt sind" – das Zwischendurch des Hochsommers, „alle Fünfe gerade sein lassen" – die Geschäftigkeit des Herbstes durch die Erntezeit und das „Vorausdenken teilweise schon ins kommende, nächste Gartenjahr hinein"."

„Überhaupt lebe ich im Alter noch bewusster mit den Pflanzen, freue mich über ihren charakteristischen Wuchs und habe immer weniger Lust, sie zu beschneiden. Lebensgemeinschaften von

Pflanzen entzücken mich ganz besonders; wenn sie malerisch sich ineinander verschlingen – zumindest dort, wo sie aufeinander treffen – bin ich zufrieden. Wenn es möglich wäre, hätte ich gern mein Grab im Garten – ohne Bezeichnung."

Die Sprache der Blumen – die Blumensprache

„Sei wie das Veilchen im Moose, / bescheiden, sittsam und rein, / und nicht wie die stolze Rose, / die immer bewundert will sein" – so schrieb man es den kleinen Mädchen ins Poesiealbum und klebte auch wohl zur Illustration eines jener nostalgischen Lackbildchen daneben: Maiglöckchen, Vergissmeinnicht und eben Veilchen, Viola odorata, oder auch die ganze Gesellschaft anspruchsloser und populärer Frühlingsboten miteinander zum Strauß geschlungen. Poesiealbumsprüche hinken dem Zeitgeist hinterher. Die Mädchen, denen man solche Weisung mit auf den Lebensweg gab, wollten dann zumeist gar nicht so bescheiden sittsam mehr sein, und auch die Männer, die sie sich später zu Gefährten wählten, wünschten es sich zu Hause eher etwas bunter: Eine Kreuzung von Veilchen und Rose etwa – botanisch natürlich ein Unding, aber es geht bei diesen Sprüchen nicht um Botanik, sondern um Gleichnis und Sinnbild.

Mensch und Blume, sie sind biologisch ziemlich weitläufig verwandt. So ist das innige Band, mit dem der Mensch sich den Blumen verschwistert fühlt, wohl eher geistiger Art. Und der Natur dieser Beziehung nachzuspüren, dafür sind die Dichter zuständig. Die Sprache der Blumen schlüsseln sie uns auf – eine Sprache, für deren Grundwortschatz wir die Poesie eigentlich gar nicht brauchten. Hinschauen genügt. Ein Blütenkelch öffnet sich der Sonne entgegen, Blütenblätter entfalten sich unter dem Licht, den Gaben des Himmels zugewendet: Ein augenfälliges Symbol für vollkommenes Sein im Einklang mit dem göttlichen Schöpfungsplan. Für die Auferstehung, für Anfang und Wiedergeburt gibt es kein sinnfälligeres Bild als die zum Blühen erwachende Natur nach der Winterstarre. Die Vergänglichkeit aller Schönheit und alles irdischen Glanzes – wo spricht sie deutlicher als im herbstlichen Blumengarten? „Der Schnitter Tod, der alle Blümlein schneidet..."

So verwundert es nicht, dass die Sprache für Vorgänge, die mit Botanik und Floristik vordergründig nichts zu tun haben, Blumen- und Pflanzenmetaphern bereithält. Was nicht gerade zu Stein erstarrt ist, was immer sich in Bewegung befindet, das kann sprachlich „blühen und welken", es kann „in vollem Saft stehen, in fruchtbarer Erde wurzeln" und „reiche Früchte tragen". Aus keinem anderen Bereich bedient sich die Sprache einer solchen Bilderfülle.

Die Dichter jedoch hören da noch genauer hin. Vom Volkslied bis zur anspruchsvollen Lyrik, von den Anfängen bis zur Moderne: Blumen, benannte und unbenannte, blühen auf ihren Beeten. „Drei Lilien, drei Lilien, ... Röslein, Röslein, Röslein, Röslein rot, Röslein auf der Heiden ..., des wilden Klatschmohns purpurne Blüte..., der „Iris farbenreicher Kranz ..., Päonien rot ..., bleiche Disteln ..." – um nur in willkürlicher Auswahl einen Strauß aus den üppigen Rabatten der Poesie zu pflücken. ‚Nelken' reimt sich auf ‚welken', ‚Blüte' auf ‚Gemüte' – und vor allem die Rose und immer wieder die Rose: Sinnbild für Liebeslust und Liebesleid: „Blumentränen, Blumenlippen, bei den Rosen gleich die Dornen stehn", dichtet Heinrich Heine.

Was das Dichterbukett enthält, steht für Naturseligkeit und Sommerlust. Die Blüten und Zweige seines Ensembles weisen über das Glück diesseitiger Gärten hinaus auf Paradiese und Jenseitswelten, für die es keine angemesseneren Chiffren gibt als eben diese: Die irdischen Sterne und wahren Himmelsboten. Doch auch, wo direkte Worte für die grausamen Wahrheiten von Abschied, Bedrohung und Tod und für die ihnen entspringenden Gefühle von Trauer und Fatalismus fehlen, stellen sich Blumenmetaphern ein: „Der Sommer, seiner Feste müd, hält seinen Kranz in welken Händen...", so klagt Hermann Hesse über die Vergänglichkeit des Lebens und der Liebe. „Des Sommer letzte Rose" gemahnt Friedrich Hebbel an das flüchtige Verblättern irdischer Freuden.

Pflanzen, Blumen zumal weisen – mehr als andere Phänomene der Welt des Lebendigen – über ihr irdisches Dasein im Hier und Jetzt der Beete und Wiesen hinaus. Mythen und Märchen, Sagen und Legenden erzählen von den wunderbaren Qualitäten der Blumen und Pflanzen. Im Märchen können Blumen auf magische Weise mit menschlichen Seelen verbunden sein. Wo Aphrodite hintritt, sprießen Blumen hervor. Odysseus entzaubert seine in Schweine verwandelten Gefährten bei der göttlichen Circe mit der Pflanze Moly: Schwarze Wurzel, wie Milch glänzende Blüten – so beschreibt sie Homer, und nur die Götter, nicht aber die Sterblichen könnten sie ausgraben, und so war es denn auch den sterblichen Altphilologen versagt, 'Moly' mit einer realen botanischen Spezies glaubhaft in Verbindung zu bringen. Arglos schneidet das Mädchen im Grimmschen Märchen „Die sieben Raben" die Lilien ums Waldhaus als Tischschmuck – da muss sie die eigenen Brüder, als Raben verwandelt, über sich hinwegfliegen sehen. Auch der sogenannte 'Pflückzauber' hat mit dieser sympathetischen Beziehung zwischen Mensch und Pflanze zu tun: Zauberpflanzen lassen sich beileibe nicht von jedem pflücken, nur der Günstling der höheren Mächte vermag sie zu brechen und damit Pforten zu irdischen oder jenseitigen Schätzen zu erschließen. Blüten öffnen sich im Schnee, Blätter schlagen aus am toten Holz, um für Gottes Gnade und Vergebung oder für die Unschuld eines Verdächtigen vor einem höheren Richter zu zeugen. Die Heilige Elisabeth, von ihrem Gemahl beim mildtätigen Brotopfer für die Armen ertappt, greift zur Notlüge, in ihrem Korb seien Rosen. Der misstrauische Landgraf hebt das Tuch – und findet tatsächlich Rosen. Das seit sieben Jahren dürre Holz trug plötzlich Rosen mitten im Winter, als Maria „durch ein Dornwald ging" – so heißt es in einem weihnachtlichen Volkslied.

Menschen und Blumen – jenseits aller Worte verbindet sie eine gemeinsame Ursprache, und jede Epoche hat ihre zeittypisches Vokabular, uns diese verständlich zu machen. In unserer Zeit, da die Kluft zwischen dem Menschen und allen den anderen Geschöpfen sich gewaltig aufgetan hat, ist diese Sprache verstummt bzw. hat sich hinter Messwerten, Zuchtprojekten, genmanipulierten Steuerungsprozessen zurückgezogen. Es ist nun klar, wer hier Herr und Meister ist. Nicht Düfte, Farben und magische Beziehungen zählen, sondern Selektion, Analyse von Wirkstoffen, Output. Nur in einigen Randzonen unserer Kultur, in Relikten tradierten Volksglaubens – wonach etwa Brautsträuße, Weihbüschel oder Palmsonntagsgestecke entsprechend der Symbolik der Pflanzen,. jedenfalls keineswegs beliebig zusammengestellt werden dürfen – klingen die alten Blumengeheimnisse von ferne nach. Auch in der Homöopathie oder der Bachblüten-Therapie ist etwas von der Ur-Gewissheit lebendig, dass pflanzliche Stoffe der menschlichen Seele verwandt sind und von daher ihre heilenden Kräfte auf den menschlichen Organismus beziehen.

Jenseits der wissenschaftlichen Botanik allerdings hat es einheitliche Katalogisierung und ‚Familienzusammenführung' nach Art und Plan des Systems von Linné bei den Blumenwesen nie gegeben. Da hat jede Kultur ihre eigenen Traditionen. So galt der rote Mohn z.B. in alten Kulturen als Symbol der Großen Mutter, war aber bei den Griechen wegen der narkotischen Wirkung seiner Samen dem Morpheus, dem Gott der Träume, heilig. Schon im alten Ägypten gab man frühverstorbenen Prinzessinnen Mohnblumen ins Grab – für einen glücklichen ewigen Schlaf. Die Myrte als Symbolpflanze der Liebe und Rosmarin zur Abwehr von Schadenszauber, sie durften früher in keinem Brautstrauß fehlen. Die Chrysantheme stand in Europa wegen ihrer späten Blüte mit dem Totenreich in Beziehung – im Gegensatz zu China, wo sie Dauer, Glück und Freude verhieß. Dem Schöllkraut wurden Heilkräfte gegen den Grauen Star zugeschrieben, und so sollte es, christlich gedeutet, analog auch gegen die geistige Blindheit helfen – die Blume der Bekehrung also. Die Lilie, nicht eine der zahlreichen Varietäten, sondern Lilium candidum, ist die Symbolpflanze für Reinheit, gepriesen wegen ihrer Schönheit schon im Buch Salomonis. Im Wappen Frankreichs allerdings soll nicht die Lilie, sondern die Iris, also die Schwertlilie, heraldisch die Würde des Reiches symbolisieren.

Nicht nur ist gegen jede Krankheit ein Kraut gewachsen, wie der Volksmund sagt – jeder Gemütslage, jedem abstrakten Geisteszustand entspricht ein florales Sinnbild aus Feld und Flur. Jede Blume, jede Pflanze stand in einem vielschichtigen Geflecht von sinnbildlichen Bezügen.

Von jeher wurde vor allem das ewig Weibliche – sofern es jung und anmutig daherkam – mit den Blumen verglichen. Männer borgten sich die Metaphern ihrer Wunschvorstellungen für alles, was beim andern Geschlecht hold und reizvoll ihre Sinne betörte, von Floras reichen Schätzen aus. Und Frauen hatten zumindest nichts dagegen. Wer möchte nicht gern, Emanzipation hin und her, so schön wie eine Rose, so anbetungswürdig wie eine Lilie sein? Die Grenzen des guten Geschmacks sind fließend und zeitgebunden, und über Kitsch kann man allemal streiten. „Gertrud, du weiße Blume,/ was bist du so stolz?..", klagt ein verhinderter Liebhaber und Poet. Über Liebesdinge aller Art reimte und sang es sich, zumal im 19. Jh. und seinen Ausläufern, besonders gut durch die Blume:

„Keine Rose keine Nelke/ kann blühen so schön,/ als wenn zwei verliebte Seelen/ beieinander tun stehn". Oder

„Was nützet mir ein schöner Garten, / wenn andre drin spazieren gehn, / und machen all die Blümlein ab, / daran ich meine, und ganz alleine, / daran ich meine Freude hab".

Blumen also sind, ganz unabhängig von der Natur ihrer botanischen Fortpflanzungsorgane, in tiefgründiger Verwandtschaft mit dem Weiblichen verbunden. Natürlich gibt es auch betont männliche Pflanzen, unter den Bäumen etwa die Eiche, im Gegensatz zum ausgesprochenen Mutter-Baum, der Linde. Unter den Blumen vertritt der Rittersporn wegen seiner auffälligen Gestaltmerkmale – dem Sporn an der Blüte – das männliche Geschlecht und gilt als Symbol ritterlicher Tugenden. Oder der Eisenhut wegen der Ähnlichkeit seiner Blüte mit einer kriegerischen Kopfbedeckung. Doch denken wir auch bei ihnen nicht an Männer, sondern allenfalls an schöne, etwas feminine Jünglinge. Von einigen Pflanzen berichtet der griechische Mythos, dass sie aus Gründen, die stets mit den homophilen Neigungen eines Gottes zu einem sterblichen Jüngling zu tun hatten, in eine Blume verwandelt wurden: Die Hyazinthe etwa, der Krokus, das Adonisröschen. Auch sie haben wir uns also wohl, bei all ihrem zarten Liebreiz, als männlich zu denken. Doch das sind Ausnahmen. Blumen, Blüten, die festliche Zier, welche die Natur für die Fortpflanzung inszeniert – das hat eben grundsätzlich mit dem Weiblichen und mit der Liebe zu tun.

Die christliche Symbolik hat mit Pflanzen, mit blühenden zumal, vor allem die Jungfrau Maria verherrlicht. Auf den Jenseitswiesen der mittelalterlichen Tafelmalerei sind die Blüten und Blätter niemals nur um ihrer Schönheit oder botanischen Eigentümlichkeit willen da. In den umfriedeten Gärten der Gottesmutter blühen gleichnishaft ihre Tugenden auf: Die Madonnenlilie spricht von ihrer Keuschheit, die Margerite von ihrer Jungfräulichkeit, die Päonie als „Rose ohne Dornen" von ihrer Barmherzigkeit, die Rose, in Umdeutung der alten heidnischen Liebessymbolik, von ihren Schmerzen und dem Blut der Märtyrer. Andere Blumen weisen auf das Schicksal des Kindes auf ihrem Schoße hin: Akeleien etwa, Nelken, Schlüsselblumen oder Iris, Blume des Regenbogens, Gleichnis für die mystische Verbindung von Himmel und Erde – um nur einige Exemplare von den blühenden Wiesen und aus den schmückenden Vasen im Umfeld der Madonna zu nennen. Den Heiligen und Nothelfern schließlich waren jeweils eigene Pflanzen zugeordnet. Für Jahrhunderte stand die Blumensprache ganz im Zeichen des Heilsgeschehens. Alte heidnische Pflanzenbedeutungen, der Volksglaube an ihre Wirkungen gegen Krankheiten und Hexenzauber aller Art – das alles schwang jedoch in Untertönen mit. Ein kompliziertes Beziehungssystem machte diese Symbolsprache vieldeutig und für Zeitgenossen unseres säkularisierten Jahrhunderts nicht mehr zu entschlüsseln.

Es hat den Dialog zwischen Mensch und Blume in der Kunst und der Literatur also von jeher gegeben. Besonders intensiv wurde er jedoch im Zeitalter der Romantik geführt. Diese Epoche entdeckte das Gefühl für die Einheit aller Wesen neu. Die Natursehnsucht romantischer Dichter in der Mitte des 19. Jh. verkörperte sich im Symbol der Blauen Blume des Novalis. War es eine Kornblume, eine Wegwarte oder womöglich eine Varietät von Meconopsis, dem blauen Mohn, oder welche sonst der ja keineswegs häufigen blaublütigen Stauden, der das Unendlichkeitsverlangen des Heinrich von Ofterdingen galt? Literaturwissenschaftler hätten Novalis gern posthum auf eine bestimmte botanische Spezies festgelegt. Dabei ist dies – bei aller Kenntnis des Friedrich von Hardenberg, genannt Novalis, in den exakten Naturwissenschaften – gewiss keine Frage der Botanik. Die Blume schlechthin als Idee des in sich Vollkommenen, blau als die Farbe der Unendlichkeit von Himmel und Meer: Jenseits aller konkreten Garten- und Wiesenwirklichkeit steht die Blaue Blume für die Sehnsucht des Menschen nach dem Paradies.

Die Pflanze, besonders zur Hoch-zeit ihrer Blüte, war den romantischen Dichtern Sinnbild für des Menschen höheres Selbst, für Leben unmittelbar aus Gottes Hand, geläutert von allen Schlacken des Allzu-Menschlichen. „Blumen sind uns nah befreundet, Pflanzen unserm Blut verwandt..."– dichtet Wilhelm Tieck. „Die Blume ist unter allen Formen der Natur die sittlichste und die schönste" – so drückt Wilhelm Schlegel die mystisch empfundene Bewunderung für Pflanzenhaftes als Symbol für irdische Vollkommenheit aus. Es wird keineswegs als Degradierung verstanden, wenn in Mythen und Märchen Menschen in Pflanzen verwandelt werden. Die Metamorphose der Ent-Menschlichung hin zum Vegetabilen ist vielmehr Sinnbild für das Mysterium der Einheit aller Wesen. Immer wieder erscheint in dieser Zeit die Blume als Gleichnis der menschlichen Seele und ihrer schönsten und erhabensten, ja auch christlich-religiösen Gefühle.

Blumensymbolik durchzog inflationistisch die Literatur des 19. Jh. Es entsprach dem Zeitgeist, die hehren Lebens- und Liebesgefühle im Blüten- und Pflanzenkleid darzustellen. Und da war, wie bereits erwähnt, der Weg zum sentimentalen Wildwuchs nicht weit, und die Grenzen des guten Geschmacks wurden leicht überschritten. Selbst ein Dichter wie Clemens Brentano schlägt einen Ton an, der heute, rund 150 Jahre später, nicht mehr recht erträglich ist:

„*... in Frühlingsauen sah mein Traum*

Dich Glockenblümlein stehn,
Vom blauen Kelch zum goldnen Saum
Hab' ich zu viel gesehn.
Du blauer Liebeskelch, in dich
Sank all mein Frühling hin;
Umdüfte mich, vergifte mich,
Weil ich dein eigen bin!" *(Schiffer im Kahn)*

Diese Verse galten Bettina von Arnim, seiner späteren Ehefrau, die mit ihren eigenwilligen Eskapaden in das Mädchen-Blume-Schema ihrer Zeit so gar nicht zu passen scheint. Aber sie hat sich die sentimentalen Ergüsse doch wohl ohne dauerhaften Widerwillen gefallen lassen.

Die Epigonen tummelten sich dann, von keinerlei ästhetischen Feingefühl gebremst, auf poetisch-floralen Gemeinplätzen; Rosen zumal und Gelbveigelein (Goldlack) wurden dort in Liedern und Gedichten sträußeweis gepflückt und in Liebeswonnen oder Liebesweh der Angebeteten zugeworfen. Auf Bildern der Zeit erhoben sich Blumengenien, Blumengeister aus Blütenkelchen: Ätherisch schöne, hermaphroditische Gestalten. Blumen wurden zum Tugendexempel hochstilisiert, die ihre eigene Fortpflanzung triebfrei und lust-los den Insekten als Mittlern überlassen – erbauliche Lehren zumal für junge Mädchen, blumengleich wollte man sie, auch in diesen heiklen Dingen. Wunderblumen, Himmelsblüten, güldne Kelche, Nachtgewächse, Frühlingskränze, Grabgebinde – Floras gesamter Hausstand wurde mystifiziert und allegorisiert und in den Dienst sentimentaler, wirklichkeitsflüchtiger, oft larmoyanter, oft frömmelnder Musenalmanachs-Poesie gestellt.

Von Goethe, dem Blumen- und Gartenfreund, ist bezeugt, dass er zum Anlass des Erscheinens der ihm gewidmeten Volksliedersammlung „Des Knaben Wunderhorn" zwar seine Anerkennung ausdrückte, aber – sozusagen hinter vorgehaltener Hand – einschränkte: „Wenn man die Blumen nicht so entsetzlich satt hätte, so möchte dieser Kranz wohl artig sein." Goethe, der im übrigen in seiner eigenen frühen Dichtung immer wieder zur Umschreibung menschlicher Befindlichkeit Blumenworte fand, vom bereits zitierten „Heidenröslein" über das Blümlein im Walde, das der kecke Knabe schon brechen will und dann doch mit allen den Würzlein ausgräbt und zum Garten am hübschen Haus trägt.

Es lag also wohl in der Luft, dass ein spezielles Idiom der Blumensprache im 18. und vor allem im 19. Jh. außerordentlich populär wurde. Eine Dame aus bestem englischen Hause war es, die jene galante Mode in Gang setzte, Blumen statt Worte sprechen zu lassen – in Liebesdingen vor allem, versteht sich. Lady Mary Wortley Montagu war 1717 ihrem Mann, Botschafter bei der Hohen Pforte, nach Konstantinopel gefolgt. Wissbegierig war sie auf die exotische Anderswelt und zumal auf alles, was gerüchteweise hinsichtlich ihrer türkischen Geschlechtsgenossinnen durch die wohlbewachten Haremsmauern hindurch nach draußen sickerte. „Da ist keine Farbe, keine Blume, keine Frucht, kein Kraut, wozu es keinen passenden Vers gäbe. Und man kann leidenschaftliche, freundschaftliche, streitbare oder auch höfliche Briefe schreiben, ohne daß man seine Finger mit Tinte befleckt", teilte sie ins kühle puritanische England mit – und traf damit dort auf ein heftiges, verstohlen lüstern getöntes Interesse. Andere Orientreisende forschten in der Folgezeit der geheimnisumwitterten „Blumensprache", türkisch selam genannt, nach und brachten weitere vage Kunde in den Norden. Wie die Haremsdamen es tatsächlich damit hielten, ob jene Botschaften ohne Worte nur ein Zeitvertreib der unterbeschäftigten Frauen waren oder aber eine undichte Stelle im goldenen Käfig des Harems für verbotene Erotik, wurde niemals geklärt. Aber das war wohl auch nicht so wichtig. Es erschienen die ersten Übersetzungen der Geschichten aus „1001 Nacht" und gaben der Phantasie reichlich Nahrung. Alles Orientalische – also großblumig gepolsterte Pfühle und Wasserpfeifen, Odalisken und Eunuchen, glutäugige Frauen, verschleiert bis auf die Augen, und dazu die Kulisse üppiger Gärten und traumhafter Paläste – all die von verdrängter Erotik etwas aufgeheizten Vorstellungen und Phantasien von dem, was „typisch orientalisch" sei, beschäftigten die Phantasie der Mitteleuropäer.

Zudem hatte der Zeitgeist eine „neue Natürlichkeit" hervorgebracht bzw. ein sentimentales Schwärmen für das, was man für „natürlich" hielt. Das war der geometrische Garten mit seinen exakt zurechtgestutzten Pflanzen jedenfalls nicht. Die Idee des Landschaftsgartens hatte in England und schnell auch auf dem Kontinent gezündet, es war die Zeit der großen Gartenbegeisterung und Pflanzenleidenschaft. Die Elemente im Garten bzw. in den fürstlichen Parks sollten sich natürlich ineinander fügen, oder sagen wir naturidentisch – jedenfalls idyllisch und friedlich, mit künstlichen Ruinen und Grotten und all dem pseudonatürlichen Zierrat zum Schwelgen in schönen, „natürlichen" Gefühlen.

Haremsromantik, Garten- und Blumenlust – da sprang ein Funke über, ein neues Gesellschaftsspiel war geboren. Die Spielregeln allerdings waren ziemlich kompliziert, und ziemlich gebildet musste man sein, die klassischen Mythen und Sagen musste man kennen, die sich um eine Blume, eine Pflanze ranken; ihre botanischen Gestaltmerkmale musste man im Kopf haben, denn diese bildeten die Basis für ihre Symbolik.

Wer sich in die Blumensprache einweihen lassen wollte, der fand seit dem Beginn des 19. Jh. eine Fülle hilfreicher Bücher. In Frankreich erschien um 1820 ein Werk „Die Sprache der Blumen" von Madame de LaTour – eine Art Blumen-Monatsbrevier, das neben Mythen und Anekdoten zu den jeweiligen Blumen hübsche Illustrationen brachte sowie ein Register ihrer Bedeutungen für indirekte, nonverbale Botschaften. Das war neu. Durch das ganze 19. Jh. folgten verschiedene Autoren in anderen europäischen Ländern mit Kompendien über Blumensymbolik und eben jener „Blumensprache": Ein Konstrukt zum Zwecke heimlicher, sehr privater, zumeist amouröser Kurierdienste. Dabei ist es der Nachwelt nicht verlässlich überliefert, ob all diese Leitfäden – wie allzu schöne, allzu aufwendige Kochbücher – nur gelesen oder ob die Rezepte auch in die Tat umgesetzt wurden, d.h. in ‚sprechende' Blumensträuße. Auf jeden Fall wurde mit all diesen Büchern etwas für die Bildung der Damen, speziell der jungen Mädchen gehobener Stände getan. Didaktisch geschickt in die so populäre Lektüre der aus Blumen aufgeschlüsselten Herzensergüsse verpackt, wurde die

‚neue Botanik' gleich mitgeliefert: Linnés System der Klassifizierung hinter Floras schönen Phänomenen und wie man diese auf lateinisch zu benennen hat.

Eine universelle Blumensprache allerdings hat es nie gegeben; die Bücher, die im 19. Jh. erschienen, lesen sich eher wie Wörterbücher vieler stark von einander abweichender Dialekte. Außer einem gewissem Grundwortschatz, verkörpert von Rose und Lilie, Veilchen, Efeu und den gängigen Heilkräutern, deren Bedeutung von langer Tradition her festgeschrieben war, scheint es im ganzen weitgehend beliebig, was in eine Blume hineingeheimnist wurde. Ein Code der Liebe und Freundschaft, wobei es sich empfahl, den Schlüssel gleich mitzuliefern. Denn verbindlich waren die Symbole eben keineswegs, die Bedeutungsangaben variieren von Buch zu Buch.

Doch schauen wir uns ein wenig um auf den Rabatten der sentimentalen Herzensregungen: Sehnsucht, Hoffnung, Begehren, Verzicht, Wehmut.

Pflücken wir aus der Fülle ein paar Exemplare, z.B.

Dahlie: *Trage den Kopf nicht zu hoch! Darf ich mich Dir, Stolze, nahn?*
Kamille: *Ich werde Deinen Kummer zu heilen wissen.*
Melisse: *Du bist mein einziger Trost!*
Rosmarin: *In Freud und Leid mit Dir vereint!*
Nachtschatten: *Es mögen, wenn wir Küsse tauschen, nur die Schatten uns belauschen.*
Löwenmäulchen: *Ich fliehe vor Dir!*
Johannisbeerzweig: *Und hätte ich tausend Herzen, sie wären alle Dein.*

Eine breite Palette von Schattierungen stand für Liebesworte zur Verfügung, vom unverbindlichen Hinhalten mit einem Stängel Dill im Strauß („Bald wirst Du von mir hören") bis zur feurigen Beschwörung einer Rudbeckia („Ich kann meine brennende Glut für Dich nicht bezwingen"!). Das Schneeglöckchen stand für den „ersten Liebesblick", das Geißblatt und andere Kletterpflanzen für unverbrüchliche Freundschaft. Zumeist geht es um die unter der Decke wohlgezähmter Bürgerlichkeit lodernden Gefühle, und solche überhaupt einzugestehen war frivol. Die Blume jedoch gab diesen Bekenntnissen etwas ab von ihrer kreatürlichen Unschuld, wusch alles rein und machte aus möglichen Waldbränden ein unverfängliches Zündelspiel.

Unterschiedliche Farben bei ein und derselben Blume drücken Gefühlsnuancen aus: Verhängnisvoll unter Umständen, eine rote Tulpe mit einer gelben zu verwechseln – die eine kommt einer Liebeserklärung gleich, die andere einer Verzichtserklärung.

Fortgeschrittene Adepten der Blumensprache konnten sich selbst über die Stunde eines Rendesvous auf unverfängliche Blumenweise verständigen. Jede Stunde des Tages wurde von einer bestimmten Blume (oder von mehreren, weil ja immer etwas Blühendes zur Verfügung stehen musste) vertreten, die sich zu der Zeit gerade öffnet. Das entsprechende lebende Chronometer hatte Carl von Linné im Jahre 1745 mit seiner schwedischen Blumenuhr entwickelt und erstmals gepflanzt.

So übergab man der Liebsten ein ganzes Bukett von Gefühlen zum Enträtseln. Im Brief konnte eine getrocknete Blume dezent und unverfänglich ausdrücken, was man mit Worten nicht zu sagen wagte oder auch an der gestrengen Eltern- oder Gouvernantenzensur vorbeischmuggeln wollte.

Von der Idee einer Blumensprache – eines floristischen Zeichensystems mit mutmaßlich orientalischen Wurzeln als Echo verlorenen okkulten Wissens – ging eine suggestive Wirkung auf die Literatur des 18. und 19. Jh. aus. Clemens Brentano lässt in seinem Märchen von „Gockel, Hinkel und Gackeleia" am Sarg der verstorbenen Ahnfrau eine Gesellschaft von botanisch nicht ganz eindeutig einzuordnenden „Büschen, Kräutlein und Blumen" auftreten, eine Mischung von phantasievoller Blütenseligkeit und christlicher Tugendsymbolik, welche die Engel im Himmelsgarten pflücken. Die erotisch gefärbte Floristik jener galanten Bestimmungsbücher wird hier transzendiert zu Himmelsliebe und Todesseligkeit. Von der „sprechenden Blumendecke des Sarges" ist die

Rede; „da ist Augentrost, welche alle Tränen trocknen...Brennende Liebe mit den granatroten Blüten, weil dein Herz von Nächstenliebe glüht."

Es liegt auf der Hand, dass dem Missverständnis bei diesem floristischen Zeichensystem Tür und Tor geöffnet war, denn als sprachunkundig musste jeder gelten, der den speziellen Code nicht kannte. Die Folgen eines solchen Analphabetismus können peinlich und fatal sein. Ob sie es in der sozialen Wirklichkeit des 18. und 19. Jh. Fälle von folgenschweren Übersetzungsfehlern aus der Blumensprache gab, ist nicht bekannt. In der Phantasie eines Schriftstellers jedoch wurde ein solcher erdacht: Musäus erzählt in seinen „Volksmärchen der Deutschen" Ende des 18. Jh. seine Version der Sage von dem Grafen von Gleichen, dem Ritter mit den legitim angetrauten zwei Frauen, eine Episode, in der die Blumensprache schicksalhaft Orakel spielt. Der Graf gerät auf dem Kreuzzug in Gefangenschaft und kann sich nur mit Hilfe der Tochter des Sultans befreien. Melechsala, die Titelheldin der Geschichte, liebt den exotischen Fremden, der sich nur retten kann, indem er ihr die Ehe verspricht, obwohl er daheim bereits verheiratet ist. Nach seiner Rückkehr mit der schönen Orientalin ins heimatliche Thüringen und zu seiner angetrauten Ehefrau erlangt der Graf vom Papst die Erlaubnis zur Ehe mit zwei Frauen. Soweit der berühmte Sagenkern.

Musäus hat ihn aufgegriffen und um einige pikante Details bereichert, mit denen er die Neugier seiner Zeitgenossen auf Interna an orientalischen Sultanshöfen und speziell auf die Blumensprache zu bedienen wusste. Die Sultanstochter ist nämlich der Blumensprache kundig und verteilt z.B. die Zeichen von Zuneigung oder Tadel gegenüber ihren Gespielinnen nicht in Worten, sondern in Form von bedeutungsvollen Sträußen. Auch mit dem Grafen, der als Gefangener den Park des Sultans gärtnerisch betreut, verständigt sie sich auf diese Weise, was für den Abendländer natürlich eine unerschlossene Fremdsprache sein muss. Als der Gärtner ihr eine Hyazinthe überreicht, kommt die bis dahin etwas zögerliche Handlung vehement in Gang, denn der arabische Name für diese Blume reimt sich auf das Wort für „der Liebe Sold" und hat genau diese Bedeutung. Die unschuldig gemeinte Gabe kommt also einem unsittlichen Antrag gleich. Doch das Mädchen wirft ihm das Hyazinthentöpfchen nicht etwa vor die Füße, wie es sich gehört hätte, sondern nimmt sie, nach einigem Zögern und Zieren, an und damit ihre Leidenschaft für den Christenmann und ihr ganzes ferneres unkonventionelles Schicksal.

Musäus gibt uns ein frühes Zeugnis für die Popularität einer systematisierten Blumensprache – aber auch dafür, dass die Bedeutungen einer Pflanze sehr kultur- und zeitbedingt aufgepfropft werden. Mit ihrem wahren Wesen, mit ihren botanischen Eigentümlichkeiten und den Traditionsrelikten aus Mythos und Volksglauben hat das nur in seltenen Fällen etwas zu tun. Keine gewachsene Sprache also, sondern ein ziemlich beliebiges, wenn auch charmantes Konstrukt zum Austausch von Artigkeiten und Anzüglichkeiten durch das Medium Pflanze. Dass gerade die Blume als ein universell verfügbares Symbol für vollkommene Schönheit und höhere Ordnung sich dafür herleiht, liegt auf der Hand.

Vieldeutig und zeitlos ist die Sprache der Blumen auf einer Ebene oberhalb all dieser galanten und biedermeierlichen Dialekte. Blumenfreundinnen und -freunde haben von jeher mit den Geschöpfen in Beet und Vase wortlos kommuniziert. Blumensträuße allerdings arrangieren sie nach ästhetischen Gesichtspunkten und danach, was saisonbedingt gerade zur Verfügung steht. Allenfalls rote Rosen sind mit einem gewissen Tabu belegt, sie passen nicht zu jeder Gelegenheit; da mag ein Echo jener sentimentalen Signale nachklingen – Blumenmagie, die sich besonders mit der Rose verband.

Vom Seelenleben der Pflanzen

Es gibt Dinge zwischen Himmel und Erde, die nicht sein können, weil sie eigentlich nicht sein dürfen, weil es nach unserem herkömmlichen Denken keine plausible Erklärung dafür gibt. Garten- und Pflanzenfreunde kennen das Phänomen: Sie leisten sich den Luxus, ihr grünes Reich – sei es der Garten oder der Balkon – während der Vegetationsperiode ein paar Wochen zu verlassen. Für Zuhause haben sie eine Minimalversorgung organisiert: Der Gartenschlauch liegt bereit, Kannen stehen wohlgefüllt fürs erste daneben, die Kübelpflanzen wurden übersichtlich zusammengerückt. Es geht vor allem ums Gießen, wofür eine hilfsbereite Nachbarin oder ein sonst an der Gartenpflege eher unbeteiligter Hausbewohner gewonnen wurde. Die tun dann auch, was zu tun ist – nicht viel weniger, als man selbst im Sommer tun würde. Doch den Pflanzen genügt das offenbar nicht. Das Gießwasser scheint ihnen plötzlich nicht mehr zu schmecken, sie kümmern und kränkeln, jedenfalls einige besonders sensible Exemplare signalisieren deutlich, dass ihnen etwas fehlt. Und dann ist ihre gewohnte Bezugsperson wieder da, der vielgerühmte „grüne Daumen" tritt in Aktion, zupft ein bisschen hier, richtet ein bisschen dort. Sie scheinen sich wohlig zu recken, und nach wenigen Tagen ist der Mikrokosmos um Töpfe, Kästen und Beete wieder in gedeihlicher Ordnung.

Brauchen Pflanzen also zu ihrem Wohlbefinden – und damit zu Wachstum und Entfaltung – mehr als das, was ihrem physischen Leib aus Erde, Licht und Wasser an Nahrung zukommt? Wäre es gut und gedeihlich, mehr als ihren sichtbaren ‚Körper' von Stängel, Blatt und Blüte zu pflegen? Haben sie so etwas wie eine ‚Seele'? Das ist eine heikle Frage, wir begeben uns damit auf unsicheren Boden. Menschenseele, Weltenseele, Naturseele und wie das alles zusammenhängt mit dem, was körperlich sichtbar und konkret messbar ist – das war von jeher zentrales Thema der Theologie, der Philosophie und später dann der Psychologie. Die Botanik jedoch galt und gilt dafür als nicht zuständig. Pflanzen seien gefühllos, stumm, jedenfalls zu keinerlei Regungen fähig, die jenseits ihrer rein leiblichen Bedürfnisse auf ein Innenleben, also auf so etwas wie eine Seele schließen ließen.

Von jeher aber gab es Pflanzenforscher, die hinter der bunten, lebendigen Vielfalt der Blumen und Blätter, die sie zu zerlegen, zu messen und zu katalogisieren hatten, noch etwas anderem auf der Spur waren, etwas ‚Geistigem', das Pflanzen zu individuellen Gefühlsregungen befähigt. Etwas, das man etwas provisorisch wohl „Seele" nennen kann, auch wenn diese, dem gänzlich anders gearteten Organismus der Pflanze entsprechend, der Menschenseele nur bedingt vergleichbar ist. In den mythischen Glaubensvorstellungen der Völker sind alle Wesen miteinander verbunden, ja sie sind aus demselben Urstoff geschaffen, sie haben teil an der alles umgreifenden Schöpfung, die natürlich als ‚beseelt' gedacht wurde, empfindsam und verletzbar in allen ihren Geschöpfen. Zahlreiche Mythen und Sagen zeugen von diesem Bewusstsein der All-Beseelung. Da geschehen Verwandlungen leicht und selbstverständlich zwischen Mensch, Tier, Pflanze und umgekehrt – die Nymphe Daphne ließ sich gern und willig in einen Lorbeerstrauch verwandeln, das Senioren-Ehepaar Philemon und Baucis in Eiche und Linde.

Vor allem die Dichter wussten von jeher von der inneren Verwandtschaft zwischen Mensch und Pflanze. „Blumen sind uns nah befreundet, Pflanzen unserem Blut verwandt...", so heißt es bei dem Dichter Wilhelm Tieck. Es ist dies die Zeit der Romantik, in einem neu erwachten Naturgefühl wird die Beseelung aller Wesen hymnisch gefeiert. Und da ist es gerade die Pflanze, die das Bild eines vollkommenen Geschöpfes verkörpert, wie sie fest in der Erde wurzelt und sich gleichzeitig den Himmelskräften öffnet und entgegenstreckt. Natürlich gestand man da der Pflanze eine Seele zu.

So ist es nur folgerichtig, dass auch die naturwissenschaftliche Forschung sich von diesem Geist leiten ließ. Um die Mitte des 19. Jahrhunderts erschien ein Buch eines Arztes und Physikprofessors an der Universität Leipzig: „Nanna oder über das Seelenleben der Pflanzen" von Gustav Theodor Fechner. Es wurde ein Bestseller und löste sehr kontroverse Diskussionen aus. Da behauptete ein renommierter Wissenschaftler allen Ernstes und in ausführlicher Argumentation und Beweiskraft, die Pflanzen seien wahrscheinlich bloß stumm, weil wir taub für sie seien! Zwar hätten sie kein Nervensystem, keine Bewegungsorgane wie Mensch und Tier, aber säße denn bei denen die Seele etwa in den Nerven oder in den Beinen? Die Seele sei etwas Unstoffliches und nirgends im Körper zu lokalisieren. Da stellt Fechner die unerhörte Frage: „...warum soll es zu den Seelen, die da laufen, schreien und fressen, nicht auch Seelen geben, die still blühen, duften, im Schlürfen des Taus ihren Durst, im Knospentriebe ihren Drang, im Wenden gegen das Licht noch eine höhere Sehnsucht befriedigen?" Fechner hat seine Thesen zu Gunsten einer individuellen Seele jeder Pflanze treffend und lebendig formuliert, es sei ihm also hier ein Stück weit das Wort erteilt:

„Überblicken wir einmal im Zusammenhange den ganzen Lebenskreis der Pflanze: Wie die Säfte in ihr so regsam quellen; wie es sie drängt, Augen und Zweige zu treiben und rastlos an sich selber zu gestalten; wie sie mit der Krone gen Himmel und mit der Wurzel in die Tiefe trachtet;...wie sie den Frühling mit jungen Blättern, den Herbst mit reifen Früchten grüßt; einen langen Winter schläft, und dann von Frischem zu schaffen beginnt;...wie die Blume erst in der Knospe still verborgen ruht und dann ein Tag kommt, wo sie sich dem Lichte öffnet; wie sie Düfte auszuströmen beginnt und in Wechselverkehr mit Schmetterlingen, Bienen und Käfern tritt... – und es deucht mich, dass es uns doch schwer fallen sollte, diesen ganzen schwellenden und quellenden, an innerem und äußerem Wechsel so reichen Lebenskreis vergeblich, öde, leer für die Empfindung zu denken."

Fechner und all die anderen, die in der Pflanze die Seele suchten, waren dabei ganz auf ihren Intellekt, auf ihre ‚Geistesblitze' angewiesen und vor allem, wenn nicht unbedingt auf ihren ‚sechsten Sinn', so doch auf einen gut ausgebildeten Augen-Sinn, auf sorgsamstes Beobachten also von Erscheinungsformen der Natur; ein dem heutigen Stand auch nur entfernt vergleichbares technisches Instrumentarium stand ihnen noch nicht zur Verfügung. Viele frappierende Lebensäußerungen lassen auf ein ‚intelligentes' Verhalten der Pflanzen schließen. So haben viele im Laufe der Evolution eine Fähigkeit entwickelt, mit bestimmten Düften Insekten anzulocken und zu betören, auf deren Mithilfe bei der Fortpflanzung sie angewiesen sind. Auch dies ein Phänomen, das der Kommunikation zwischen sehr unterschiedlichen Lebewesen dient. Auch die Sympathien und Antipathien von Pflanzen untereinander gehören in diesen Bereich: Sie können sich gegenseitig fördern (z.B. Rosen und Lavendel) oder hindern (z.B. Möhre und Schnittlauch). Solche guten oder schlechten pflanzlichen Nachbarschaften sind Gärtnern seit langem bekannt.

Es waren besonders immer wieder die Bewegungen der Rankgewächse, die zum Staunen und Forschen anregten. Auch Goethe hat die „Spiraltendenz", wie er das Wachstumsverhalten gewisser Pflanzen nannte, beobachtet und deutend beschrieben. Wein und Efeu, Bohnen, Hopfen und all die anderen, wie sie sich hochhangeln, nach einer Stütze Umschau zu halten scheinen, diese mit gezielten Strategien zu erspüren wissen – ist es Zufall, ist es Reflex, eine empfindsame Antwort auf feinste atmosphärische Veränderungen? Man wusste es damals noch nicht: Es ist ein kompliziertes Ineinander chemischer und physikalischer Reaktionen, elektrischer Signale, die jedes Lebewesen aussendet und womit im Universum alles mit allem verbunden ist. Und trotzdem – und Gott sei Dank! – bleibt da ein Rest von Wunder, dem mit den Methoden der heutigen Naturwissenschaft nicht beizukommen ist.

Erst im Laufe des 20. Jahrhunderts verfügte die Botanik über das Instrumentarium, solchen Wundern auf die Spur zu kommen. Elektronische Messgeräte, spezielle Mikroskope und Kameras machten nun erstaunliche Dinge aus dem Innenleben von Pflanzen sichtbar. Pflanzen sind in der Lage, mit einer ‚intelligenten' Schutzstrategie in kürzester Zeit Giftstoffe zu produzieren. Sie können ihre Proteinzusammensetzung bei einem Schädlingsbefall ändern, und plötzlich schmeckt ihr Fleisch den Insekten nicht mehr. Andere senden als Schockreaktion auf einen Spinnmilben-Angriff einen Stoff aus, der die aggressive Verwandtschaft der Raubmilben anlockt, die ihrerseits den Feind unschädlich machen sollen. Bäume stellen ihren Stoffwechsel vorsorglich auf vermehrte Harzproduktion um, wenn einer ihrer Nachbarn gefällt wird. Ein chemischer Alarm, eine Art ‚Schmerzensschrei', eine Verständigung innerhalb derselben Spezies, die keiner Akustik bedarf.

Diese und andere Merkwürdigkeiten waren nun experimentell nachweisbar. Doch wie das immer ist in der Wissenschaft: Antworten gibt es zumeist nur, wenn zuvor die entsprechende Frage gestellt wird. Nach dem Seelenleben der Pflanzen aber fragte so leicht niemand. Es gab einige Außenseiter unter den Botanikern, deren Experimente von der Zunft als „Spinnereien" abgetan wurden. Und dann war es bezeichnenderweise ein Nicht-Wissenschaftler, der keine Fragen gestellt hatte und doch spektakuläre Antworten bekam. Der Amerikaner Cleve Backster, führender Experte für die hohe Kunst der Anwendung von Lügendetektoren im Gerichtssaal, hatte eines Tages – es war im Jahre 1966 – die Elektroden seines Messgerätes eher spielerisch mit den Blättern einer Zimmerpflanze verbunden und den Drachenbaum dann mit einer brennenden Zigarette attackiert. Zu seiner Überraschung zeichnete der Schreiber des Gerätes Kurven auf, wie sie typisch sind, wenn mutmaßliche Delinquenten vor Gericht unter heimlichem Lügendruck stehen. Eine wirkliche Sensation: Es war nachzuweisen, dass Pflanzen auf Bedrohung gegen sie selbst, aber auch gegen Pflanzen ihrer Umgebung, mit allen Anzeichen von Angst und Stress reagieren. Ja, allein der böse Gedanke eines Menschen an ein Blättergemetzel kann zu wildem Ausschlag des Messgerätes führen.

Backsters Drachenbaum war das erste Objekt in einer langen Reihe von Versuchen, auch von anderen Botanikern, mit unterschiedlichen Pflanzen. Und es zeigte sich, dass sie alle, Zwiebeln, Salat, Orangenbäumchen und andere, messbar sensibel reagierten auf gute oder schlechte Behandlung, auf negative oder positive Gedankenschwingungen, die von Menschen ausgehen. Backster spricht von einem „primären Wahrnehmungsvermögen", das – ähnlich dem sechsten Sinn bei Menschen und Tieren – Pflanzen befähigt, sich sozusagen mit anderen, feineren Organen als von der Botanik bisher erforscht, in das Kommunikationsnetz einzuschwingen, das alle Lebewesen miteinander verbindet. Diese Empfindungsreaktionen setzen weder Augen noch Gehirn voraus. Sie sind als eine Art Reizleitungssystem zu verstehen, das auf einer anderen Ebene als der vordergründig-körperlichen funktioniert.

Pflanzen können offenbar auch ‚hören', ohne Ohren zu haben. Sie zeigen ein Sensorium für Musik, das wurde in zahlreichen Versuchsreihen bewiesen. Anscheinend lieben sie zum Beispiel Bach und Mozart, aber auch klassische indische Musik. Sie bekunden es durch offensichtliches Wohlbefinden, also vermehrtes Wachstum und üppigeren Fruchtansatz gegenüber anderen musikfernen Kontrollkulturen. Beim Klang ihrer Lieblingsrhythmen sollen Kürbispflanzen den Lautsprecher förmlich umschlungen haben. Auch das Tanzen in ihrer Nähe scheint Pflanzen zu gefallen; wenn sie dabei auch ihrer ‚seßhaften' Natur gemäß nicht mithalten können, so scheinen sich ihnen rhythmische Bewegungen doch über den Boden wachstumsfördernd mitzuteilen.

Doch wenden wir uns noch einmal dem sogenannten „Backster-Effekt" zu, also jenen scheinbar mysteriösen Reaktionen von Pflanzen auf menschliches Tun und Denken. All diese Versuche haben einen Haken: Sie sind nur sehr bedingt wiederholbar. Gleiche Ergebnisse aber bei gleichen Bedingungen, das ist die Voraussetzung dafür, dass ein Experiment wissenschaftlich anerkannt wird. Der forschende Mensch hat da nur die Rolle des ‚Gehirns', des unbeteiligten Organisators und Auswerters. Anders bei den Experimenten zum Seelenleben der Pflanzen: Da spielt der ‚Partner Mensch' als unberechenbarer ‚Faktor x' eine höchst wichtige Rolle. Pflanzen bleiben stumm, wenn sie als bloßes Versuchsobjekt herhalten müssen. Aussagen über ihr Seelenleben erhält nur, wer sich ganz auf sie einstellt und ein mentales sympathetisches Schwingungsfeld zu ihnen aufbaut. Oder wie immer man es nennen will, diese spezielle emotionale Zuwendung: Den „sechsten Sinn", womöglich den „grünen Daumen" – jedenfalls eine schwer messbare spirituelle Komponente – und daran liegt es wohl, dass das Seelenleben der Pflanzen bis heute ein eher abwegig-seltenes Forschungsgebiet geblieben ist. Aber eines mit hohen Erkenntnispotential für die ewige Frage: Was ist das Leben?

Mensch und Baum

Eine altehrwürdige Beziehung

Symbolik und Mythos

Mit den Bäumen ist es fast wie mit Sonne, Mond und Sternen: Sie waren immer schon da. Eine uralte, wenn auch etwas einseitige Beziehung verbindet Mensch und Baum: Wir brauche sie und lieben sie, oder geben es jedenfalls vor. Sie dagegen brauchen uns nicht, und sie haben auch keinen Grund, uns wiederzulieben. Längst vor allem hochragenden Menschenwerk hatten sie die dritte Dimension erschlossen. Sie verdecken nackte Horizonte und geben einer Landschaft Profil. Schon im Baumschulstadium lassen die meisten den Menschen als Zwerg unter sich zurück; dennoch haben Bäume, im Gegensatz zu überdimensionalen Tieren, niemals Furcht, immer nur Ehrfurcht eingeflößt. Riesig, gewaltig, das ja, aber niemals bedrohlich, sondern sanft und nützlich, wie es Pflanzen so an sich haben. Angstfrei biegt der Mensch seinen Kopf weit zurück in den Nacken und schaut auf zu Bruder Baum. Der gründet in der Erde, die auch uns trägt; mit aufrechtem Rückgrat strebt er unbeirrt in den Äther hinauf; seine Lebenskraft wird in fein verzweigtem Säftestrom bis zur äußersten Peripherie geleitet. All diesen Gestaltmerkmalen fühlte der Mensch sich von jeher nahe verwandt. Und auch die heimliche Botschaft, die Bäume uns zukommen lassen, bedeutet Trost und Verheißung: Der Baum, der Laubbaum zumal, lebt in seinem Rhythmus von Austrieb, Blüte, Fruchten und Welken so sinnfällig wie keine andere Pflanze die tröstliche Gewissheit des „Stirb und Werde!" vor.

In den Trockenzonen des Vorderen Orients, der Wiege auch unserer Kultur, war menschliches Leben nur im Schutz von Bäumen möglich. Ihr Atem- und Stoffwechselsystem, das wir heute Photosynthese nennen, sorgt für einen „Oasen-Effekt". Ihre Wurzeln pumpen Wasser aus tieferen Erdschichten und machen es anderen Lebewesen verfügbar. Damals, zwischen Euphrat und Tigris, am

Nil und auf der Arabischen Halbinsel, gab es ein gedeihliches Kleinklima für Mensch, Tier und Nutzpflanzen nur unter dem schattenden Blätterdach von Palmen und Sykomoren. Bäume spendeten Früchte, lieferten Baumaterial für Häuser und Schiffe, heizten Herd und Hütte. Nährende Mütter waren sie, denen man alles verdankte. Ein Paradies war ohne Bäume nicht vorstellbar.

Wir wissen es heute genau und haben das Staunen darüber fast verlernt: Über 100 Meter hoch, bis zu 4000 Jahre alt sind einige der Kalifornischen Mammutbäume. Bei einem uralten Affenbrotbaum auf Barbados werden 19 Meter Stammumfang gemessen. Im fränkischen Effeltrich steht eine 1000-jährige Linde – wobei die schöne runde Zahl mit den drei Nullen allerdings nicht arithmetisch und chronologisch korrekt gemeint ist, sondern für uralt und überreich an Jahren steht. Unter einer Eiche in Westfalen wurde schon zur Zeit Karls des Großen Recht gesprochen. Rings um den Globus gibt es diese Baumriesen verschiedener Spezies. Weder im alten Orient noch bei den Ahnen nördlicher Breiten maß man es mit der Messlatte nach oder zählte es an den Jahresringen ab und wusste es doch: Bäume wachsen in den Himmel hinein und haben gleichzeitig an den anderen beiden Reichen, der Erde und der Unterwelt, teil. Und sie können uralt werden. Sie verbinden nicht nur die drei Sphären miteinander, sondern auch Menschengenerationen. Sie wirken und nützen in die ferne Zukunft hinein.

Bäume genossen in allen Kulturen religiöse Verehrung. Sie galten als Symbole der Fruchtbarkeit, als Garanten für Dauer und als Orte der Vegetationsgottheiten. Im Paradies des Alten Testaments gab es nicht nur jenen Baum mit den verlockenden, aber unheilträchtigen Früchten, sondern, wie es in der Genesis heißt, auch sonst noch „...allerlei Bäume, lieblich zur Schau und köstlich als Speise, und den Baum des Lebens mitten im Garten." Bäume also waren und sind Inbegriff paradiesischer Zustände – keine selbstverständliche Pfründe allerdings zur Selbstbedienung des Menschen, sondern göttliches Gnadengeschenk, das leicht verspielt werden kann.

Auch das Kreuz Christi ist ein Baumsymbol – Holz vom Baum des Lebens im Garten Eden nach einer Legende, die zugleich das

Alte mit dem Neuen Testament verbindet: Adam habe auf dem Totenbett seinen Sohn Seth gebeten, ihm einen Zweig aus dem Paradiese zu holen, Seth brachte einen und pflanzte ihn auf Adams Grab, aus dem daraus entsprossenen Baum wurde Christi Kreuz gefertigt. In der frühmittelalterlichen Kunst wird das Kreuz oft mit den Attributen lebendigen Holzes, also mit Blättern und Blüten dargestellt – Zeichen für neues Leben, das daraus wachsen wird. Buddha wurde unter einem Bodhi-Baum erleuchtet, und ein ehrwürdiges Exemplar von Ficus religiosa fehlt in keinem buddhistischen Heiligtum. Fähnchen mit geschriebenen Gebeten hängen in seinen Zweigen, der Baum wird als spiritueller Mittler in göttliche Sphären gedacht.

Auch die Mythen aller Völker künden davon, dass Bäume mit den Urgründen des Lebens verbunden sind. „Eine Esche weiß ich / sie heißt Ygdrasil", heißt es bei den Germanen in der Edda, und dann: „Immergrün steht sie über Urds Brunnen" – auch hier schützt der Baum den Urquell als den Ursprung allen Lebens, seine drei Wurzeln bergen die Heimstatt von Menschen und Göttern, Mensch und Baum sind auf Gedeih und Verderb miteinander verbunden. Der Weltenbaum, die baumgestaltige Weltenachse als Zentrum allen Lebens und Bindeglied zwischen unten und oben war eine weitverbreitete Glaubensvorstellung.

Bei den alten Griechen gab es innerhalb der Großsippe der Nymphen eine eigene Mädchenschar, die Dryaden genannt (der Name deutet eigentlich nur auf die Eiche hin, bezog sich aber auf alle Baumgeister). Ihr Leben glaubte man mit dem ihres Baumes verbunden, sie boten je nach Gunst und Ermessen den Menschen Schutz, gaben ‚Glückskindern' wohl auch einen Wunsch frei, wenn sie ihn nicht abholzten. Diese Vorstellung von einem in jedem Baum wohnenden ‚Baumgeist' war auch in anderen frühen, von magischem Denken geprägten Kulturen verbreitet.

In vielen griechischen Mythen und Sagen wurden Menschen in Bäume verwandelt, und das war zumeist nicht als strafender Fluch gemeint. Der Lorbeer ist der Sage nach ein Baum menschlicher Abkunft: Die Nymphe Daphne floh vor den erotischen Nachstellungen des Gottes Apollon, fast hatte er sie erreicht, da verwandelte sie ihr Vater, der Flussgott, auf ihr Flehen hin zu einem Lorbeerbaum. Der trägt seitdem botanisch ihren Namen (Daphne). Apollon, der auch der Gott der Musen war, konnte sich nur damit trösten, dass er sein Haupt mit einem Lorbeerkranz schmückte. Das machte Schule, der Lorbeerkranz wurde zum Symbol für Ruhm und Exzellenz.

Auch Philemon und Baucis, die berühmtesten Senioren der Weltliteratur, gehören in diesen Zusammenhang. Wir sehen sie als Urbilder ehelicher Liebe hochbetagt, doch Hand in Hand vor ihrer Hütte sitzen. Weniger bekannt ist ihr ferneres Schicksal: Sie hatten einen Wunsch frei, und der galt dann nicht etwa materiellem Wohlstand, den sie bitter nötig gehabt hätten, sondern einem gemeinsamen Tod. Der Wunsch wurde erfüllt, im Sterben aber verwandelten die Götter die beiden in zwei Bäume, Eiche und Linde, damit sie sich auch über ihren menschlichen Tod hinaus nicht zu trennen brauchten.

Relikte der Baumverehrung unserer Ahnen sind bis heute im Brauchtum lebendig geblieben. Richtbäume, Christbäume, Maibäume werden aufgepflanzt und aufgestellt und markieren Stationen im Lebens- und Jahresrhythmus, wo der Mensch göttlichen Segen besonders nötig hat. Zur Geburt eines Kindes wird hier und da auch heute noch ein Baum gepflanzt, und wenn man es mit der Tradition genau nimmt, sollte es ein Apfelbaum für einen Jungen, ein Birnbaum für ein Mädchen sein. Geschlechterfolgen werden noch immer gern in den Zweigen und Verästelungen eines „Stammbaumes" deutlich gemacht. Weidenzweige – wenn es denn die authentischen geheiligten Palmwedel in unseren Breiten nicht sein können – werden in manchen Gegenden am Palmsonntag in der Kirche gesegnet und in Haus und Stall aufgestellt oder aufgehängt, um Mensch und Tier unter den Schutz guter Mächte zu stellen. Die Dorflinde erhalten, einen Hausbaum pflanzen – ein weltlicher Akt, wir denken uns nichts Heiliges mehr dabei und folgen doch einer alten Überlieferung, indem wir uns zusammen mit den im Baum nistenden Vögeln auch die beschützenden Baumgeister heranziehen.

Der Hausbaum, solitär und womöglich zu astrologisch bedeutsamer Zeit gepflanzt, fördert Familiensinn und Sesshaftigkeit. Es dauert, bis er in seine Rolle hineingewachsen ist, aber dann kann man zwischen seinen Wurzeln einen Schatz vergraben, man kann Vögel darin ansässig machen, Feste in seinem Schutz und Schatten feiern – oder einfach nur zusehen, wie im Spätsommer seine ersten welken Blätter auf den Kaffeetisch rieseln und an den Herbst gemahnen. Er wird mit der Zeit zu einer Art Institution und es versteht sich von selbst, dass gerade er wohlüberlegt gewählt und an die richtige Stelle gesetzt werden sollte. Auch wenn Eiche oder Linde besonders symbolträchtige Sehnsuchtsbäume der Deutschen sein mögen – aus Platzgründen sollte man sich weiterhin damit begnügen, sie in Parks zu bewundern.

Sagen erzählen von Baumgeistern, die mit dem Holz der Hausbalken unter den Menschen sesshaft gemacht wurden, wo sie nun ihren Schabernack treiben. Bäume vermitteln auf magische Weise zwischen Lebenden und Toten. Sie können bluten, wenn ein Meineidiger sich nähert, sie schlagen aus, um für die Unschuld eines mutmaßlichen Sünders zu zeugen oder – wie im Falle des in Venusminne verstrickten Ritters Tannhäuser – dafür, dass Gott dem Bußfertigen vergeben hat. Bäumen kann man seine Krankheiten zur Verarbeitung überlassen: „Guten Morgen, Frau Fichte, da bring ich dir die Gichte" war zum Beispiel die Zauberformel für einen, den das Zipperlein befallen hatte – und schon hatte diese es barmherzig übernommen – wenn man daran glaubte, versteht sich. Baumsäfte, Baumkräfte halfen im Volksglauben gegen Hexenzauber und Unpässlichkeiten aller Art. Lindenblüte, Eichenrinde, Wallnussblatt trieben Druden, Dämonen und Krankheiten aus, Wachholderrauch, Wachholderbeeren, Wachholdergeist ergänzten die wahre Rundum-Baum-Apotheke. Andererseits, so ging die Märe, wäre mit den Baumgeistern nicht zu spaßen, mutwilliges Missachten des Lebensrechtes von Bäumen räche sich, würde vor weltlichen und himmlischen Instanzen geahndet. Manch einem hat es an Leib und Gliedern getroffen, der Baum fiel zur Unzeit in die falsche Richtung und verpasste dem Frevler einen Denkzettel.

Bäume begleiten uns von der Wiege bis zur Bahre – und in der Zeitspanne dazwischen sind es die hölzernen Körper von Geige, Cello, Gitarre, die uns die tröstliche Gottesgabe der Musik auf die Erde herabholen. Wie sollten wir da den Bäumen nicht dankbar sein?

Mensch und Baum – eine altehrwürdige Beziehung also, die aber doch heute zu sentimentaler Zweckdienlichkeit verkommen scheint. Wissenschaftler rechnen die Segnungen der Bäume nach Festmetern, Biomasse, Sauerstoff-Output aus. Wir nehmen es zu Kenntnis und gehen zur Tagesordnung über – und die ist den Bäumen heutzutage nicht sehr zuträglich. Gewiss, alles wird getan, jene musealen Veteranen unter ihnen zu erhalten. Auch junge Bäume sind wohlfeil und in schmucker Sortenvielfalt zu haben, von denen sich unsere Vorfahren nichts haben träumen lassen. Was normalen Bäumen, zumal den Wald- und Straßenbäumen, jedoch zuträglich ist – vor allem aber, was ihnen schadet -, das schert uns wenig.

Einen Baum pflanzen – die dritte Dimension erschließen

Wir pflanzen einen Baum und gehen damit von der Fläche in den Raum, in die dritte Dimension – ein Akt, der sich grundsätzlich unterscheidet vom Pflanzen einer Staude oder dem Setzen einer Tulpenzwiebel. Platz ist zunächst in einer wüsten Hausumgebung, die es noch nicht verdient, Garten genannt zu werden, in Hülle und Fülle. Da sorgen Bäumchen schnell für eine gewisse Struktur. Der Gartenneuling hält sich gern an alles, was schnell hoch und groß zu werden verspricht. Ungeschützte Leere an Grundstücksgrenzen gibt vielen ein Gefühl von Gefährdung, wehrlos meinen wir den neugierigen Blicken von Passanten und den Übergriffen streunender Hunde ausgeliefert zu sein. Da wird der Rat der Gartenexperten leicht in den Wind geschlagen und man legt die Regeln der gebotenen Pflanzabstände kühn nach eigenem geschrumpftem Maßstab aus.

Die ersten Einkäufe in einem Garten-Center ufern leicht zu einem Kaufrausch aus. Vielleicht soll es eine mehrjährige Weymouthkiefer sein, vielleicht für den Goethefreund ein Gingkobaum, wo doch schon der Meister fasziniert war von diesem Relikt aus grauer Vorzeit. Oder auch eine Fichte oder gleich mehrere, weil man da schnell viel Baum fürs Geld bekommt. Dass die zarten Jungstämmchen eines Tages nicht nur den wünschenswerten Effekt haben, mit ihren Kronen Nachbars Fenster abzudecken, sondern auch die eigenen, das ist noch lange hin.

Man hat sie nun gehortet, all die Bäumchen, nach denen einem aus sentimentalen oder zweckgerichteten Gründen der Sinn steht, und fühlt sich wie Noah nach dem Beladen der Arche. Schon die ersten scheinbar unverfänglichen Spatenstiche sind der Anfang einer Geschichte, die jeder Baum mit uns und bei uns haben wird. Und wenn wir die Geschichte nicht von uns aus gewaltsam und mörderisch beenden, wird es aller Voraussicht nach eine lange sein. Ob auch eine gute, das haben wir da gerade noch in der Hand. Wir hantieren mit den Geräten fürs Grobe, schlämmen Baum und Haltestecken im Pflanzloch ein, reiben uns nach getaner Arbeit erschöpft, aber vergnügt die Hände und meinen, wir seien die Herren im Garten. Nun brauchen wir bloß noch abzuwarten und Zeit zu haben. Viel Zeit – zu viel Zeit zwischen dem Pflanzen des Bäumlings und den guten Gaben des Baumes in seiner Lebensmitte. Zu spät zum Umpflanzen, wenn uns die Pflanzfehler langsam entgegenwachsen, ein Jahrzehnt vertan, wenn wir – nun klüger als zuvor – einen neuen Anlauf nehmen.

In dieser denkwürdigen Pflanzstunde jedoch noch sind wir die Hauptakteure. Dann aber übernimmt der Baum die Regie, folgt seinen Gesetzen und macht uns zu Statisten, Nutznießern, allenfalls Nebenfiguren, denen saisonbedingt ein kleiner Auftritt mit Säge und Schere oder Erntekorb zugestanden wird. Das sollte wohl und mit allen Konsequenzen bedacht werden. Von Nachbars Grundstück scheinen ihn in diesem frühen Stadium Welten zu trennen, und doch werden seine Zweige und sein Laub möglicherweise Konfliktstoff in die nachbarlichen Beziehungen bringen – lang mag es noch hin sein, vielleicht werden erst nach Jahrzehnten die Besitzer der aneinander grenzenden Gärten seinetwegen nicht mehr miteinander reden. Und den Baum wieder loszuwerden, das wird eines fernen Tages für die nächste oder übernächste Generation keinesfalls mehr Privatsache sein, das Gesetz wird es ihnen unter bestimmten Umständen verbieten.

Wir sind es nicht gewöhnt, in solchen Zeitläufen zu denken. Doch erst wenn wir einen Baum pflanzen – allenfalls einen wüchsigen Strauch -, geben wir unserem Garten die dritte Dimension, gehen von der Fläche in den Raum und ragen damit in den Bereich des Gesetzes hinein, und nicht nur in den des bürgerlich-öffentlichen Rechts. Einen Baum pflanzen, einen Baum fällen, das ist und war zu allen Zeiten mehr als zweckgerichtetes alltägliches Tun. In den traditionsgebundenen Kulturen, in denen das Bewusstsein menschlicher Verantwortung und brüderlicher Verbundenheit gegenüber der Schöpfung sich lebendig erhalten hat, wurde der Baum um Verzeihung gebeten, wenn man ihm zu eigenem Nutzen Leid antun musste. So bis in die jüngste Vergangenheit bei den Indianern Nordamerikas, so aber auch in weiter zurückliegenden Zeiten in Mitteleuropa.

Es sind also die Bäume, die den langen Atem haben, und schließlich werden sie den Charakter des Gartens weitgehend bestimmen. Und den Zufall wieder rückgängig zu machen, der womöglich einst zu ihrer Wahl und zu ihrem Standort geführt hat, dafür wird es dann längst zu spät sein. Bäume wachsen nicht in den Himmel, sagt man, aber das Stück Himmel über unserem Garten mit dem, was uns an Sonnenschein zukommt, können nach Jahren, Jahrzehnten ziemlich verdüstern. Das Süßkirschen-Halbstämmchen, kaum größer als der gleichzeitig erstandene Stachelbeerstrauch, sprengt mit den Jahren alle Erwartungen und wächst sich zu einer kapitalen Krone mit gänzlich unerwünschtem Schattenradius aus. Gewiss, Korrekturen alter Pflanzfehler mit Axt, Säge und schlimmstenfalls sogar der Spitzhacke sind möglich, aber sie gehen zumeist fatal, zumindest verunstaltend für den Baum aus.

Darf man angesichts drangvoller Enge und bedrückenden Lichtmangels die Axt anlegen im eigenen Garten? Das ist eine Gewissensfrage. Bruder Baum, das ist nichts zum Konsumieren und Entsorgen, und unsere bewusste Sympathie hat er wohl nötiger als je. Es wächst zwar fast alles wieder nach. Aber man muss noch sehr jung sein, um sich bei Bäumen damit trösten zu können.

Weise Beschränkung, reifliche Überlegung bei Zahl und Wahl sind also geboten, wenn wir uns Baumgefährten in den Garten holen. Bäume sind keine Wegwerfprodukte, sie sind auch keineswegs beliebig einsetzbare Gartenstaffage. Sie folgen ihren eigenen Wachstumsgesetzen – Baumzeit und Menschenzeit laufen keineswegs synchron. Mit jenem scheinbar harmlosen Pflanzakt reichen wir über unsere kurze Lebensspanne weit in die Zukunft hinein. Es braucht den Optimismus und das Gottvertrauen jenes prominenten Apfelbaumpflanzers, Doktor Martin Luther, der seinem vielzitierten und aller Zukunftsskepsis entgegenwirkenden Ausspruch zufolge kurz vor einem drohenden Weltuntergang noch schnell das Pflanzloch für einen Obstbaumsetzling ausheben würde.

Erst wenn man an die Stätten der Kindheit zurückkehrt, wird offenbar, dass auch Bäume in die Jahre kommen – und, im Gegensatz zu den Menschen, immer schöner und nützlicher werden. Eine Generation ist da leicht übersprungen. Der Kirschbaum, den die Eltern damals pflanzten, jetzt endlich verstellt er die Aussicht aus Nachbars Fenstern im ersten Stock direkt in unseren Garten hinein. Jetzt endlich könnte man in seiner Astgabel ein Baumhaus bauen. Doch derlei beziehungsfördernde Angebote und ast-reine, blatt-grüne, frucht-bare Gaben von Seiten des Baumes kommen erst der nächsten Generation zugute. Geduldig sein – das ist eine der ersprießlichen Lehren, die Bäume uns erteilen wollen.

Gedanken über das Bäumeschneiden und -fällen

Bäume möchte man pflanzen und dann im gärtnerischen Arbeitsplan dauerhaft abhaken können. Doch sie wachsen – zuerst von uns angespornt, später vergeblich zum Einhalten beschworen. In einem Garten leicht fortgeschrittenen Alters gehört das ‚Operationsbesteck' – die Scheren und Sägen in verschiedenen Größen – zu den wichtigsten Werkzeugen. Der Spätwinter ist die Zeit, da sie traditionsgemäß gewetzt, geschliffen und eingesetzt werden.

Das Schneiden, insbesondere das von Obstbäumen, war nach guter alter Hausväterart Domäne der Männer und für Frauen so tabu wie das Führen einer Bohrmaschine. Der Sittenkodex ist auch auf diesem Gebiet ins Wanken geraten, Frauen hantieren mit elektrischen Geräten der verschiedensten Art, nicht nur mehr mit Küchen- und Nähmaschinen oder Staubsaugern. Allerdings, wenn ein Mann zur Verfügung steht, sind Machenschaften mit Heckenscheren und Kettensägen noch immer eher Männersache.

Selbst das Einverständnis der Fachleute, wann geschnitten werden sollte, ist nicht mehr einheitlich. Im bäuerlichen Jahresrhythmus bot sich die Zeit der Ruhepause vor der Feldarbeit an. Von Vorteil ist auch gefrorener Boden unter der Baumkrone, um Erdverdichtung und Zertreten von Wurzeln und möglichen jungen Trieben aus dem Boden zu vermeiden. Wer jedoch an solche Zwänge nicht gebunden ist und der eigenen Gartenlust und dem eigenen Kalender folgen kann und weiß, was unter den Bäumen zu schonen ist, der kann und darf auch im Frühwinter schneiden. Oder im Frühfrühjahr kurz vor dem Austrieb – mit dieser Methode soll das Wachstum gehemmt werden. Auch im Sommer ist Schneiden erlaubt, vor allem aber das Ausbrechen der neuen Langtriebe, der sogenannten Wasserschosse, ehe sie den Früchten Reifekraft stehlen.

Das alles ist leichter gesagt als getan. Bruder Baum kann sich nicht wehren. Nur die Ergebnisse laienhafter Verstümmelungen in seinem Geäst, die dicken Knorpel und die darüber vom Säftestau explodierenden Rutenbüschel klagen stumm sein Leid.

Literatur zum Thema gibt es in Hülle und Fülle, und wenn man über das Stadium hinaus gelangen möchte, in dem man einfach alle Äste, die einen stören, irgendwo kappt wie die zu langen Haare eines Bubikopfes, so kommt man um ein Minimum an theoretischem Grundwissen nicht herum: Augen, Leittrieb und Konkurrenztrieb, Quirlholz, Blatt- und Blütenknospen, und die sollte man dann auch am Baum erkennen und unterscheiden können.

Im Buch hat man dann die Schemazeichnungen vor sich, jeweils zwei, vorher und nachher. Links ist das vernachlässigte Exemplar abgebildet, das Jahre keine Schere gesehen hat, ein Verhau wirrer schwarzer Linien. Daneben hat man das wohlgetrimmte und gezähmte Produkt gärtnerischer Schneidekunst vor sich. Und dazwischen öffnet sich für den Hobbygärtner die ganze Palette von Möglichkeiten, es falsch oder richtig zu machen. Von der Lektüre bzw. der Anschauungslektion belehrt und angespornt, lässt er oder sie sich an einem klaren, nicht zu frostigen Wintertag in den Garten locken, steigt in den Baum und genießt die Aussicht, schwingt die Säge, setzt die Schere an – und sieht den Baum vor lauter Zweigen nicht mehr. Fruchtholz verlässlich von Triebholz zu unterscheiden wäre der springende Punkt, und man sollte sich das zunächst einmal von einem Experten zeigen lassen. Immerhin gelten als Faustregeln: Je stärker geschnitten wird, desto mehr regt man das Wachstum an. Rückschnitt immer bis zu einem Auge, das einen Neutrieb in die gewünschte Richtung erwarten lässt, also nach außen und keineswegs steil nach oben; eine lichte Krone mit wenigen kräftigen Seitenästen anstreben; keine „Huthaken" am Stamm lassen, sondern möglichst glatt am Stamm abschneiden, damit die Wundstelle überwachsen werden kann. Werden diese Grundsätze beherzigt, ist schon viel gewonnen.

Der Baum im Märchen

Die mythische Weltenesche der Germanen, „die mit breiten Ästen die weite Welt überwölbt", schützt zwischen ihren Wurzeln den Lebensquell; die drei Schicksalsfrauen, die Nornen, wohnen dort, in seinen Zweigen haust ein allwissender Adler. Ein heiliger, zentraler Ort. In den Volksmärchen als den entfernten Nachkommen dieser geheiligten Glaubensüberlieferungen sind daraus poetische Erzählmotive geworden, die den sakralen Ernst ihres Ursprungs nur noch von fern hier und da aufleuchten lassen.

Unter Bäumen sind in Märchen und Sagen bevorzugt Schatztruhen, Geldsäcke vergraben. Und der Günstling der Zaubermächte, also der Märchenheld (in diesem Typus immer ein Mann), findet sie, weil er sich nicht zu schade ist, auf den Hinweis eines unscheinbaren Männleins, gar eines Bettlers zu hören und seine Grabwerkzeuge an der bezeichneten Stelle anzusetzen. Auch eine Goldene Wundergans kann bei dieser Schaufelarbeit zu Tage kommen oder ein in einer Flasche eingestöpselter Geist. In jedem Falle beginnt damit der unaufhaltsame soziale Aufstieg des jungen Mannes.

Das Volksmärchen geht mit den uralten religiösen Vorstellungen auf seine eigene, oft spielerisch-verfremdende Weise um. Herakles, der griechische Heros, hat als letzte seiner übermenschlichen zwölf Aufgaben die „Äpfel der Hesperiden" von einem mythischen Baum hinter dem Ende der bewohnten Welt – also aus der Jenseitswelt – zu holen. Märchenhelden machen sich in seiner Nachfolge auf abenteuerreiche Wege, um wunderbare Früchte von Bäumen in streng bewachten Zaubergärten herbeizuschaffen. Das mag das Märchen von den Mythen des alten Europa und Vorderasiens übernommen haben: Bäume sind Zielpunkte und entscheidende Markierungen auf Menschenwegen, sie stehen als bildhafte Symbole für schützende Lebenskraft, für Wachstum und Wiederkehr, für Himmelssegen und Erdenenergie. Der Wald, Bäume also in unüberschaubarem Plural, das ist die dämonische Zauberwelt, die ungezähmte Natur – auch die des Menschen – in ihrer ungebändigten, gefährlichen Form. Wer im Märchen „in den Wald geht", der kommt nicht oder als ein Anderer zurück. Der einzelne Baum aber verkörpert die Vegetationskräfte – auch die in uns selbst -, die uns tragen, nähren und zu unserem besseren Selbst emporwachsen helfen. Er ist verehrungswürdiger Freund bzw. Segen spendende, mütterliche Freundin, von Alters her mythisch erhoben und geadelt.

So in dem Märchentypus vom himmelhohen Baum, in dem der menschheitsübergreifende Mythos vom Weltenbaum als dem Zentrum des Erdkreises nachklingt. Nach der Häufigkeit seiner Varianten – also den unterschiedlichen Erzählausgestaltungen einer grundsätzlich gleichen Geschichte – ist seine Herkunft in Ungarn anzunehmen. Es weist zurück auf die schamanistische Kultur und Religiosität Mittelasiens, der Urheimat der Turkvölker, zu denen auch die Ungarn gehörten. Wie der Schamane den hohen Baum erklimmen musste, um dem Himmel, dem Bereich göttlicher Mächte, näher zu sein, so steigt der Märchenheld in scheinbar vordergründig weltlicher Mission den Stamm eines wunderbaren, zumeist botanisch nicht näher bezeichneten Baumes empor. Doch hat die Gipfellandschaft alle Attribute der Anderswelt – eine Jenseitsreise und Suchwanderung in der Vertikalen statt, wie sonst märchenüblich, in die Horizontale, in den Wald, übers Meer oder zu anderen Grenzüberschreitungen

Dort oben in den Zweigen des Baumes geht es ganz ‚natürlich' zu, nur dass die Gesetze der Schwerkraft aufgehoben sind: Das Schloss, das Pferd, das dem jungen Schweinehirten oder sonstigen Proletarierspross bei der Erlösung der Prinzessin behilflich ist. Er selbst, nichts und niemand verliert das Gleichgewicht und fällt aus den Zweigen zur Erde herab. Ganze Landschaften tun sich da oben auf.

Nicht immer ist das Ziel der Jenseitsreise die Erlösung einer Prinzessin aus den Fängen des Drachen. Es können auch heilsame Früchte, Äpfel oder Granatäpfel für einen sterbenskranken König zu holen sein. Und auch diese gefährliche ‚Kletterpartie' gelingt nur dem verkannten und verachteten Außenseiter oder – in einer rumänischen Variante – ausnahmsweise einem beherzten Mädchen. Junge Burschen ohne Zahl sind beim Erklimmen des himmelhohen, stachligen Stammes schwindelig geworden und abgestürzt, sie aber schürzt ihren Rock und bindet sich ein Tüchlein um die Hand, um sich nicht zu verletzen, wie es heißt – und schafft es, die Frucht aus den Zweigen des wunderbaren Granatapfelbaums hinunter zu holen in die irdische Wirklichkeit, wo sie einem sterbenskranken Königsohn Heilung bringen soll.

Andere Märchenmotive künden von dem archaischen Volksglauben an das magische Band zwischen Mensch und Baum.

Der Baum ist sympathetisch mit dem Geschick von Brüdern verknüpft: Ein Messer im Baum rostet oder gar der Baum ‚blutet', wenn das Leben von einem der Brüder bedroht ist.

Ein Mädchen genießt auf magische Weise mittels eines Grabbaumes den Segen ihrer toten Mutter, so z.B. in „Aschenputtel". In der Erstausgabe der Grimmschen Sammlung wird das Mädchen von der Mutter auf dem Totenbett aufgefordert, auf ihrem Grab ein Bäumchen zu pflanzen, das ihr auf Schütteln jeden Wunsch erfüllen wird („Bäumchen rüttel dich und schüttel dich, wirf Gold und Silber über mich!")

In einem anderen Märchentyp ist die tote Mutter in Gestalt einer nährenden und segensreichen Kuh oder Ziege heimlich weiter gegenwärtig, um ihrer von der Stiefmutter und den Schwestern drangsalierten Tochter beizustehen. Diese muss mit ansehen, wie das Tier geschlachtet wird, sie vergräbt die Abfallprodukte des Schlachtens und daraus wächst ein Baum, der ihr zu Liebes- und Hochzeitsglück verhilft.

Solchen Metamorphosen liegt ein Weltbild zu Grunde, das alle Lebewesen aus derselben Urmaterie geschaffen sieht; ein energetisches Schwingungsfeld verbindet demnach alles Lebendige. Es gibt keinen grundsätzlichen qualitativen Unterschied zwischen Mensch, Tier und Pflanze – das war die Glaubensgewissheit früher Kulturen. So konnten Götter sich als Tiere verkörpern oder aus Bäumen wirken. In dem Märchenmotiv der „Verwandlungskette" klingt ein Echo dieses magischen Denkens nach. „Stirb und Werde!" – von der Verwünschung eines Menschen zu seiner Erlösung zu erneutem Menschsein kann der Weg über verschiedene Stufen vegetativen Lebens gehen; jedes Partikel birgt den Kein zur Verwandlung in neue Lebensformen in sich.

Die mythische Zeus-Eiche in der griechischen Orakelstätte Dodona raunte Orakelsprüche – war es das Wispern und Rascheln der Blätter, dem Eingeweihte, Priester göttliche Botschaften ablauschten? Auch in einem Märchentyp werden Bäume mit Musik in Verbindung gebracht. Singende oder musizierende Bäumchen gehören zu einem Märchentyp, der erstmals in der Sammlung „1001 Nacht" aufgeschrieben wurde und danach in Varianten in kaum einer europäischen Märchensammlung fehlte. Der Baum, Symbol für Lebendigkeit, Wachstum, Erneuerung, ist hier aus der Jenseitswelt auf die

Erde zu holen, um diese zu ‚heilen', d.h. die zerstörte Familie zusammenzuführen und damit Ordnung der Verhältnisse wieder herzustellen.

Ein Baum bestimmt in einem anderen verbreiteten Märchentyp die Ausgangssituation: Ein Fruchtbaum ist einem hochgestellten Herrn, zumeist einem König, so lieb und wert, weil er irgendetwas sehr Spezielles zur Leibes- und Seelennahrung trägt, z.B. goldene Äpfel. Jemand bringt ihn jedoch um diese Früchte, stiehlt sie unbemerkt. Die drei Söhne werden nacheinander beauftragt, den Baum des Nachts zu bewachen. Ein echter Zauberbaum also – und eine echte Herausforderung für die Söhne! Wie der Märchenweisheit gemäß zu erwarten, ist es der Jüngste, der den Dieb (oder die Diebin) in flagranti ertappt, er ist es, der dann dadurch in Abenteuer verwickelt wird, die schließlich zu seinem Glück führen.

Ein Baum kann Ziel eines Auftrags sein: Auch hier ein alter Herrscher, der sich seine verjüngende Kraftspeise, seine ‚Überlebensmedizin' nicht mehr selbst besorgen kann, ein Junger wird danach ausgeschickt. Die Kostbarkeiten aus der Jenseitswelt sind streng bewacht, Körperkraft, List, Talent zur Verführung von Zauberfrauen sind gefragt. Und wieder ist es der Jüngste von Dreien, der die göttliche Frucht, den goldenen Apfel vom Baum des Lebens herbeischafft und damit Heilung von Krankheit, Erlösung von Fluch oder Verwünschung bewirkt. „Da floh die Krankheit aus seinem (des Königs) Leib und er konnte wieder sehen. Stark wie ein Bulle wurde er wieder" – so heißt es am Ende eines Märchens aus dem Kaukasus.

Eine kleine Geschichte der Rosenkultur

Die Rose galt von den Anfängen ihrer Kultur an als die Blume schlechthin, als „Königin der Blumen", würdig, Floras gesamte Familie zu vertreten. In frühen Kulturen wurde sie als Nutzpflanze geschätzt - ihre Hagebutten und Blütenblätter fanden medizinische Verwendung, ihre Dornenhecken schützten Gärten vor Eindringlingen und Vieh. Und doch hat sich der menschliche Züchtungswille besonders auf ihre Blüte gerichtet – und das zu keinem anderen Zweck, als sie vielblättriger, großblütiger, farbkräftiger, eben ´schöner' zu machen.

Eine Stammmutter der Rosen, Rosa canina, wird in Deutschland noch heute „Hundsrose" genannt. Dieser stachlige, wuchernd um sich greifende Strauch trägt rosa, seltener weiße Blüten, die in ihrer schlichten Sonnengestalt dem Inbild aller Blumen nahe kommen. Die Hundsrose hat die Menschen seit Urzeiten zu deren Nutzen – und wohl auch zur Freude? – begleitet. Fossile Restspuren im Hausmüll menschlicher Ansiedlungen aus dem Tertiär belegen, wie wichtig den Menschen diese einfache Rose war. Rosa canina ist ausgesprochen winterhart, ja sie braucht sogar einen gewissen Winterschlaf, also eine Kälteperiode. Bis ins nördliche Mitteleuropa hält sie es daher gut aus. Die veredelten Sorten, an deren Entstehung zahlreiche Spezies aus dem Fernen Osten mitgewirkt haben, sind allerdings empfindlicher gegen früh- oder spätwinterlichen Kälteschock. Und so gibt es bei uns immer wieder einmal ein Jahr, in dem Frostschäden und Ausfälle zu beklagen sind. Auch zu trocken darf es nicht sein, zu reichliche Niederschläge hingegen fördern den Schädlingsbefall.

Die Anfänge des gärtnerischen Bemühens um die Rose liegen im Dunkeln. In frühen Texten, auf bildlichen Darstellungen und Münzen des Altertums war sie bekannt und der Erwähnung beziehungsweise der Wiedergabe für Wert befunden. In Persien, dem Mutterland der Gartenlust, geht das Kultivieren von Nutz- und Zierpflanzen bis in die Frühzeit zurück, und da das Klima in Teilen des Landes der Rose besonders zusagt, mögen die ersten Edelrosen wohl in den Beeten der vorislamischen Tempel und Palastanlagen im alten Iran gewachsen sein. Schlüssige Beweise für diese Annahme gibt es jedoch nicht. Im alten Ägypten der frühen Reiche fehlen Rosendarstellungen in den Gartenbildern der Grabfresken; auch unter den pflanzlichen Mumienbeigaben wurden keine Rosenreste gefunden. So wird vermutet, dass die Ägypter die Rosenkultur erst von den Griechen kennen lernten. Auch aus dem Land der Bibel gibt es kaum ein frühes Zeugnis für die Existenz der Rose. Die poetischen Vergleiche im Hohen Lied des Alten Testaments umfassen alles, was in der offenen Natur und in den Gärten verlockend und wohlduftend war, vor allem die Lilie. Die Rose aber fehlt. So ist der Weg der veredelten Rose möglicherweise etwas nördlicher verlaufen und hat die alten Kulturvölker um den Nil und das Tote Meer zunächst ausgespart. In Indien und China sowie in Babylon allerdings war die ‚Königin der Blumen' schon früher eingebürgert.

Sargon der Erste hat um 2.500 v.Ch. eine erste schriftliche Kunde von der Rose in Stein ritzen lassen. Weinstöcke, Feigen- und Rosenbäume habe er von jenseits des Taurus in sein Land, also das Zweistromland zwischen Euphrat und Tigris, gebracht. Auf ähnliche Weise, im Gepäck von Reisenden mit kriegerischen oder friedlichen Zielen, kam sie dann auch nach Hellas, nach Rom und von dort auf dem bekannten Weg so vieler Kulturgüter über die Alpen.

Im alten Griechenland führen die ersten schriftlichen Zeugnisse von Edelrosen an den Nordrand der hellenischen Welt: Der Historiker Herodot preist die Rosengärten des Phrygerkönigs Midas im heutigen Mazedonien. Darin wüchsen Rosen mit sechzig Blütenblättern und stärkerem Duft als alle Rosen sonst. In den Gärten der makedonischen Stadt Philippi soll es zur Zeit Alexanders des Großen gar hundertblättrige Rosen gegeben haben, also bereits echte „Zentifolien". Solche Zahlen sind eher symbolisch als arithmetisch exakt und nachzählbar zu verstehen, weisen aber doch auf fortgeschrittene Zuchtformen hin, die über die bescheidene Fünfblättrigkeit der Stammform Wildrose weit hinausgehen. Bis heute gedeihen ja in Süd-Bulgarien unabsehbare Rosenfelder, ist dort ein Zentrum der Rosenölgewinnung. Nach Norden von hohen Bergen geschützt, gegen Süden offen – das ist klimatisch und damit auch kulturgeschichtlich eine hervorragende Voraussetzung, um der bescheidenen Fünfblatt-Blüte der Wildrose nach und nach einen lukrativen Mehrwert an Saft und Duft anzuzüchten.

Solche Bedingungen konnte das Zentrum der griechischen Welt an den Gestaden des Mittelmeers mit seinen trocken-heißen Sommern nicht bieten. So war zwar die Wildrose seit Urzeiten in Helles heimisch – die Gartenrosen aber haben sich wohl immer den Charakter des Edlen und Kostbaren bewahrt.

Bei den Römern ist die Nachwelt hinsichtlich realer Gartenmethodik nicht mehr auf spärliche Angaben in poetischen Texten angewiesen. Der Land- und Gartenbau wurde im alten Rom systematisch gepflegt. Eine umfangreiche Ratgeber-Literatur entstand und wirkte auch in Mitteleuropa bis in die frühe Neuzeit fort. Bezogen auf die Rose werden Anleitungen zum richtigen Schnitt gegeben. Düngung mit Rindermist wird empfohlen und das Anpflanzen von Knoblauch um die Sträucher – damit sei der Rosenduft zu intensivieren.

Paladius schreibt im vierten Jahrhundert n.Chr.: „Wenn man die Rose recht frühzeitig haben will, sticht man zwei Hand breit einen Kreis um sie herum ab und begießt zweimal täglich mit warmem Wasser." Seneca berichtet von Warmhäusern, die durch Warmwasserrohre beheizt würden und in denen Rosen bereits im Dezember zur Blüte kämen. Plinius nennt – neben den wilden Heckenrosen, die das ganze Altertum hindurch als eine eigene Spezies angesehen wurden – zehn Sorten von Zuchtrosen. Vergil erwähnt in seinem „Lied vom Landbau" zweimal blühende Rosen aus Paestum.

Der Rosenanbau entwickelte sich im römischen Reich und speziell in der Hauptstadt nach und nach und vor allem in der späten Kaiserzeit zu einem lukrativen Industriezweig. Rosen wuchsen nun nicht nur zu privater Gartenlust um die Villen und Landgüter der Wohlhabenden – Rosenluxus wurde zum Statussymbol, man war offenbar süchtig nach Rosenduft. Auf Rosenblättern gebettet erlebte man Liebe und Geselligkeit, mit Rosenkränzen wurden gefeierte Menschen und gastliche Tafeln geziert. Liegepolster wurden mit Rosenblättern gestopft. Rosen, so glaubte man, hätten die Kraft, den Kopf zu kühlen, der Trunkenheit zu wehren, Kopfschmerz zu lindern. Und wenn Rosen nicht in ausreichender Menge in der Umgebung zu beschaffen waren, importierte man ganze Schiffsladungen von den anderen Mittelmeeranrainern, im Winter aus Ägypten und Nordafrika.

Diesseits der Alpen nahmen sich dann die Klöster als Pionierstätten des Gartenbaus der Rosenzüchtung an. Mönche sollen die ersten Gartenrosen in England eingeführt haben, und von dort soll Bonifazius und die Benediktinermönche in seiner Begleitung sie etwa um 700 n. Chr. nach Deutschland gebracht haben. Im „Capitulare de villis" Karls des Großen gehört die Rose, neben zahlreichen Nutzpflanzen und Heilkräutern, in die Liste empfohlener Pflanzen. Doch sind Rose und Lilie hier die einzigen Pflanzen, die weder der Ernährung noch der Medizin dienten, sondern möglicherweise als „Marienpflanzen" zur frommen Kontemplation der Mönche und zum Schmuck der Altäre in den Klostergärten gezogen wurden. Albertus Magnus, der berühmte Theologe, der auch erstaunlich kundige und praxisbezogene Anleitungen zum Gartenbau gegeben hat, beschreibt die Gartenrose, die mehr als fünfzig oder sechzig Blätter haben könne – besonders die weiße Rose. Er empfiehlt, nachdem er sachkundige Hinweise zur Anlage eines Rasens gegeben hat, dessen Umrahmung mit Rosen, Veilchen, Akelei, Lilien und Schwertlilien – übrigens das früheste Beispiel einer Staudenrabatte zur reinen Augenlust.

Man nimmt an, dass es sich bei Gartenrosen im Mittelalter um die Rosa gallica gehandelt hat, auch Essigrose oder Provinzrose genannt, die als Stammspezies aller späteren Züchtungen gilt. Ihre unmittelbaren Abkommen sind die Rosa damascena und die Rosa centifolia, die wiederum seit dem 18. Jahrhundert mit der orientalischen Bengalrose gekreuzt wurde – zu einer unüberschaubaren Fülle von Hybridsorten: Mehrfach blühend, mehr oder weniger gefüllt, mehr oder weniger duftintensiv, groß- oder kleinblütig, in verschiedenen Farbnuancen, Floribundarosen, Polyantharosen, Bourbonrosen und so weiter. Neue Sorten kommen, andere bewähren sich nicht und verschwinden wieder, manche machen ihre Züchter reich, andere arm. Es gibt Rosenmoden, den allgemeinen Trends in der Gartengestaltung entsprechend: Mal mag man es elegant und hoch gezüchtet, mal eher naturnah und ein bisschen ‚altmodisch'. Farbnuancen kommen und gehen in der Gunst des Publikums, Düfte sind wichtig oder eher marginal. Seit einigen Jahren liegen besonders die Englischen Rosen im Trend, ‚englisch' nach ihrem Züchter David Austin, dessen Sorten erstmals den Duft und nostalgischen Charme alter Rosen mit den Vorzügen mehrmaligen Blühens verbinden.

Früher als in Deutschland wurde in Frankreich die Rose eine beliebte und verbreitete Gartenblume. Das mildere Atlantik-Klima westlich des Rheines war und ist der Rose besonders günstig. Bereits im sechsten Jahrhundert, so wird berichtet, hat König Childebert I. seiner Gemahlin in Paris einen Rosengarten anlegen lassen. Im 13. Jh. soll ein französischer Kreuzritter die Damaszenerrose aus dem Orient mitgebracht haben. Um 1800 umfasste der Katalog eines französischen Rosenzüchters 25 Sorten. Bald danach war es wiederum eine Französin, die der Rosenverbreitung in Europa mächtigen Auftrieb gab: Kaiserin Josephine, die Gemahlin Napoleons, machte die Rosenleidenschaft, von der sie selbst ergriffen war, gesellschaftsfähig. In ihrem Auftrag schwärmte ihr Gärtnergesandter, der Engländer Kennedy, mit einem Stab von Helfern aus und trug für den Park um ihr Schloss Malmaison zusammen, was nah und fern an seltenen Rosensorten aufzutreiben war. Und Redouté, der kaiserliche Hofmaler, porträtierte Josephines Lieblingsrosen in seinem kostbaren Werk „Les Roses" und bewahrte damit viele der damals beliebten Sorten vor dem Vergessen.

Auch in Deutschland ist eine zunehmende Popularisierung der Rosenliebhaberei bezeugt. Zeitgenossen rühmen in den Jahrhunderten der großen Gartenlust die Parks und Gärten der adligen Herrschaften und der reichen Patrizier, und da werden seit dem 16. Jahrhundert auch die Beete mit Neuzüchtungen exquisiter Rosen genannt. Den Garten der Augsburger Familie Fugger sollen um 1580 nicht weniger als 775 Rosenstöcke geziert haben; von den reichen Handelsherren der Familie wird berichtet, dass sie, wie später dann die Kaiserin Josephine, spezielle Gesandte in die Länder Europas schickten, um in Deutschland noch unbekannte Sorten auf ihre Beete zu holen.

Etwa ein Jahrhundert später dann ist in einem Handbuch der Gartenpraxis über die Rose zu lesen, sie sei „eine Königin der Blumen / ein Schmuck der Erden / eine Zier der Gärten / eine Lust dem Gesicht / dem Geruch eine Anmuthigkeit / und dem Hertzen eine kräftige Erquickung. Daher nicht wol ein Gärtlein/ wie klein auch dasselbe seyn mag / wird anzutreffen seyn / darinnen nicht ein Rosenstock zu finden wäre."

Das ist eine erfreuliche Aussage mit demokratischem Hintersinn. Die Rose war also inzwischen bis in die Gärten der kleinen Leute gelangt – und sie ist seitdem aus keinem Garten mehr wegzudenken.

Geschichte und Geschichten von Rebe und Wein

Wie die Triebe der Weinrebe um ihren Pfahl, so haben sich von jeher Legenden um die großen Gestalten der Weltgeschichte gerankt: Um Karl den Großen zum Beispiel oder Alexander den Großen. Ganz so war es wohl meist nicht, wie es die poetische Phantasie ihnen andichtete. Aber so hätte es sein können - man traute ihnen alles Menschenmögliche zu und darüber hinaus noch allerhand aus dem Bereich des Wunderbaren.

Auch mit dem Wein, der eh und je als göttliche Segensgabe galt, wurden die legendären Helden gern in Verbindung gebracht. Der große Alexander – dem übrigens der Ruf gewaltiger Trinkfestigkeit anhing – soll von seinem Sieg über das mächtige Perserreich als Trophäe den goldenen Weinstock mitgebracht haben, der am Thron des Großkönigs an einer goldenen Platane emporwuchs. Gold hatte Alexander genug erbeutet, um den schnöden Mammon kann es bei diesem Raub nicht gegangen sein – sondern um das mythische Symbol des Weltenbaums, der im alten Orient oft als kräftiger, stämmiger Weinstock dargestellt wurde. Auch den legendären Thron des Königs Salomon soll ein goldener Weinstock mit Trauben aus Edelsteinen als „Baum des Lebens" geschmückt haben.

Rund tausend Jahre später, im Umkreis Karls des Großen, geht es dann um Reben der irdisch-vegetabilen Art. Die Sage berichtet, dass der Kaiser, als er einmal in seiner Pfalz zu Ingelheim am Rhein auf den Strom und die gegenüberliegenden Berge schaute, eine folgenreiche Beobachtung machte: In der Nacht hatte es geschneit. An den Südhängen des Johannisberges aber war der Schnee in kurzer Zeit geschmolzen, das Gras spross dort früher als anderswo, die Bäume trieben eher aus. Da ließ der Kaiser die Hänge roden und terrassieren, er schickte Boten nach Frankreich und ins Donauland, um Rebstecklinge edler Sorten zu holen. Er selbst pflanzte die ersten jungen Reiser, und als der dritte Herbst ins Land ging, tranken er und sein Gefolge den ersten heimischen „Johannisberger". Und noch heute – so sagt man – steigt der Kaiser aus seiner Gruft zu Aachen und schreitet den Rhein hinauf, um die Reben des Johannisbergs zu segnen.

Einen Wahrheitskern wird diese Geschichte gewiss haben: Karl der Große soll ein Weinliebhaber gewesen sein, der sich die edlen Tropfen für die kaiserliche Tafel bis dahin aus Frankreich und Italien importieren musste. Der Weinanbau aber hatte zu seiner Zeit auch an Rhein und Mosel schon eine lange Tradition, wobei das Produkt heimischer Reben verwöhnten Gaumen nicht unbedingt mundete. Es bedurfte noch vieler Jahrhunderte der Winzerkultur, um mit südländischen Weinsorten mithalten zu können.

Es waren die Römer, die die Kunst des Weinbaus über die Alpen brachten. Längst war in Rom der Wein das geschätzte Getränk quer durch alle Bevölkerungsschichten. Selbst den Sklaven wurde zur Hebung der Arbeitsmoral ihr tägliches Quantum zugestanden. Auch die Germanen und Kelten ließen sich schnell von ihrem traditionellen Met hin zu dem wunderbar verwandelten Traubensaft bekehren. Eine ziemlich radikale Bekehrung, so scheint es. Schon bald galten die Germanen als zügellose Trinker ungemischten Weins, die als Söldner im römischen Heer Cäsar fast um den Sieg in der wichtigen Schlacht bei Pharsalus gebracht hätten, weil sie sich zuvor hatten voll laufen lassen. Das passt ins Bild, das die Römer von den Germanen hatten. Sie, die Römer, hätten den Germanen nicht nur eine gesittete Lebensweise beigebracht, sondern auch den Ackerbau und das Beschneiden der Reben, so räsoniert ein römischer Schriftsteller.

Unvergorenen Traubenmost werden unsere Vorväter seit Urzeiten geschätzt haben. Die wilde Rebe, Vitis silvéstris, kletterte auch nördlich der Alpen an den Bäumen hoch – ihre je nach Standort mehr oder weniger großen und säuerlichen Beeren wurden seit Jahrtausenden verspeist wie andere Früchte des Waldes. Wie man in deren Saft aber jene himmlischen Kräfte freisetzt, die lustig machen und die Sorgen vertreiben – diese Kunst brachten erst die Fremden ins Land. Bereits um 600 vor Christus hatten die griechischen Siedler den Weinbau über ihre Stadtgründung Massilia, das spätere Marseille, in den Westen getragen. Von dort breitete er sich nach und nach in Gallien aus und kam auch in die Rheingegend. Dem römischen Kaiser Probus wird dann im 3. Jahrhundert n.Chr. die tatkräftige Förderung der Rebkultur in Germanien zugeschrieben. Er soll ein Gärtnersohn vom Balkan gewesen sein. Und wie eine Ironie des Schicksals klingt die Legende seines Todes: Seine Legionäre hätten ihn erschlagen, weil er sie vom Kriegshandwerk abzog und mit dem allzu friedlich-zivilen Anlegen von Weinbergen beschäftigte. Das war für Soldaten wohl ein erniedrigender, unstandesgemäßer Auftrag; für den Landbau waren andere zuständig.

Irgendwo, irgendwann muss das „Wunder des Weines" entdeckt worden sein. Es ist das Wunder einer zweifachen Verwandlung. Das Naturprodukt Rebensaft wird zu einem Getränk ganz anderer Art mit magischen Eigenschaften. Das dürfte den Menschen der Frühzeit, die von dem natürlichen Prozess der alkoholischen Gärung nichts wussten, als ein von überirdischen Kräften gesteuerter Vorgang erschienen sein. Und die zweite Verwandlung bewirkt der Wein im Menschen selbst: Er beflügelt den Kopf und löst die Glieder; Dämonen aber werden freigesetzt, rauschhaft vernebeln sie das Bewusstsein, hält man das rechte Maß beim Weingenuss nicht ein. Und so wird aus der Gabe der Götter leicht eine Gabe des Teufels.

Die Entdeckung des Weins als eines Getränkes besonderer Art, der systematische Anbau der Reben reicht bis in prähistorische Zeit zurück. Bereits in den frühen Kulturen des Zweistromlandes an Euphrat und Tigris und in Ägypten zeugen Texte, Reliefs und Grabfresken vom Weinanbau wie auch von der Nähe der Rebpflanze zu den Göttern. Die geographische Heimat der Rebkultur wird an den Hängen des Kaukasus vermutet, weil dort die Wildrebe bis heute in üppiger Fruchtbarkeit gedeiht. Und da mag dann vom herbstlichen Überfluss etwas „aus Versehen" vergoren und nicht weggeschüttet worden sein – mit erstaunlichem und folgenreichem Resultat.

Brot und Wein – das war von den Anfängen der menschlichen Kultur an ein segensreiches Gespann. Die Zucht und Pflege des Getreides, der Anbau der Rebe galten als Kulturleistung schlechthin, die aus unsteten Nomaden sesshafte Pflanzer machte. Brot und Wein – das eine wie das andere bedeutete Himmelsgabe. Es waren dann die Griechen, die das Herabkommen dieser Gaben auf die Erde in mythische Bilder fassten. Die Göttin Demeter brachte das Korn und lehrte seinen Anbau. Der Gott Dionysos spendete den Wein. Als unbekannter Gast – so erzählt der Mythos – kam er in das Haus des attischen Gärtners Ikarios, der als kundiger Pflanzenzüchter galt, und wurde freundlich bewirtet. Die Tochter Erigone lief in den Stall, um für das Mahl Ziegenmilch zu holen. Doch es bot der Gast an, für das Getränk zu sorgen. Er holte einen prall gefüllten Schlauch aus Ziegenhaut herbei und schenkte daraus eine bis dahin unbekannte Flüssigkeit in die Becher. Ikarios wurde lustig, er war hingerissen von Geschmack und Wirkung und ließ sich von dem Fremden in die Technik des Rebanbaus einweihen. Einmal aber bewirtete er Hirten mit dem neuartigen Getränk. Doch nach einer Zecherei fielen einige in Schlaf, Misstrauen kam auf in der Runde. Wollte Ikarios sie vergiften? Sie fielen im Rausch über ihn her und erschlugen ihn.

So ist in dieser Ursprungsmythe bereits die Doppelnatur des Weins, die beglückende wie die zerstörerische, gegenwärtig. Dionysos, Sohn des Zeus, Herr der Vegetationssäfte und zumal des „Blutes der Erde", des vergorenen Traubensaftes, war ein sehr mächtiger Gott, zu Rausch und Entgrenzung verführend und von Herkunft und Naturell her den Griechen immer etwas fremd. Weinlaub- oder efeubekränzt, mit seinem Gefolge trunkener Bacchanten, Satyrn und Mänaden ist er auf unzähligen Weinkrügen,

Mischkrügen und Trinkschalen dargestellt. Die Griechen tranken den Wein immer mit Wasser gemischt; Wein pur, das war nur etwas für die Barbaren.

Aus Dionysos wurde im alten Rom in der Spätantike der Weingott Bacchus. Als Gott nicht mehr ganz ernst genommen, geistert er bis heute in unsere Weinkultur hinein, ziert Flaschenetiketten, Weinfässer und Wirtshausschilder – ein glasig blickender, fettleibiger Frohsinnsgnom. Seine ehrwürdige Abkunft ist über die Zeiten vor lauter Weinseligkeit in Vergessenheit geraten.

Zahllose Geschichten dichteten die Griechen um den Wein. Oft geht es darin um halbwilde Wesen einer vormenschlichen Entwicklungsstufe, die mit dem Wein nicht in disziplinierter, maßvoller Weise umzugehen verstehen. Und es sind dann die mythischen Helden, die der triebhaften Gewalt chaotischer Wüstlinge ihre List und Klugheit entgegensetzen und der höheren Ordnung zum Sieg verhelfen. So zum Beispiel Odysseus: Er gerät auf seiner hindernisreichen Heimfahrt von Troja in die Höhle des einäugigen Zyklopen Polyphem. Die Lage scheint aussichtslos, aber Odysseus hat einige Schläuche eines edlen Tropfens dabei; der Riese kennt und schätzt zwar den Rebensaft, aber den vergorenen kennt er nicht. Er versinkt in Weinrausch, der Listige und seine Gefährten haben einen zugespitzten Baumpfahl vorbereitet, mit dem sie ihm sein eines Auge ausstechen. Ein Akt grausamer Notwehr, der ihre Rettung einleitet.

Auch die Kentauren, ungeschlachte Pferdemenschen, haben auf einer fürstlichen Hochzeit, zu der sie als entfernte Verwandte wohl oder übel eingeladen worden sind, zu tief in die Becher geschaut. Auch sie bringt der Wein um Zucht und Verstand, Sie stürzen sich auf die Braut und die anderen weiblichen Gäste. Und wäre nicht als Retter der halbgöttliche Held Theseus dazwischengefahren, so hätte das Übel wohl seinen Lauf genommen. „Der Kampf der Lapithen und Kentauren" heißt diese mythische Szene; auf den Giebeln des Tempels von Ägina ist sie dargestellt, zu sehen im Hauptsaal der Münchner Glyptothek.

Weintrinken also hatte in der Antike etwas mit Sitte und Moral zu tun, nicht jeder ist der himmlischen Gabe würdig. Gestiftet wurde sie von den Göttern, alles Folgende aber ist Menschenwerk. Wie man zu guten Erträgen kommt, bleibt den Menschen überlassen, hängt vom Zufall der Witterung ab oder auch – von einem Esel. In der weinberühmten griechischen Stadt Nauplia – so wurde erzählt – ging ein Bauer zur Arbeit in seinen Weinberg. Während er die Stöcke düngte, tat sich sein Esel gelangweilt ein wenig um, rupfte und zupfte hinter dem Rücken des Bauern die Triebe ab. Dafür setzte es Hiebe. Im folgenden Jahr aber schlugen die Pflanzen besonders kräftig aus, der Bauer konnte eine Rekordernte einholen, So hatte ein Esel die Tradition des rigorosen Rebschnitts in Gang gesetzt.

Auch im Land der Bibel war das Weintrinken quer durch alle Bevölkerungsschichten eine Selbstverständlichkeit. Es gibt Hunderte von Belegstellen für Rebanbau und Weingenuss in den Geschichten des Alten Testaments. Auch hier war es Gott selbst, der den Menschen nach der Sintflut als besonderes Zeichen seiner Huld den Weinstock stiftete. Als Noah seine Arche am Berge Ararat landete, heißt es in der Genesis: „Er fing an und wurde ein Ackermann und pflanzte Weinberge". Noch heute zeigen die Mönche vom Kloster am Fuße des Ararat den Weinberg, den der Stammvater der Winzer angelegt haben soll. Eine Legende erzählt, wie es weiterging mit Noah und dessen Weinstöcken: Er war mit dem Geschmack des berauschenden Saftes nicht recht zufrieden und experimentierte mit ungewöhnlichen Düngemethoden: Er vermischte das Blut eines Löwen, eines Lammes, eines Adlers und eines Affen mit Erde und versorgte damit die Wurzeln seiner Rebpflanzen. Die Eigenschaften dieser vier Tiere aber teilten sich fortan – je nach Temperament – den Menschen mit, die sich am Übermaß des Weines berauschen.

Dionysos, der Weinbringer, Noah, der erste Winzer, – sie handelten im Auftrag göttlicher Mächte, um den Menschen ihr hartes Los auf Erden zu mildern. Das Neue Testament knüpft mit dem Gleichnis von Christus als Weinstock an altorientalische Vorstellungen vom „Baum des Lebens" an. Und in der eucharistischen Verwandlung des „Blutes der Traube" zum Blut Christi wächst dem Wein eine neue mystische Dimension zu.

Wir kommen noch einmal zu Karl dem Großen, und damit schließt sich der Kreis. Ob der Kaiser nun den ersten Spatenstich für einen Weinberg mit den ersten edlen Importsorten an den Rheinhängen gegenüber von Ingelheim getan hat oder nicht – er gilt jedenfalls als Förderer der Klöster. Und die brauchten den Messwein fürs Volk und einen guten Tropfen zu weltlichem Genuss. Es waren die Klöster, die im Mittelalter zur Keimzelle der Weinkultur im Frankenreich wurden, bis hin nach Brandenburg, Schlesien und sogar Ostpreußen.

Dionysos, der göttliche Spender, Noah, der erste Winzer, Christus, der sich selbst mit einem Weinstock vergleicht – welche andere Pflanze kann sich an ehrwürdigem Prestige damit vergleichen?

Gewissermaßen in einer zweiten Geburt wird das Kelterprodukt der Trauben zu einem Getränk spezieller Art, das nicht nur den Leib speist. Es verwandelt sich aus eigener Kraft zu einem Saft mit wunderbaren Eigenschaften, der jenseits aller körperlichen Labsal auch im Menschen Verwandlung bewirkt. Er beflügelt den Kopf und löst die Glieder. Doch es werden auch Dämonen freigesetzt, rauschhaft kann er das Bewusstsein vernebeln, wenn das recht Maß beim Weingenuss nicht eingehalten wird. Göttlicher Segen und teuflischer Fluch zugleich, das war das Etikett, das man dem Wein durch die Zeiten angeheftet hat.

Es waren, wie bereits gesagt, die römischen Legionäre, trinkfest, weingewohnt, sie brachten das Getränk über die Alpen. Ws waren die Klöster, die sich im Mittelalter der systematischen Kultur des Weinstocks annahmen – um Messwein zu gewinnen, war die offizielle Begründung, aber dass die Äbte einen guten Tropfen für sich und ihre Gäste auch zu profanem Genuss zu schätzen wussten, ist reichlichst bezeugt.

Die Rebe ist wie die meisten Nutzpflanzen ein Geschöpf des rechten Maßes: Nicht zu heiß noch zu kalt, nicht zu trocken noch zu feucht, so ist es ihr am liebsten. Die klassischen deutschen Anbaugebiete liegen an den nördlichen Rändern der Weinbauklimazone, und das sei keine schlechte Voraussetzung für gute Weine, so sagen die Kenner.

Wo die klimatische Großwetterlage nicht immer und in jeder neuen Saison einen guten Weinjahrgang schenkt, da lernt man es, Inseln für einen möglichst langen Rebsommer zu schaffen. Terrassen an steilen Hängen mit Gestein, das Sonne und Wärme speichert, windgeschützte Abseiten sorgen für ein Kleinklima, das Frosteinbrüchen, Nordwindschocks und sommerlichen Nässeperioden trotzt – also Widrigkeiten, mit denen man selbst in den begünstigten Flusstälern des Rheins und seiner Nebenflüsse immer rechnen muss. Für ein gutes Weinjahr braucht es hundert Sonnentage, so heißt es. Und da fallen die im Spätsommer und Herbst, im „goldenen Oktober", doppelt ins Gewicht, sie erhöhen die begehrte Süße.

Um diese zu ermitteln – also seine „Öchsle-Grade", wird der Most auf seinen Zuckergehalt hin ‚gewogen'. Das sagt noch nichts über Aroma, Bukett, Qualität des künftigen Weines, aber es drückt sich darin aus, wie viel Zucker für die alkoholische Gärung zur Verfügung steht. Und das ist eine wichtige Voraussetzung für einen guten, gehaltvollen, vollmundigen Wein, wie man einen wohl ausgereiften Tropfen gerne nennt, der die guten Eigenschaften seiner Rebsorte in optimaler Weise umgesetzt hat.

Der „Weinäquator" geht in Mitteleuropa quer und mitten durch Deutschland hindurch. Er hat sich im, Laufe der Jahrhunderte stark verschoben und in Richtung Süden zurückgezogen. Bereits seit dem frühen Mittelalter bezeugen Urkunden und Ortsnamen die Bedeutung der Rebkultur bis nach Brandenburg, Sachsen, ja Ostpreußen.

Auch in den bayerischen und fränkischen Stammlanden des Biers ist der allgemeine Volksgeschmack erst in der frühen Neuzeit zu Gunsten des Gerstensaftes umgeschlagen. Ausgedehnte Weinberge gab es in Niederbayern, in Regionen, in denen heute keine bodenständige Weinkultur mehr existiert. In Nürnberg wuchsen Reben an den sanften Hängen der Pegnitz – das Volksfest des „Urbanreitens" wurde noch bis ins 19. Jahrhundert gefeiert, als der Weinheilige seine Rolle als Schutzpatron der Winzer dort längst ausgespielt hatte. Auch in Bamberg, unter der Schirmherrschaft der Fürstbischöfe, wurden Rebsorten gepflegt und gekeltert, ehe sich die Stadt mit ihrem ortstypischen Rauchbier ins andere Lager schlug.

Das alles ist Geschichte. Weinbau in Deutschland – jedenfalls für Prädikatsweine als Endprodukt – zog sich in der Neuzeit aus verschiedenen Gründen wieder auf seine seit der Römerzeit angestammten Hänge an den Ufern des Rheins und seiner Nebenflüsse zurück. „Zu Bacharach am Rhein / zu Klingenberg am Main / gedeih'n die besten Wein" – so lautet ein alter volkstümlicher Vers, dem freilich zu lokaler Werbung auch andere Orte als die genannten untergeschmuggelt wurden.

Ob also diesseits oder jenseits des „Weinäquators" – das Klima ist eine wetterwendische Sache in unseren Breiten, und kaum ein Erwerbszweig war und ist so abhängig davon wie die Winzer. Da lag es nahe, dass gerade sie die meteorologischen Gesetze im Sinne guter Ernten zu durchschauen versuchten. In vielen der alten Wetterregeln geht es um Gedeih und Verderb rund um den Weinberg; Vorzeichen wurden mit ängstlicher Sorge beobachtet. Anrufung und Fürbitte gewisser, dem Wein besonders verbundener Heiliger an ihren Tagen erhebt diese zu Wettermachern, zu Herren über Sonne und Regen.

Als der volkstümlichste Weinpatron galt in Deutschland Sankt Urban, der legendäre Bischof von Langres, der sich während einer militanten Christenverfolgung in einem Weinberg versteckt haben soll. An seinem Tag, dem 25. Mai, sind die Frostgefahren für die Reben überstanden, die Hauptarbeiten im Weinberg getan.

Scheint die Sonne schön und helle an St. Urbans Tag,
so gibt es guten Wein, wie laut' der Alten Sag.

heißt es in einer Wetterregel aus dem Jahre 1650. Brauchtum rund um den heiligen Urban wird bis heute in vielen Weinorten gepflegt. Die Statue des Heiligen mit Wein zu begießen, selber an seinem Ehrentag dem Wein gut zuzusprechen – das versprach eine gute Ernte. Und sofern das letzte Weinjahr ein gutes gewesen war, holte man sich an Rhein und Neckar das Urbansbild ins Wirtshaus und behängte es mit Flaschen und Gläsern.

Für den „goldenen Oktober" steht der heilige Burkhard, der erste Bischof von Würzburg; sein Tag ist der 14., und es gilt:

An Sankt Burkhard Sonnenschein
schüttet Zucker in den Wein.

Das Klima und die Witterung tragen zwar viel zu einem guten Wein bei, aber doch bei weitem nicht alles. Sie sind nur ein Faktor im Zusammenspiel von Wetter, Boden, Rebsorte und dem Know-how des Winzers. Sein bester Weinberg übrigens liegt windgeschützt unter günstiger Sonneneinstrahlung, hat eine Höhe zwischen 250 und 350 Meter über dem Meeresspiegel und ein Gefälle, das für gute Entwässerung sorgt. Das Erdreich hat eine wärmespeichernde Konsistenz und ist eher mager, damit die Stöcke nicht ins Kraut schießen, sondern reichlich Beeren ansetzen.

Bevor der Wein in der Obhut des Kellermeisters heranreift, muss jedoch erst einmal viel Winzerschweiß fließen.

Und der Winzer, ist er nicht dumm,
geht siebzehnmal im Jahr um den Stock herum.

So heißt es im Volksmund. Dabei addiert sich die sicher im übertragenen Sinn für ‚sehr oft' stehende Zahl 17 aus all den gärtnerischen Pflegemaßnahmen, die beim Rebstock, verglichen mit anderen Kulturen, besonders aufwendig sind und sich zumindest im Qualitätsanbau nur beschränkt mechanisieren lassen.

Auch die Weinlese ist noch einmal eine arbeitsintensive Zeit im Weinberg. Trauben sind leicht verderblich und lassen sich nicht lagern wie anderes herbstliches Obst, und sie sind sowohl als Erntegut als auch vorher am Stock im letzten Stadium ihres pflanzlichen Reifeprozesses heikel und empfindlich. Da sind einerseits Sonne und Wärme des in unseren Breiten einigermaßen verlässlichen, wenn auch nicht datierbaren Altweibersommers für die Rebsüße zu nutzen, andererseits aber sind die Fäulnis fördernden herbstlichen Regenperioden, gar frühe Fröste zu meiden. Auf den rechten, möglichst späten Zeitpunkt kommt es an, und das nicht nur für die begehrten „Spätlesen" und „Trockenbeerenauslesen".

Opferrituale leiteten in der Antike den Beginn der Ernte ein; in Byzanz zog der Kaiser mit seinem Hofstaat in einen speziellen Weingarten und schnitt mit einer goldenen Schere die ersten Weinbeeren ab. Auch in den deutschen Weinlanden erbat man zu dieser wichtigen und letzten Arbeit des Winzerjahres den Segen der Weinheiligen, der regionalen wie des universellen Sankt Urban. Oder es wurden die Weingeisterlein beschworen, heidnisch-dämonische Elementarwesen, die nach altem Volksglauben im Weinberg ihr Wesen und Unwesen treiben.

Dabei war die Weinlese, zumal wenn all die Gebete und Stoßseufzer gefruchtet hatten und ein guter Traubenjahrgang herangereift war, ein fröhliches Ereignis. Schon die Erwartung auf wohl gefüllte Fässer mag die Stimmung alkoholisiert und die Sitten gelockert haben. Die Lagerung des werdenden Weins während und nach der Gärung in Holzfässern ist eine Methode, die nördlich der Alpen erfunden wurde – im alten Griechenland, bei den Römern und im Lande der Bibel bewahrte man ihn in Schläuchen beziehungsweise in weitbauchigen Amphoren auf.

Im späten Mittelalter und in der frühen Neuzeit, als der Wein in breiten Schichten zum billigen Volksgetränk geworden war, übertrumpften sich die Fürsten mit der Größe ihrer Fässer, aus denen zu speziellen Anlässen der Wein in Strömen floss, bei Fürstenhochzeiten zum Beispiel und bei Friedensschlüssen, an deren Lustbarkeiten die Massen feiernd teilnahmen. Das berühmte Heidelberger Fass, dessen zweiter Nachbau aus dem 18. Jahrhundert noch heute als Sehenswürdigkeit gezeigt wird, würde circa 2.000 Liter fassen beziehungsweise 236 Fuder: Das ist das alte Weinmaß der Rheinpfalz; ein Fuder, das ist ein Fass, das sechs Pferde auf einem Fuhrwerk ziehen. Keine sehr genaue Maßeinheit. Beim Abfüllen des Qualitätsweins für die Herrschaften wird man mit feineren Methoden vorgegangen sein. Dreimal soll das Riesenfass zu festlicher Volksbelustigung gefüllt worden sein. Auch aus öffentlichen Brunnen sei zu besonderen Anlässen, um das Volk bei Laune zu halten, Wein statt Wasser geflossen. In Rom soll im Mittelalter bei einem Fest die Statue des Marc Aurel Wein aus den Nasenlöchern gespendet haben.

Der Wein also ist ein ganz besonderer Saft, im Volksglauben wurden ihm allerlei wunderbare, auch die Heilkräfte von Pflanzen potenzierende Wirkungen zugeschrieben. Und diesseits aller Weinmagie galt und gilt der Wein bis heute als „Milch der Alten"; die moderne Geriatrie-Medizin bestätigt das Potenzial zumal des Rotweins, Gehirnzellen alter Menschen zu aktivieren. Rotkäppchen wird in dem bekannten Märchen der Brüder Grimm von der Mutter zu seiner betagten bettlägerigen Großmutter geschickt, um ihr „Kuchen und Wein" zu bringen. Und wenn bei dem Wein hier auch nicht unbedingt an ein Therapeutikum gedacht werden muss, so zeigt dieses Beispiel aus der Volksliteratur doch die Einschätzung des Weines als kräftigend und bekömmlich. Es spricht aus dieser Krankengabe zudem eine gewisse Selbstverständlichkeit im Umgang mit dem aus der Sicht gewisser Moralapostel so verpönten, suchtverleitenden Rebgetränk. In den Märchen gehört der Tischwein zu jedem anständigen Mahl, selbst in den sorgfältig auf bürgerlichen Kinder- und Hausgebrauch hin gereinigten Märchen der Brüder Grimm.

In christlichen Legenden geschieht im Umkreis mancher Heiliger ein Weinwunder, so wie Christus auf der Hochzeit zu Kanaa den Wein auf wunderbare Weise vermehrt hatte. Eine fromme Geschichte wird vom heiligen Florinus von Remus erzählt – sein Tag ist der 17. November. Und seine Lebensgeschichte wird oft mit der des in Deutschland wesentlich bekannteren Sankt Florian vermischt. Als junger Novize sollte er den Mittagswein für die Tischrunde holen, unterwegs jedoch spendete er ihn einem kranken Bettler und füllte dann seinen Krug mit Quellwasser. Am Tisch, in den Bechern des Abtes und der Mönche, aber verwandelte sich das Wasser in köstlichen Wein.

Holunder tut Wunder

In Hans Christian Andersens wundersamer Geschichte „Fliedermütterchen" liegt ein kleiner Junge fiebernd im Bett; seine Mutter hat ihm eine Kanne „Fliedertee" aufgebrüht, und der galt zu Zeiten, als man von Antibiotika noch nichts wusste, als probates Hausmittel, um Krankheiten auszuschwitzen. Dem Kleinen vernebeln sich die Gedanken, „er sah zur Teekanne hin", heißt es da, „der Deckel hob sich mehr und mehr, und die Fliederblüten kamen frisch und weiß daraus hervor; sie trieben große lange Zweige (...), es war der herrlichste Fliederbusch, ein ganzer Baum (...) Und mitten im Baum saß eine alte freundliche Frau in einem wunderlichen Kleide; es war ganz grün wie die Blätter des Fliederbaums und mit großen weißen Fliederblüten besetzt." „Fliedermütterchen" wird die gütige ältliche Fee genannt. Die Fieberphantasien, die sie dem Jungen schickt, werden zu märchenhaften Traumgeschichten, aus denen er genesen und fieberfrei erwacht.

„Fliedertee"? „Fliedermütterchen"? Hat das etwas mit jenem Strauch zu tun, der auf dem Höhepunkt des Frühlings balsamische Düfte aus seiner lila oder weißen Blütenfülle verströmt? Es gibt kaum eine Pflanze, bei der es gleichermaßen ratsam ist, sich, wenn es um klare Unterscheidung geht, auf lateinisch zu verständigen. Beim Flieder, wie er um Pfingsten unsere Gärten ziert und die Vasen schmückt, handelt es sich um Syringa in allen seinen Varietäten, und von ihm ist hier nicht die Rede.

Die Blüten aber, die ihre wohltätigen Kräfte dem „Fliedertee" mitteilen, stammen vom Holunder, dem Sambucus nigra. Aus unerfindlichen Gründen hat sich jener Immigrant aus dem Orient, botanisch Syringa, seine deutsche Bezeichnung von dem anderen, dem Ureinwohner Europas, ausgeborgt. Der hieß und heißt mancherorts immer noch auch „gemeiner Flieder", in Süddeutschland aber eher Holunder, Holler, Schwarzholler, in Norddeutschland auch Ellhorn, Alhorn, und das sind nur einige seiner volkstümlichen und von Region zu Region wechselnden Namen. Diese Namensvielfalt mag mit seiner außerordentlichen Popularität als Heilmittel gegen Widrigkeiten aller Art, von Erkältungsfieber bis zu Hexenverwünschungen, zusammenhängen. Volkslieder, Abzählreime, Sagen und vor allem Volksbräuche künden von der geradezu ehrfürchtigen Zuneigung, die unsere Ahnen dem Holderbusch entgegenbrachten.

Botanisch eng verwandt und ebenfalls der Familie der Geißblattgewächse zugehörig, wenn auch weniger verbreitet und in der Volksbotanik nicht annähernd so geschätzt, ist der Sambucus racemosa: Hirschholunder, Traubenholunder genannt, mit roten, weniger genießbaren Beeren. Von ihm wird eine sehr dekorative, gelblaubige, fiederblättrige Zuchtform speziell für den Hausgarten angeboten: Sambucus racemosa pennosa aurea. Der Dritte aus der Familie, Sambucus ebulus, auch Attich oder Zwergholunder genannt, ist eine wüchsige Wildstaude, deren Wurzeln in der Volksmedizin als stark harntreibendes Mittel verwendet wurde. Haupt- und Leitgestalt der Sambucus-Familie aber ist der Sambucus nigra, und von ihm soll hier die Rede sein.

Bei wem heutzutage ein Holunder, der Sambucus nigra, im Garten steht, dem ist er höchstwahrscheinlich entweder zugeweht oder er hat ihn sich, gewissermaßen am Gärtner vorbei, aus Feld und Flur ausgegraben und mitgebracht. Im Erwerbsgartenbau wird er zwar zur Saftgewinnung seit einigen Jahrzehnten auf große, gleichzeitig reifende Beeren hin gezüchtet; es gibt Kultursorten wie z.B. Sambu oder Riesen von Voßloch. Aber im Hausgarten hält man sich den Holunder, wenn überhaupt, dann nicht wegen des Ertrags, sondern weil er als Sitz guter Geister gilt – ein fernes Echo dieses uralten Volksglaubens schwingt noch bis zu uns nach. Ob man ihm jedoch ein Plätzchen im Garten einräumt, die Entscheidung hat etwas Endgültiges und will gut bedacht sein. Einen Holunder abzuholzen, davor wurde in alten Zeiten nämlich heftig abgeraten. Man zieht damit den Tod ins Haus. Verdorrt der Holunder am Haus, so galt das als böses Omen. Selbst das Verbrennen seines sparrigen Holzes kann fatale Folgen für Haus und Vieh haben, deren geringste noch der Legestreik der Hühner wäre.

Man schneidet sich ins eigene Fleisch, wenn man ein segensreiches Wunder wie den Hollerbusch missachtet, das stand hinter diesen Tabus. Ein Holunder vor der Stalltür schützt vor Seuchen, Feuer und Schadenszauber. Noch bis in unser Jahrhundert wurde in abgelegenen ländlichen Gegenden ein Holunderzweig ins Schlüsselloch gesteckt, um Hexen abzuwehren. Die Donauschwaben schützten sich gegen Hexeneinfall lieber von oben und warfen in der Nacht zum 1. Mai Holunderzweige aufs Dach – noch bis zum 2. Weltkrieg soll dieser Brauch lebendig gewesen sein.

Seit prähistorischer Zeit hat der Holunder den Menschen freundlich und nützlich begleitet; seine Kerne fand man bei Ausgrabungen im Bereich von Schichten aus der Steinzeit. Und auch in jüngerer Vergangenheit ist er in seiner unverwüstlichen Lebens- und Überlebenskraft oft der letzte Zeuge einer längst verfallenen menschlichen Ansiedlung, die er einst bewachte.

„Holunder tut Wunder" – so lautet ein einst populärer Spruch, mit dem man sich verbal vor dem Strauch verbeugte. In allen seinen Teilen diente er als Hausapotheke und mit Blüten und Beeren darüber hinaus lukullischen Zwecken. Aus den Blüten bereitete man den Fliedertee oder auch einen „Holundersekt" – das ist ein wässriger Blütenauszug, mit Honig und Zitronensäure versetzt und dann vergoren. Erinnert sei an die noch immer halbwegs bekannten „Hollerküchle": Die ganzen Blütendolden werden in einen beliebigen Pfannkuchenteig getaucht und in schwimmendem Fett ausgebacken. Und wenn unsere Vorfahren sich dabei nicht nur ein wohlschmeckendes Gericht, sondern zusätzlich magische Energien einverleiben wollten, so mussten die Dolden genau an Johanni bei Sonnenaufgang gepflückt werden und zu Mittag auf den Tisch kommen.

Vor allem die Beeren bereicherten den Küchenzettel rund ums Jahr – sie sind auch heute noch gratis und in Fülle an Feld- und Waldrändern zu haben, und vielleicht gibt eine Beerenpflückaktion und zu Hause dann ein geselliges Nachkochen der alten und vom Vergessen bedrohten Gerichte einer spätsommerlichen Wanderung die spezielle Note. Holundersuppe z.B., heiß oder kalt genossen: Die Beeren werden mit Honig, Zitronensaft, etwas Zimt und Nelke gekocht und passiert und mit Klößchen aus gesüßtem Eischnee serviert. Holundergelee, Holunderwein oder Mus, versetzt mit Äpfeln früher Sorten oder Birnen, um den etwas strengen Geschmack der Beeren zu lindern – das bringt die Heilkräfte des Holunders in den Winter hinüber; Rezepte sind in einschlägigen Kochbüchern nachzulesen.

Die „Apotheke vor der Haustür" lieferte ferner Holunderblätter zur Heilung von Schnitt- und Brandwunden, Rinde und Wurzeln sollen harntreibend wirken. Im Sinne der Analogietherapie hielt man im Volksglauben den Bast des verholzten Stammes, von unten nach oben abgeschabt, für brechreizfördernd, von oben nach unten geschabt dagegen wirksam als Abführmittel. Willig übernahm der Holunder auch menschliche Gebrechen wie Gicht, Zahnschmerzen, wenn man sie ihm zu bestimmter Stunde mit gewissen Sprüchen und magischen Praktiken anzuhexen verstand. In einem volkstümlichen Vierzeiler aus dem 17. Jh. heißt es von ihm: „Befördert stark den Schweiß/ und stehet wider Gift,/ viel Nützlich`s wird dadurch/ in`s Menschen Leib gestifft." Selbst in der Heimwerkerei wurde der Saft der Blätter gegen lästige Plagen wie Holzwürmer oder Rost eingesetzt. Ein Universalmittel also, das Gutes bewirkt und Schlechtes verhindert, ein wahrer Freund und Arzt des Menschen von Urzeiten an.

Nicht von ungefähr ist der Holunder mit solchen Heilkräften begabt. Er galt als Baum der Holle, der Hulda oder Hel, einer altgermanischen Erd- und Fruchtbarkeitsgöttin, Beschützerin von Haus und Familie, Herrin über Leben und Tod. Ihr Wesen dachte man sich in dem Strauch wohnend und wirkend. Andersens „Fliedermütterchen", das da mitsamt dem Strauch aus der Teekanne steigt, geht also auf einen alten Volksglauben zurück. Eine Wortverwandtschaft der beiden so ähnlich klingenden Namen – von Baum, also „Holler", und Göttin, also „Holle", – ist wissenschaftlich nicht erwiesen. Die bereits erwähnten und viele andere Volksbräuche jedoch sowie Märchen und Sagen verbinden die große Muttergöttin doch ganz offensichtlich mit ihrem Baum, dem Holder. „Frau Holle" heißt sie in dem Märchen der Brüder Grimm; in ihr Reich gelangt man mittels einer blutigen Spindel und nach einem Sprung in den Brunnen.

In einer lothringischen Version dieses Märchens, „Die Hollerfrau", ergeht es den beiden ungleichen Stiefschwestern, der Gold- und der Pechmarie, in der Unterwelt der zauberischen Alten, wo die weiblichen Kardinaltugenden auf dem Prüfstand stehen, ähnlich wie in dem Grimmschen Märchen. In dem lothringischen Märchen aber spielt ein Holderbusch eine wichtige Rolle und markiert alle Knotenpunkte des Geschehens. Am Ende zahlt die Hollerfrau die beiden Mädchen für ihre Arbeit bzw. Faulheit mit einer Handvoll wunderwirkendem Flachssamen bzw. unnütz die Felder verkrautendem Distelsamen aus und erweist so deutlich ihre wahre Abkunft von der Göttin Hel, die als Herrin der urweiblichen Kunst des Flachsspinnens galt.

Die Göttin und ihr Strauch im Märchen wie im Volksglauben: In manchen Gegenden wurde die Hulda, Hel in ihrer Eigenschaft als Patronin des Spinnens direkt mit dem Holunder in Verbindung gebracht. Um eine gute Flachsernte zu befördern, wurden an den Ecken des Flachsfeldes Holunderbüsche gepflanzt. Ein heidnischer, in seiner wahren Bedeutung längst nicht mehr verstandener Brauch, der bis in die Neuzeit fortlebte.

Die zwiegesichtige Göttin Hel galt als Herrin über Leben und Tod, und dazu passt es, dass der Holunder die Toten auf der letzten Etappe ihres Erdenweges begleitete. In manchen Gegenden wurde für den Sarg mit einer Holundergerte Maß genommen. Ein Kreuz aus Holunderholz wurde dann dem Sarg vorangetragen und auf dem Grab in die Erde gesteckt. Schlug das Holz aus und grünte, so galt es als Zeichen, dass der Tote die ewige Seligkeit erlangt hat. In christlicher Deutung seines dunklen, mit dem Tod verbundenen Aspektes wurde der Holunder zu dem Baum erklärt, an dem Judas sich erhängt haben soll.

Das Holz des Holunders war zwar, wegen des Verbrennungstabus, nicht für körperwärmendes Feuer zu gebrauchen, wohl aber für seelenwärmende Musik. Aus seinen glatten Ästen schnitzt sich leicht eine Flöte für schlichte, wenn auch knarzende, nicht gerade klangschöne Weisen. Das kann durchaus auch eine sogenannte magische Flöte sein. Ein solches Zauberinstrument bringt in Sagen und Märchen eine makabre Wahrheit an den Tag. Immer handelt sich um Mord, und die Flöte stammt zumeist aus den Knochen des ermordeten Toten.

In dem alpenländischen Märchen „Die Hollerdudel" aber ist die Flöte aus dem Holz des Holderbusches geschnitzt, unter dem ein junger Mann von seinen beiden Brüdern verscharrt wurde, nachdem sie ihn aus Neid und Missgunst erschlagen hatten. Die Hollerflöte singt dann den Vers von der Missetat, wer immer sie auch bläst, und deckt sie dadurch schließlich auf. Unter dem Hollerbusch wird nachgegraben, und der Tote springt heil aus seinem Grabe hervor. Auch von den Gnomen und Erdgeistern erzählte man ja, dass sie sich bevorzugt unter Holunderbüschen ansiedelten.

Es gibt kaum eine Pflanze, die im Volksglauben so gänzlich dem Bereich des Weiblichen in allen seinen Aspekten angehört, dem Mütterlich-Heilenden wie dem Tödlich-Strafenden. Mit der unverwüstlichen Triebkraft des Holunders mag es zusammenhängen, dass er auch mit ungezügelter Erotik in Zusammenhang gebracht wurde. Losen Mädchen – oder jedenfalls solchen, die in den alten sittenstrengen Zeiten als solche galten – stellte man heimlich Holunderzweige vor die Tür. In diesem Sinne ist wohl auch ein im deutschsprachigen Raum weitverbreiteter volksliedhafter Vierzeiler zu verstehen – dieser stammt aus Tirol:

Schwarz san die Hollerbeer'
weiß san die Blüh'
schön san die schwarzen Aug'n,
treu san sie nie.

Der Apfel in Volksbräuchen, Mythen und Märchen

Der Christbaum als Mittelpunkt des Weihnachtsfestes, mit allerlei Tand geschmückt, mit Kerzen bestückt, hat noch keine sehr lange Tradition. Und womit man ihn behängte, das ist erst in jüngster Zeit zur reinen Geschmacksache geworden. Als der Tannenbaum, Symbol für immergrünende Lebenskraft, am Vorabend von Christi Geburt in die guten Stuben kam und dort für die rechte innige Stimmung sorgte, da gehörte zunächst zu seinem Behang vor allem der Apfel. Die makellosen, roten, glänzendsten Exemplare der Herbsternte wurden für den Christbaum reserviert. Sie hingen an seinen Zweigen wohl auch aus dekorativen Gründen und weil sie vor Zeiten als einzige süß-fruchtige Winterdelikatesse einen anderen Stellenwert hatten als heute. Vor allem aber besaß der Apfel höchsten Symbolgehalt, auch wenn sich der Hausvater, der den Baum schmückte, und die Familie, die sich dann andächtig darum versammelte, dessen nicht bewusst waren.

Was hat der als Christbaumschmuck etwas aus der Mode gekommene Apfel mit dem Weihnachtsgeschehen zu tun? In christlicher Umdeutung jener biblischen Verführungsgeschichte, in der die Frucht vom „Baum der Erkenntnis" den Anstoß zur Erbsünde, zur Vertreibung aus dem Paradies gab, wurde der Apfel in der Hand Marias oder des Jesuskindes zum Symbol der Erlösung. Evas Apfel wurde zum Apfel Mariens. In der Malerei des Mittelalters, auf Altären und Tafelbildern wird die Gottesmutter – sie steht immer rechts vom Paradiesbaum und hat den ‚guten', den entsühnten Apfel in der Hand – Eva und der Schlange gegenübergestellt, die links vom Baum mit dem ‚bösen' Apfel beschäftigt sind. Dem Apfel, der am wenigsten dafür konnte, dass er in die unselige Geschichte vom Sündenfall hineingezogen wurde, und der im übrigen wahrscheinlich gar kein Apfel der botanischen Gattung malus war. Mit dem griechischen Wort der Genesis könnte ebenso gut ein Granatapfel, eine Quitte oder eine andere runde Baumfrucht gemeint sein. Doch seit den Anfängen der christlichen Kunst wurde die verhängnisträchtige Frucht, die über die Schlange und Eva als Kostprobe zu Adam gelangte, zumeist in Gestalt eines Apfels dargestellt -und kam so schließlich zu ihrem Platz als Christbaumbehang. Auch zu Sankt Nikolaus, dem Gesellen des Christkindes, gehören goldene Äpfel als Heiligenattribut. Und so haben die Äpfel, die traditionell an seinem Tag in den Schuhen der braven Kinder gefunden werden, ebenfalls einen tieferen Sinn.

Auch eine andere Apfelgeschichte trug sich nach griechischem Mythos in einem Paradiesgarten zu: Im Hain der Hesperiden, der Töchter des Titanen Atlas am Rande der bewohnten Welt, wo die Abendsonne ins Meer taucht und wo, wohlbewacht von einer Schlange, goldene Äpfel hinter hohen Mauern wuchsen. Es waren Äpfel der ehrwürdigsten Herkunft, die Erdgöttin selbst hatte sie Hera zu ihrer Hochzeit mit Zeus geschenkt. Herakles, dem heldenhaften Halbgott, war es als vorletzte seiner zwölf übermenschlichen Taten aufgegeben, diese Äpfel zu rauben. Natürlich gelang es ihm, sonst wäre diese Szene vom Triumph der Manneslist nicht auf griechischen Vasenbildern der Nachwelt überliefert worden.

Der Apfel, in seiner Kugelform Sinnbild für Ganzheit und Vollendung, ist in einzelnen Exemplaren zu Weltruhm gelangt – kein anderes Naturprodukt kann sich darin mit ihm messen, nicht einmal so mythenumwobene wie die Traube oder die Rose. Evas Apfel, Herakles' Apfel, auch das Urbild des „Zankapfels" – sie leben seit Jahrtausenden unvergessen unter uns fort. Eris, die Göttin der Zwietracht, warf ihn in die Götterrunde; „der Schönsten!" war in seine Schale geritzt. Er fiel dem Jüngling Paris zu; der entschied sich unter drei Göttinnen für Aphrodite und setzte damit eine Kettenreaktion von Betörung und Neid, von Zwist, Krieg und Chaos unter Göttern und Menschen in Gang. Es ist die Vorgeschichte des Trojanischen Krieges. Der scheinbar nichtige Anlass: Ein Apfel.

Auch die Asen der germanischen Götterwelt waren bei ersten Alterserscheinungen auf eine verjüngende Apfelkur angewiesen – Äpfel, welche die Göttin Idun in einer Truhe für sie aufbewahrte. Die Erneuerung der Vitalität – von Menschen, selbst von Göttern – aus dem Schoß und mit den Lebenskräften der Erde, über den

Baum als Mittler zwischen den drei Biosphären – das war in frühen Kulturen eine verbreitete Vorstellung.

Doch wenden wir uns den irdischen, essbaren Äpfeln zu, wie sie seit Urzeiten den Menschen zu vitaminreicher Speise dienten – wohlschmeckend vor allem, seit durch Kultivieren, Veredeln, durch Kreuz- und Querzüchten die Wildform des sauer-streng schmeckenden Holzapfels zu einer gewissen Größe, zu seinem süßen, mürbknackigen Fruchtfleisch kam. Seit mindestens 3000 Jahren sind Zuchtformen von Äpfeln im Zweistromland, in Ägypten, im alten Griechenland und schließlich in Rom bezeugt, so sagen die „Apfelarchäologen". Pfropfreiser, über die Alpen gebracht, werden auch den Germanen schließlich ihre Wildformen vergrößert und versüßt haben. Seit dem frühen Mittelalter waren vor allem die Klostergärten wahre Versuchsfelder für alle Bereiche des Gartenbaus. Insbesondere aber kümmerten sich die Mönche um das Obst.

Walahfried Strabo, der gartenbegeisterte Abt auf der Bodenseeinsel Reichenau, preist bereits im 9. Jh. in einem Gartengedicht seine Äpfel: Sie wären so groß, dass man sie mit zwei Händen nicht umfassen könne. Zuchtziel war – aus guten Gründen – vor allem eine Sortenvielfalt mit unterschiedlicher Reife vom Spätsommer bis ins Frühjahr hinein. An die tausend Apfelsorten soll es schließlich in der Neuzeit gegeben haben, mit so wohlklingenden Namen wie Morgenduft, Normännchen, Rotes seidenes Hemdchen und natürlich all die Reinetten und Parmänen. Übrig geblieben ist davon ein Sortiment von etwa zehn bis zwanzig supermarktgerechten, EU-Norm gemäßen Arten. Refugien zur Erhaltung eines gewissen Artenreichtums sind Streuobstwiesen und Liebhabergärten, in denen alte Sorten bewusst gezogen werden.

Es gab in früheren Zeiten viele Gründe, einen Apfelbaum zu pflanzen: Seine Früchte sorgten, roh oder gekocht, den Winter hindurch für süße, vitaminreich-kulinarische Abwechslung zu Kohl und Rüben. Geschätzt und genutzt wurde die therapeutische und kosmetische Wirkung von Apfelkuren, von Apfelschalentee und Apfelblütenwasser. Und aus der Sphäre der Magie wurden dem Apfel Kräfte zugeschrieben, die ihn zu einem wahren Wunderprodukt machten. Im Volksglauben war er vor allem Mittler in Liebesdingen. Liebeszauber wurde gern mit einem speziell behandelten, mit Zauberzeichen gravierten Apfel praktiziert. Hatte die erotische Anziehungskraft – mit oder ohne Apfel – gewirkt und war ein Bund fürs Leben daraus geworden, so gab es den Hochzeitsbrauch, zur Beförderung der ehelichen Liebe und der Fruchtbarkeit gemeinsam einen Apfel zu essen. Und half das Mittel – wen kümmerte es dann, ob der Erfolg dem Schicksal, den vielen Gebeten und gespendeten Kerzen oder womöglich doch der Magie des gemeinsam gegessenen Apfels zu verdanken war.

Entsprechend ihrer Bedeutung im Volksglauben wachsen Apfelbäume in etlichen Zaubersorten auch in den Volksmärchen – hier wie dort sind sie meist Sinnbild für Fruchtbarkeit, Sexualität, für Lebenskraft schlechthin. Wie in der Antike die Göttinnen und Helden, so werfen in den Märchen zum Zeichen der Partnerwahl königliche Mädchen einen Apfel nach dem von ihnen auserkorenen Mann. Der ist zumeist ein völlig unebenbürtiger Grindkopf oder Schweinehirt und muss seinen inneren Adel erst noch unter Beweis stellen.

Nach einer islamischen Legende schnitt Allah einen Apfel durch, gab getrennt Adam und Eva je eine Hälfte und gebot ihnen, sich auf die Suche zu machen nach dem Teil, der ihnen fehlt. In vielen Märchen in Orient und Okzident haben die Hälften wohl zusammengefunden, aber der Kinderwunsch des Paares bleibt unerfüllt. Erst ein Zauberapfel, gemeinsam gegessen oder auch nur von der Frau, fördert die Empfängnis. Der Apfel muss „gegessen" werden, erst dann wird die Ehe „fruchtbar". In einem griechischen Märchen bekommt eine alternde kinderlose Königin von einem weisen Mütterchen einen Apfel, nach dessen Genuss sie sogleich schwanger wird. Die Apfelschalen hat sie zum Fenster hinaus geworfen, eine Stute hat sie gefressen, und die Fruchtbarkeitsmagie reichte auch für das Tier noch aus. Ein Junge wird geboren, ein Fohlen wird geboren, gemeinsam ziehen sie in die Weit hinaus, gemeinsam sind sie unüberwindbar, niemand und nichts vermag das Glück des Jungen mit der wunderbaren Apfelherkunft aufzuhalten.

Ein anderes Märchen, ein anderer Apfel: In „Die weiße Schlange" aus der Sammlung Grimm hat ein gewitzter Jüngling für eine stolze, männermordende Königstochter unlösbare Aufgaben zu erfüllen. Hilfreiche Tiere, die ihm zu Dank verpflichtet sind, machen das Unmögliche möglich. Zuletzt sind es drei junge Raben, die er vom Hungertod errettet hat und die nun die dritte Probe für ihn erledigen. Da heißt es von den Raben: „Als wir hörten, dass du den goldenen Apfel suchtest, so sind wir über das Meer geflogen bis ans Ende der Welt, wo der Baum des Lebens steht, und haben dir den Apfel geholt.' Voll Freude machte sich der Jüngling auf den Heimweg und brachte der schönen Königstochter den goldenen Apfel. Sie teilten den Apfel des Lebens und aßen ihn zusammen; da ward ihr Herz mit Liebe zu ihm erfüllt."

Ein in Europa weit verbreiteter Märchentypus beginnt mit dem Raub einer Baumfrucht aus einem königlichen Garten, zumeist eines Apfels, oft eines goldenen. Die drei Söhne des Königs übernehmen die Nachtwache bei dem Baum, um den rätselhaften Dieb dingfest zu machen. Und es ist erwartungsgemäß immer der Jüngste, der sich der schwierigen, hoch symbolischen Aufgabe gewachsen zeigt, dem Vater den Apfel zurückbringt und für sich selbst eine Braut aus der Anderswelt gewonnen hat. Golden sind Äpfel in Mythen und Märchen zumeist – und trotzdem essbar. Gold ist eine Jenseitsfarbe, Goldenes weist auf die Zauberwelt hin, in der die Apfelbäume wachsen und aus der sie zum Wohl oder selten auch zum Wehe irdischer Menschen ihre Äpfel spenden.

Zu den wenigen Äpfeln mit zunächst fataler Wirkung gehört auch ein Einzelexemplar von hohem Bekanntheitsgrad: Außen ist er rotbackig, innen aber vergiftet. So wurde Schneewittchen von ihrer neidischen Stiefmutter im Häuschen hinter den Bergen, bei den sieben Zwergen zum Hineinbeißen verleitet. Der Apfelschnitz war auf wunderbare Weise unverdaulich; er blieb im Halse stecken und sprang ihr aus dem Mund, als sie scheintot in ihrem gläsernen Sarg lag. Die Wirkung wird rein mechanisch erklärt und dem Stolpern der Sargträger zugeschrieben. Doch es mag sein, dass der Apfel als Todesfrucht in den alten Zeiten, „da das Wünschen noch geholfen hat", nicht recht vorstellbar war.

Die Kräuterweihe der „Wurzbüschel"

Als sich der Maler Ludwig Richter im Jahre 1823 vom heimatlichen Dresden aus zu eine Bildungsreise nach Italien aufmachte, da hatten es ihm unterwegs die Alpen angetan. Er nahm sich Zeit, den Wendelstein zu besteigen. Oben wird er von einem Gewitter überrascht, um ihn tosen die Elemente in ungeahnter Wucht. Er flüchtet sich in die Almhütte. Dort trifft er am Herd eine alte Frau und beobachtet etwas, das ihm noch Jahrzehnte später in seinen „Lebenserinnerungen eines deutschen Malers" aufschreibenswert ist: „Da nahm die Alte eine Schachtel vom Gesims, holte ein paar kurze schwarze Wachslichtchen heraus, zündete diese an, nahm trockne Kräuter und warf sie, Sprüche murmelnd in das Herdfeuer, von wo aus alsbald ein dicker Dampf den ganzen Raum erfüllte." Der Protestant aus Sachsen muss sich in eine andere Welt, in eine Art Hexenküche versetzt gefühlt haben. Und doch war die Alte da oben auf der Alm weder eine zauberkundige Berghexe, noch übte sie verbotene magische Praktiken aus. Sie tat etwas, was die Leute unten im Tal auch taten: Sei verbrannte bestimmte getrocknete Kräuter aus dem „Wurzbüschel" des vergangenen Jahres und hoffte, damit den Blitz und Donner von ihrem Dach abzuhalten. Der Rauch der Kräuter steigt zum Schornstein hinaus und lenkt die bösen Wetter von der Hütte ab, so glaubte man – eine Art magischer Blitzableiter also. Jedenfalls war sie nicht passiv den Ängsten vor der Macht des Gewitters ausgeliefert, sondern sie konnte – betend und der Kraft ihrer geweihten Kräuter vertrauend – selbst aktiv werden.

Die Kräuterweihe ist ein uralter Volksbrauch, der weit zurückgeht in heidnische Zeiten. Man sammelte zum einen bestimmte Pflanzen in Feld und Flur, die im Sinne des Erfahrungswissens für heilkräftig gehalten wurden, zum andern aber auch solche, die in der Abwehr schwarzmagischen Schadenszaubers auf Mensch und Vieh, Haus, Hof und Felder als besonders wirksam galten. Manchen Kräutern traute man beides zu. Krankheiten und Unwetter,

Unfälle, kleine und große Widrigkeiten der verschiedensten Art wurden der Hexerei von Seiten böser Geister, aber auch übelwollender Mitmenschen zugeschrieben. Da tat es gut zu wissen, dass gegen jedes Missgeschick ein Kraut gewachsen ist. Und es lag nahe, natürliche Abwehrmittel, eben die heilsamen Pflanzen wie die antidämonisch wirkenden, durch den Segen von oben mit zusätzlicher Kraft aufzuwerten. Die Kirche hat das im Volke fest verwurzelte heidnische Brauchtum rund um die Kräuterweihe schon in früher Zeit übernommen und im Sinne christlicher Frömmigkeit umgewertet. An die Stelle heidnischer Gottheiten als „Schirmherrinnen" der gesammelten Kräuter trat die Jungfrau Maria; die Weihe wurde zu einer kirchlichen Institution und hatte ihren festen Platz im Kirchenjahr. Bereits in den Analen des Konzils von Ephesus von 431 wird die „Kräuterweihe" erstmals erwähnt und zumindest seit dem 9. Jahrhundert ist sie mit dem Fest „Maria Himmelfahrt", dem 15. August, eng verbunden. Maria, die im Volksglauben das Wesen heidnischer weiblicher Gottheiten in sich aufnahm, wurde auch als „Kornmutter" verehrt; sie ist, in Anlehnung an das Hohe Lied Salomonis, die „Blume des Feldes und Lilie in den Tälern" – in ihrem Namen wurden und werden die Kräuter der Wurzbüschel geweiht. Nach einer Legende der im Mittelalter weit verbreiteten „Legenda aurea" – das ist eine Sammlung frommer christlicher Geschichten rund um Jesus, Maria und die Heiligen – umgab den Leichnam Mariens ein wunderbarer Blumenduft; später erzählte man sich, in ihrem Grab habe man nach ihrer Himmelfahrt statt des Leichnams Rosen und andere wohlriechende Blumen gefunden. Am 15. August beginnt ihre Zeit, der sogenannte „Frauendreißiger": Am Anfang steht der Tag ihrer Himmelfahrt, am Ende eigentlich der Tag ihrer Geburt, der 8. September. Aber um den „Dreißiger" voll zu machen, zählte man die Oktave bis zum 13. September, dem Tag von „Marias Schmerzen", hinzu. Die geweihten Kräuter wurden mancherorts auch „Dreißgenkräuter" genannt. Es heißt, in diesen Tagen des sich neigenden Sommers, der Erntefülle segnet die Gottesmutter die Erde, die heilende Kraft der Kräuter ist auf dem Höhepunkt, ihre Giftstoffe werden neutralisiert. So kam es zu einer vielschichtigen geheiligten Verbindung von Maria zum grünen Kleid der Vegetation, ihr Tag, der 15. August, hilft der Kraft der Kräuter noch einmal mächtig auf. In einer Beschreibung des Johanniskrauts aus dem 16. Jahrhundert heißt es, wo es aufbewahrt werde, da käme der Teufel nicht hin, und darum „räuchert man in manchen Landen die Kindbetterinnen damit, lasse es aber segnen auf unser Frauen Himmelfahrt."

„Maria Würzweihe" wird der 15. August mancherorts genannt, aber auch „Krautweihtag", „Büschelfrauentag". Und die heidnischen Beschwörungsformeln wurden durch christlichen Ritus ersetzt. Auch die Sträuße und Gebinde, die zur Weihe in die Kirche gebracht wurden, tragen von Gegend zu Gegend unterschiedliche Namen: Weihbüschel, Kräuterwisch, Würzbuschen oder Würzwisch oder außerhalb Bayerns auch „Sangen" – verwandt mit „versengen", was auf das spätere Räuchern hindeutet. Die am häufigsten genannten Wortverbindungen, die mit wurz- oder würz-, weisen auf den alten Wortstamm –wurz- hin, der die Urbedeutung „verwertbare Pflanze" hat; erst später wurde daraus bedeutungsverengend der Pflanzenteil der „Wurzel" gebildet sowie das „Gewürz".

Der 15. August ist also traditionell ein Frauentag. Und wie von Alters her der Garten, die Pflanzen wie auch das Heilen Domäne der Frauen war, so gehörten auch zunächst einmal die sogenannten Frauenheilkräuter in den Strauß hinein: Kräuter also, die zur Geburtshilfe dienten, die die Monatsblutung beförderten und auch solche, denen aphrodisische, erotisch anregende Wirkungen nachgesagt wurden. Das waren unter anderem Wermut und Beifuß (also die Artemisia-Familie, die schon im Namen auf die griechische Göttin Artemis hinweist), ferner Schafgarbe, Raute, Frauenmantel, Mutterkraut. Die Zusammensetzung der Wurzbüschel ist landschaftlich sehr verschieden, überall aber gehörte in die Mitte eine Königskerze (Verbascum), im Volksmund auch Marienkerze genannt, und das nicht primär, weil sich so eine ragende Mitte in einem Strauß besonders gut ausnimmt, sondern weil die Königskerze als besonders heilwirksam und als Dämonen abwehrend galt.

Darum gruppierte sich ein buntes Gebinde von Pflanzen, die dann das ganze Jahr über zum Wohle und zur Schadensverhütung bei Mensch und Vieh, gegen Unwetter, Brand und den „bösen Blick" missgünstiger Nachbarn dienten – eine Hausapotheke und Rundum-Versicherung also gegen alle Wechselfälle, gegen die großen und kleinen Katastrophen des Lebens.

Neben den traditionellen Frauenkräutern werden am meisten genannt Johanniskraut, Kamille, Thymian, Eberraute und Rainfarn, Liebstöckel, Alant, Dost, Flachs und die Osterluzei, Eisenkraut, Tausendgüldenkraut und andere Nutz- und Heilpflanzen. Niemals aber war die Zusammenstellung beliebig. Die Frauen wussten, was in die Wurzbüschel hineingehörte und wo die einzelnen Pflanzen zu gegebener Zeit zu finden waren. Manche „Unkräuter", die eigentlich nicht in die Gemüsebeete hineingehören, wurden eigens für den Weihtag im Garten stehen gelassen, auch wohl über den Zaun mit den Nachbarinnen ausgetauscht. Die Tradition der Wurzbüschel half, botanische Kenntnisse, altes Pflanzenwissen, die volkstümlichen regionalen Pflanzennamen durch die Zeiten zu erhalten. Dabei ist die Überlieferung verlässlich; alte Aufzeichnungen in bestimmten Orten decken sich mit dem, was man noch heute über die Zusammensetzung der Sträuße weiß.

Auch für das Sammeln der Kräuter galten gewisse, wiederum lokal bedingte Regeln: Am Donnerstag vor Maria Himmelfahrt zum Beispiel und ohne ein Messer zu benutzen. Dabei war das Vaterunser zu sprechen oder der Name der Dreifaltigkeit anzurufen – ein Ritual, das vergegenwärtigen sollte, wem die segensreichen Energien der Pflanzen wirklich zu verdanken sind. Die Anzahl der Kräuterarten richtete sich nach Regeln der Zahlenmystik: Die magische 7, die heilige 3 in Potenz, also 9, auch 12, 33, 77 oder gar 99 – so wird, zumindest theoretisch, überliefert. Mit Ausnahme der hohen Mitte sollten von jeder Sorte drei Exemplare enthalten sein. Ob ein so gewaltiger Strauß aus 99 Kräutern jemals einem Priester zur Weihe hingehalten wurde, scheint allerdings fraglich.

Um noch einmal auf jene Alte in der Wendelsteinalm zurückzukommen: Was sie da über dem Feuer vor dem staunenden jungen

Maler verbrannte, mag ein getrockneter Haselzweig gewesen sein – der galt vielerorts als wirksamer Blitzableiter. Getreidehalme, vor allem der Hafer, machten sich nicht nur hübsch im Strauß, sie deuten auch auf die uralte heidnische Herkunft der Tradition hin: Den Erntedank an die Erdgottheiten.

In der Volksmedizin hielt man die geweihten Kräuter aus dem Wurzbüschel für therapeutisch besonders wirksam; die Weihe im Namen der Muttergottes gab ihnen einen Extraschub an Heilkraft. Doch auch die magische Potenz der „Zauberkräuter" war durch das kirchliche Ritual intensiviert und vielfältig zu nutzen. Eheleute steckten sich zur Beförderung der „ehelichen Werke" (wie es in den alten Kräuterbüchern heißt) etwas aus dem Wurzbüschel unters Bettlaken. Den Toten gab man bestimmte Kräuter daraus in den Sarg. Ein paar Körner geweihtes Getreide wurden für reiche Ernten in das neue Saatgut gemengt. In den Raunächten ging die Familie mit einer Pfanne räuchernder Kräuter durch Haus und Stall, um die Dämonen abzuwehren, und auch die Wochenstube wurde zum Schutz für Mutter und Kind ausgeräuchert. Ein Strauß im Stalle sollte Krankheit und Unfruchtbarkeit beim Vieh vorbeugen. Eine kalbende Kuh bekam bestimmte Kräuter aus dem Wurzbüschel ins Futter gemengt. Und keinesfalls durften die Reste des Busches beliebig entsorgt werden; sie wurden verbrannt, und die Asche wurde auf die Felder oder in den Garten gestreut und kam der Ernte zu Gute.

Schon in der frühen Neuzeit gab es von aufgeklärten Denkern hier und da Stimmen skeptischer Kritik. „Mit diesen Kräutern geschieht sehr viel Zauberei", heißt es in einem Kompendium aus dem 16. Jahrhundert. Tabernaemontanus schreibt in seinem berühmten Kräuterbuch über den Wermut, den die Weiber in ihre Würzwische sammelten, dass sie „viel seltsame abgöttische Phantaseyen und Narrenwercke damit treiben". Trotzdem hat sich der ehrwürdige Brauch rund um die Kräuterweihe in seiner für das moderne, aufgeklärte Verständnis kuriosen Mischung aus Aberglauben und rituellen Zeichen echter Frömmigkeit über die Zeiten erhalten. Ja, er wird sogar in überwiegend katholischen Gegenden wieder mit neuem Leben erfüllt. Zum Gottesdienst an Maria Himmelfahrt werden immer noch und wieder Wurzbüschel zur Weihe in die Kirche gebracht, und das keineswegs nur von den alten Frauen. Und gerade auf dem Lande stellt man sie zumeist nicht „querbeet" zusammen; man bzw. frau weiß immer noch, welche Pflanzen nach der lokalen Überlieferung hineingehören. Zusätzlich werden zur Verschönerung Cosmeen, Zinnien, Dahlien dazu gesteckt und was sonst zur Augustmitte die Bauerngärten schmückt. Aber da mögen auch in früheren Zeiten die Frauen mit der Auswahl nicht gar zu streng verfahren sein und der Muttergottes zusätzlich die eine oder andere Blume von ihren Beeten gewidmet haben, die einfach schön und nicht nur nützlich und von der Tradition her vorgeschrieben war.

In einer Legende wird der Ursprung der Kräuterweihe weit hinter Maria und ihren spätsommerlichen Ehrentag zurück verlegt bis zur Urmutter Eva. Die habe bei der Vertreibung aus dem Paradies heimlich einige Samen von heilkräftigen Pflanzen mit ins irdische Jammertal der Dornen und Disteln genommen. Dort hatte sie dann einen Grundstock zur weiteren Vermehrung und Zucht, und das Überleben außerhalb des Gartens Eden wurde damit etwas leichter. Evas Pflanzen, Marias Segen – das Ganze war und blieb von allem Anfang an Frauensache.

Des Menschen letztes Gärtlein

Gedanken zur Gräberkultur

Ein gewisses, wenn auch bis zuletzt unbestimmtes Datum wird sich an unseren Lebenslauf heften. Auf einem Grabstein wird es stehen, auf einem schwarzumränderten Blatt Papier, auf einer Urkunde. Der Tod, der abgeschnittene Lebensfaden – und was dann? Der Wirklichkeit des Hier und Jetzt sind die Toten entrückt, doch auf vielfältige Weise bleiben sie lebendig und gegenwärtig, vor allem in ihren mehr oder weniger vergänglichen Werken: Dem Haus, das sie gebaut, dem Baum, den sie gepflanzt, den Geschichten, die sie erzählt haben – um nur dieses wenige zu nennen von dem vielen, das überdauert.

Das Andere, das nichts mit Erinnerung zu tun hat und dem Toten ganz allein gehört – seine unsterbliche Seele also – ist schwerer zu erreichen und zu fassen. Es hängt mit unseren Glaubensvorstellungen zusammen, wo wir sie suchen, mit den kollektiven wie mit denen jedes Einzelnen. Körperlos und flüchtig sind die Seelen der Toten, ein „letztes Gärtlein" gibt es für sie nicht – es sei denn das Paradies, das sich die Menschen zu allen Zeiten als einen üppigen, gottnahen Garten gedacht haben.

Dass man den Toten von jeher Blumen mit ins Grab gab und es heute noch tut, dieser Gruß mag nicht dem toten Körper gelten, sondern eben der Seele auf ihrer Jenseitsreise. Als um 1920 in Ägypten das Grab des Tut-ench-Amun entdeckt und geöffnet wurde, waren die Archäologen schier geblendet vom Gold, von Glanz und Pracht um die Mumie und in der Grabkammer. Gerührt aber waren sie, so heißt es, von einem vertrockneten Blumensträußchen, das dem jugendlichen Pharao mitgegeben worden war, eine persönliche, fast intime Geste, die über mehr als 3000 Jahre hinweg von Liebe und Trauer der Hinterbliebenen – vielleicht seiner jungen Witwe – zeugte. Pflanzen und besonders Blumen als augenfälliges Sinnbild für „Stirb und Werde!", für ein Weiterleben über das leibliche Ende hinaus, sie waren und sind bis heute nicht nur ein letzter Gruß an die Toten, sondern Trost für die Trauernden: Die Grube da unten ist nicht das letzte Wort.

Dennoch, um dem Toten ein „letztes Gärtlein" anzulegen, dafür bleibt nur sein Leichnam, die „sterbliche Hülle", wie er beschönigend genannt wird. Von der Erde kommt er, zur Erde soll er wieder werden – tröstlich wird so die Verwesung, vor der nicht einmal die Pharaonen ihren Körper dauerhaft bewahren konnten, in den Kreislauf alles Lebendigen einbezogen. Und nach uralten Vorstellungen ist es vor allem die Heimaterde, die die Toten gnädig und segensreich aufnimmt. Bis in unserer Zeit trieb es Auswanderer aus

Italien, aus Griechenland von Amerika im Alter in die Heimat zurück, um dort begraben zu sein.

Neben Pietät und Ehrfurcht bestimmte vor allem die Angst vor der Wiederkehr der toten Seelen, vor deren unheilbringendem Sich-Einmischen in irdische Dinge die unterschiedlichen Bestattungsbräuche früherer Kulturen. Ob und wie ein Verstorbener unter die Erde kam, das war hochbedeutsam; nur ein würdiges Begräbnis half der Seele, sich zu lösen und ihren Weg ins Jenseits anzutreten. Hilfreiche Rituale sollten die Toten friedlich stimmen, Grabbeigaben sollten das Verweilen im Zwischenreich zwischen Tod und Ewigkeit erleichtern.

In Europa dann war der Umgang mit den Toten von christlichen Glaubensinhalten geprägt. Doch blieben im Brauchtum rund um Bestattung und Gräber auch heidnische Vorstellungen bis in unsere Zeit lebendig. Seit dem Mittelalter gab es gute und schlechte Plätze, um die Auferstehung zu erwarten. Die geweihte Erde des Kirchhofs galt als für die Toten so wichtig wie die Luft zum Atmen für die Lebenden. Sie wurde Ungetauften und Sündern verwehrt; ihre Gräber verbannte man an die Außenmauer, und da hatte der Teufel leichteren Zugriff. Für den „reichen Sünder" mit seinem Anrecht auf Bestattung im kirchennahen Familiengrab gab es scheinbar Vorteile gegenüber dem „armen Sünder" ohne solche angeborenen Privilegien. Der Tod jedoch ist der unerbittliche Gleichmacher: Im Volke erzählte man Sagen, in denen ein habgieriger Reicher von Dämonen oder gar von den anderen Toten aus seinem geweihten Grab wieder herausgezerrt wurde. Die frühen Christen wünschten möglichst in der Nähe eines Märtyrergrabes bestattet zu werden, um sich so der Fürsprache der Heiligen beim Jüngsten Gericht zu versichern. Auch eine Grabstätte im Innern der Kirche, so nahe wie möglich beim Altar, war ein bevorzugter Ort und galt als dem künftigen Seelenheil besonders günstig. Sie blieb dem Klerus und den adligen Familien vorbehalten.

Mit dem Anwachsen der Städte wurden die Orte zur Bestattung der Toten aus Platzmangel wie auch aus hygienischen Gründen nach und nach aus dem zentralen Bereich um die Kirche vor die

Stadtmauern verlegt. Aus dem Kirchhof wurde der Friedhof. Nur in Dörfern und kleinen Orten blieb die enge Gemeinschaft von Lebenden und Toten und beider Bezug auf das Gotteshaus bis heute erhalten. Kommunale Friedhofsordnungen traten schließlich an die Stelle altüberkommenen Brauchtums und regeln die Grablegung und Grabpflege im Großen wie im Kleinen. Der königlich-bayerische Kreis- und Bauinspektor empfahl 1825 die „Anlegung und Umwandlung der Gottesäcker in heitere Ruhegärten der Abgeschiedenen" – was sich wohl vor allem auf eine gewisse Reform in der gärtnerischen Gestaltung bezog und gewiss noch detaillierte Anordnungen nach sich zog.

Mit einem Zeitsprung begeben wir uns auf einen Friedhof unserer Tage in einem kleineren Ort. Er ist noch immer der Kirche zugeordnet, wie es landauf, landab außerhalb der Großstädte die Regel ist. Grabpflege war und ist von jeher Sache der Frauen. Für den Herbstschmuck laufen sie geschäftig mit Schachteln voller Chrysanthemen und Erika zu ihrer Grabstelle, mit kleinen Schaufeln und Hacken und großen grünen Plastikkannen. Es ist dies die dritte Bepflanzung der Saison, nach dem Stiefmütterchenbeet im Frühling und dem gießaufwendigen Sommerflor, in dem rote und weiße Mini-Begonien aus nicht recht verständlichen Gründen vorherrschen. Ist ihr volkstümlicher Name „Gottesauge" Schuld an ihrer Beliebtheit als moderne Friedhofsblume? Es herrscht ein edler Wettstreit um Ordnung im Sinne der Friedhofsverwaltung, nur wenige „Grabstellenbesitzer" entziehen sich diesem subtilen Zwang mit einer Dauerbepflanzung. Spontanvegetation auf den Kieswegen wird nicht geduldet. Es gibt auch keinen Baum, der jetzt im Herbst mit Blätterabfall den Eindruck etwas steriler Reinlichkeit stören könnte.

Ein Friedhof im Stadtbereich bietet ein etwas anderes Bild, schon allein durch hohe alte Bäume, vor allem immergrüne, aber auch einige Laubbäume, eine Birke und eine Weide zum Beispiel. Ein paar alte, ganz dem Efeu überlassene Gräber tun der Gesamtansicht gut. Efeu duldet so leicht nichts anderes neben sich; das mag der Grund dafür sein, dass er auf Gräbern kaum mehr gepflanzt wird. Dabei war er über Jahrhunderte die Friedhofspflanze schlechthin: Er gilt als Symbol für Weiterleben nach dem Tod, für Treue und Anhänglichkeit, die er ja mit seinen umschlingenden Eigenschaften vorlebt.

Auch Bäume sind eigentlich unverzichtbar, wenn man den Friedhof als einen Ort ansieht, der jenseits aller Nützlichkeitserwägungen über seine irdische Gartennatur hinausweist in das Reich der Toten. Auf manche Weise wurde von jeher der Baumkult mit den Verstorbenen verbunden. In Märchen und Sagen klingt ein fernes Echo davon nach. Aus Gräbern wachsen segensreiche Bäume: Eine Hasel aus dem Grab von Aschenputtels Mutter hält die magische Verbindung zur Tochter und wirft die kostbaren Ballkleider herab. Ein Apfel- oder Birnbaum spendet wundertätige Früchte; Fontane hat dieses alte Sagenmotiv in seinem bekannten Gedicht „Herr von Ribbeck auf Ribbeck im Havelland..." auf seine etwas entzaubernde Art gestaltet. Pflanzen trieben der Sage nach in magischem Spontanwuchs aus Gräbern von Heiligen, von unschuldig Hingerichteten und unglücklich Liebenden: So ein Rosenstock und ein Weinstock in endlich untrennbarer Umschlingung aus der letzten Ruhestätte von Tristan und Isolde, dem tragischen Liebespaar.

Alle Immergrünen, zumal der Wacholder, der Buchs, die Eibe, galten bei unseren Vorfahren als Sinnbild für Unsterblichkeit. Jenseits der Alpen ist besonders die Zypresse der charakteristische Friedhofsbaum, der düster mahnende Wächter bei den hellmarmornen Grabmälern. Die Thuja trägt im Volksmund den Namen „Lebensbaum". In paradoxer Umkehr dieser positiven Bedeutung wird sie noch heute hier und da als „Friedhofsbaum" etwas scheel angesehen und ungern im Hausgarten angepflanzt. Auch Hortensien galten vielfach als „Totenblumen" und kamen manchen Leuten nicht ins Haus.

Der Rosmarin in seiner vielschichtigen Symbolik war im 17. und 18. Jahrhundert eine typische Grabblume, und man gab den Toten Zweige davon mit auf ihre Reise. Calendula, die Ringelblume, eine der Symbolpflanzen der Jungfrau Maria, Sinnbild der Erlösung, galt in bestimmten Gegenden als Friedhofspflanze. „Totenblume" war einer ihrer volkstümlichen Namen in Thüringen, „Kirchhofblume" in Lothringen – mag sein wegen ihrer unermüdlichen Blühfreude und Sonnenähnlichkeit. Wermut wurde auf Gräber gepflanzt zu mahnendem Hinweis auf den „bitteren Tod", die Eberraute wegen ihres aromatischen Duftes, das Immergrün zum Vertreiben böser Geister, der Mohn als Sinnbild für den „ewigen Schlaf". Die Nelke, das „Nägelein", galt in der Volksüberlieferung als Sinnbild für die Nägel der Kreuzigung Christi und deutete auf Friedhöfen in besonderer Weise auf die Erlösung hin. Rote oder weiße Rosen und Madonnenlilien mit ihrer vielschichtigen Symbolik, insbesondere ihrem Hinweis auf christliche Glaubensdinge, gehörten in jeden Bauerngarten und schließlich auch auf das „letzte Gärtlein". Weiß war bei den Alten die Farbe der Trauer, weiß war daher die bevorzugte Farbe für Friedhofsblumen bis in eine Zeit, da längst das Schwarz die angemessene Farbe für die Kleidung der Hinterbliebenen und für andere Trauerinsignien geworden war.

Friedhofspflanzen also wählte man nicht beliebig nach Nutzen und Schönheit, sondern nach ihrer Bedeutung für den Seelenweg der Toten und für die christliche Tröstung der Hinterbliebenen. Solche Traditionen sollten auch wir wieder lebendig werden lassen; Rose und Lilie, Ringelblume und Sinngrün und manche andere Pflanze aus ehrwürdiger Überlieferung könnte die eine oder andere bedeutungsleere Modepflanze auf den Gräbern ersetzen.

Grabsteine sind in den letzten Wohlstandsjahrzehnten durchweg prächtiger geworden. Doch, auch zumeist schöner, seitdem die schwarzen, hochglanzpolierten, goldbeschrifteten aus der Mode gekommen sind und rauer Naturstein in lebendiger Maserung als Material bevorzugt wird. Metallkreuze in ihrer filigranen Schmiedeeisenkunst sind außerhalb der alpenländischen Friedhöfe leider fast ganz verschwunden. Auch da haben wohl die Friedhofsverordnungen ‚vereinheitlicht' und eine schöne Vielfalt auf ihre Weise gekappt.

Geschichten erzählen Grabsteine nicht mehr, so wie früher, als oft ein kleines emailliertes Foto des Verstorbenen in der Blüte seiner Jahre neben dem Namen angebracht war. Da erfuhr der neugierig-nachdenkliche Wanderer nicht nur Geburts- und Sterbedatum, sondern Beruf, verdienstvolle Lebenswerke und oft auch, welcher Bibelspruch dem Toten im Leben Richtschnur gewesen war. Und daraus ließ sich oft eine Lebensgeschichte, eine Familiengeschichte zusammenreimen.

„Hier ruht in Gott..." oder „Hier ruht in Frieden..." erfahren wir heute allenfalls – eine alte Formel, mit der man etwas beschwor, das nicht selbstverständlich schien. Der „gute Ort", wie z.B. die Juden ihre Friedhöfe nannten, war doch immer auch ein unheimlicher Ort: Tagsüber ein freundlicher Gedächtnispark, stimmungsvoll, mit einer gewissen Aura von Melancholie. Nachts aber – so glaubte man – erwachen die „armen Seelen" zu makabrem Eigenleben, und wehe, wer sich da einmischt! Sagen und Gruselgeschichten zeugen von solchem Volksglauben. Da tanzen die Toten um die Gräber, spielen Kegeln mit Totenköpfen. Mutige Grabwächter aus der Welt der Lebenden bekommen es mit dem Teufel zu tun. Aberwitzige Herausforderer der Toten, wie der notorische Sünder Don Juan, büßen mit der eigenen Höllenfahrt.

Friedhöfe in der Nacht zu besuchen, das war also etwas für Bewährungswetten. Und wer selbst unter uns aufgeklärten Zeitgenossen geht nachts freiwillig und gelassen über einen Friedhof? Bei Tage, wenn die Toten schlafen, war und ist er ein Ort des Diesseits, zu Trauer, Trost und Gedenken. Für den Nachdenklichen jedoch, der dort nicht nur gießt und pflanzt und jätet, ist das Jenseits, ist die Frage nach dem Wohin der eigenen Lebensreise gegenwärtig. „Was wir einst waren, bist du jetzt, und was wir sind, das wirst du sein" – so lautet eine bekannte Grabinschrift. Sie könnte als Erinnerung und Mahnung an die eigene Sterblichkeit über jedem Friedhofstor stehen.

Gartenkultur im alten Nürnberg

"Einen Garten nach der Weise der Franken"

Es ist längst bekannt, dass ein Rundgang durch die Vergangenheit von Nürnberg nicht an den Ausfalltoren der Innenstadt zu enden braucht. Der Stadtteil St. Johannis bietet einen Garten besonderer Art: Den alten Friedhof mit den Gräbern von Dürer, Veit Stoß und allen, die in der alten Noris Rang und Namen hatten. Und seit einigen Jahren kann man sich gleich nebenan, in den sogenannten „Hesperiden-Gärten", hineinfinden in stilechtes Außen-Ambiente des 17. und 18. Jahrhunderts. Vier Gärten wurden in der Johannisstraße nach ihrer Rekonstruktion in den 60er und 80er Jahren der Öffentlichkeit zugänglich gemacht als eine Referenz an die einstmals weithin berühmte Nürnberger Gartenkultur.

Begrüßt wird der Besucher von barocken Statuen, wie man sie hinter den schlichten alten Häusern nicht ohne weiteres vermuten würde. Ein Halbmond ziert die Stirnlocken der einen, eine Art Federröckchen mit passendem Kopfschmuck die schwellenden Formen der anderen Skulptur – über schicklich langen Gewändern in barockem Faltenwurf. Die Figuren sind in Stein gemeißelt und stellen Asien und Afrika dar – Erdteile, von deren Menschen man im 17. und 18. Jahrhundert auch in der weltläufigen Freien Reichsstadt Nürnberg kaum realistischere Vorstellungen hatte als etwa von den Bewohnern des griechisch-römischen Götterhimmels. Von denen stehen einige gleich nebenan: Venus trägt ein steinernes Herz in der Hand und strahlt den herben Charme einer fränkischen Bauernmaid aus, Athena fallen zwei straffgeflochtene Hängezöpfe unter dem Helm hervor. Es gibt einen ganzen sogenannten „Planetenolymp" im Garten Johannisstraße 13; in den anderen rekonstruierten barocken Bürgergärten Nürnbergs in der Johannisstraße entdeckt man die vier damals bekannten Erdteile, außerdem die Allegorien der vier Jahreszeiten sowie die im 18. Jahrhundert so beliebten gnomenhaften Hofschranzen.

Jeder kennt das alles ein paar Nummern prächtiger und weiträumiger aus fürstlichen Parks: Die schnurgeraden, die Sichtachse zum Hauptgebäude betonenden Wege mit den Akzenten der Wasserbecken, Fontänen oder Solitärbäume in ihren zentralen Schnittkreuzen. Und natürlich die Statuengruppen, die antiken Göttinnen und Götter und allegorischen Gestalten. Sie fehlen hier nicht und zieren als steinernes Wächterpersonal jene Anlagen an der Pegnitz. Ganz genau so sah es damals nicht aus, aber so hätte es aussehen können. Man zog alte Abbildungen zu Rate, sammelte barocke Gartenrequisiten, die die Verwüstungen des Krieges und den Unverstand der Modernisierer überstanden hatten, restaurierte die zu den Gärten gehörenden Wohnhäuser und fügte alles zu einem schönen und stimmungsvollen Ensemble.

In der frühen Neuzeit ist eine hohe Wohn- und Gartenkultur bei den wohlhabenden und gebildeten Bürgern der städtischen Handelszentren auch anderswo bezeugt, z.B. in Augsburg mit seinen Fugger-Gärten, in Breslau, Frankfurt, Leipzig. Alte Stiche und Gemälde, bewundernde Berichte von Zeitgenossen geben davon ein Bild. Bürgerliche Barockgärten zum Betreten und sinnlich Erleben jedoch, die gibt es heutzutage nur in Nürnberg – auch wenn die vier rekonstruierten Gärten lediglich einen winzig kleinen Teil jener zahlreichen Gärten vor der Stadt ausmachen, die einstmals den Ruf Nürnbergs als Stadt der Gärten und der passionierten Gärtner begründeten.

In der Freien Reichsstadt hat es einen Park um ein repräsentatives Schloss als Domizil eines Fürsten nie gegeben. Gartenkultur war Sache des wohlhabenden Bürgertums. Und das ließ sich, zumal in der Friedenszeit nach den Verwüstungen des 30-jährigen Krieges, mit dem Bazillus der Gartenleidenschaft infizieren, der damals in Europa grassierte. Man versuchte, es den hohen Herrschaften nach Kräften gleichzutun. Dabei fußte in Nürnberg die Gartenlust der Barockzeit bereits auf einer alten Tradition. Zeitgenössische Stiche, städtische Urkunden bezeugen, dass die Stadt jenseits der Befestigungen mindestens seit dem 14. Jahrhundert mit einem Kranz privater Gärten umgeben war. Besonders der sogenannte „Sebalder Burgfrieden", das Gelände auf der Nordseite jenseits der Stadtmauer und vor den Wehranlagen, also „hinter der Veste", um den Vorort Wöhrd und entlang der seinerzeit wichtigsten Ausfallstraße nach Westen in St. Johannis war begehrtes Gartenland und blieb lange, teilweise bis in die Neuzeit, als solches erhalten.

Im Mittelalter legte man sich vor den Toren, so man sich's leisten konnte, einen Nutzgarten an, und es wurde, folgt man den alten Urkunden, durchaus zwischen Baumgärten (also Obstgärten), Krautgärten (also Würz- und Heilkräuter und Gemüse), Weingärten und Feldgärten (für Rüben und anderes Grobgemüse) unterschieden. Allen gemeinsam war die Einfriedung und eine geordnete Pflanzung – eben das, was grundsätzlich einen Garten ausmacht. Der Nutzgarten blieb eine unverwüstliche Tradition; Gemüse und Obst wurden in den Gärten selbst in den hochherrschaftlichen Zeiten der barocken Ziergartenlust gezogen, oft schamhaft hinter hohen Hecken von den repräsentativen Gartenräumen mit ihren Statuen, Kübelpflanzen und Arabeskenbeeten verborgen. „Fressgütlein" nannte man daher auch die Anwesen vor den Mauern.

Im Mittelalter hatte der Nutzwert den absoluten Vorrang vor der zweckfreien Gartenlust. In Jahrhunderten der Kultivierung hatte sich der karge Sandboden, aufgewertet durch den reichlichen Dünger aus der innerstädtischen Viehhaltung, zu gutem Gemüseland verbessert. Ein Städter war im Mittelalter mit seinen Lebensgewohnheiten noch fest in bäuerlichen Traditionen verwurzelt. Sein Gemüse zog man möglichst selbst, und auch auf Viehhaltung mochte man wohl nur unter Zwang verzichten. So wurden Schweineställe innerhalb des Stadtbereichs erst im 15. Jahrhundert verboten, als Nürnberg bereits, jedenfalls für damalige Verhältnisse, eine Großstadt war.

Immer wieder wurden die Gärten vor der Stadtmauer von Kriegswirren verheert und zum Zwecke der ungehinderten Verteidigung zerstört, vor allem in den Markgräflerkriegen von 1449 und 1552 und dann im 30-jährigen Krieg. Immer wieder aber auch wurden sie neu angelegt. Albrecht Dürer, Hans Sachs hatten im 16. Jh., außer ihren Stadthäusern, solche „Wochenendgrundstücke" außerhalb der Mauern. Albrecht Dürer ließ sich am 29. Mai 1512 den Kauf eines Gartens beim Nürnberger Stadtgericht beurkunden; er lag an der Bamberger Straße bei den „sieben Kreuzen" – das war die Gegend des heutigen Friedrich-Ebert-Platzes. Zusätzlich zum Kaufpreis hatte er dem Besitzer des Grundstücks, dem Patrizier Michel Paumgartner, jährlich einen Erbzins zu zahlen, davon je die Hälfte zu St. Walburg und zu St. Michael. Außerdem waren im Februar zwei „Fastnachtshennen" fällig. Es hat sich also wohl nicht um einen regulären Kauf im Sinne eines Besitzerwechsels gehandelt, sondern um eine Pacht. Die Pflanzen und Rasenstücke, die Dürer später zeichnete und malte und die insbesondere für seinen volkstümlichen Ruhm sorgten, mögen ihre Urbilder in diesem seinem Garten gehabt haben.

Der Garten des Hans Sachs wird von einem Schüler des Meistersingers bewundernd besungen: „Pomeranzen und Muskat" gäbe es darin und außerdem ein „schönes Lusthäuslein von Marmor mit Figuren frech und kühn". Hans Sachs selbst räsoniert in einem Gedicht, welche Vorteile es für die Gesundheit hat, wenn man einen Garten besitzt. In einer langen Aufzählung wird gerühmt, was in den Gärten wächst: Außer einer kompletten Auswahl von gängigen sowohl als auch heute weitgehend unbekannten Würz- und Heilkräuter sind es: „….weinreben, /und auch die rosenstöck darneben /mit rosen beide, rot und weis, /die lilgen wohlriechend mit fleis, /auch rot wohlschmacke negelein…." und für „teglich auff deinen tisch zu speis" werden Rettich, Rüben, Mangold, Kohl, Zwiebeln, Salat, Peterlein, Knoblauch und schließlich Kürbis genannt – und „feigen, gar lustig hangen in den zweigen". Die sind das einzige südländische Gewächs in diesem bodenständigen Pflanzenkatalog.

Draußen, auf den „Fressgütlein", wurde aber nicht nur Gemüse angebaut, sondern durchaus auch gefeiert und getanzt. Im Sommer 1487, so steht es in den Urkunden, lud der Markgraf Friedrich und sein Bruder Markgraf Siegmund von Brandenburg alle anlässlich des Reichstages in Nürnberg anwesenden Fürsten und ihre Frauen sowie die Honoratioren der Stadt zu einem Fest in des Dopplers

Garten zwischen Wöhrd und der Stadtmauer. Da heißt es: „Der war herrlich zugerüstet mit drei Zelten, darunter man aß auf 24 Tischen...Auch gab man bei 20 Gerichte köstlich und wohlbereitet von Fischen und Fleisch. Nach dem Essen aber ritten vier gleicherweise in Rot gekleidete Geckler hervor und stachen vor den Frauen ein Turnier...Dann brannte man, da es gerade Johannistag war, ein Sonnwendfeuer ab und tanzte dazu."

Im Jahre 1477 meldet das Ratsbuch, dass der Bischof von Bamberg, anlässlich eines Besuches in Nürnberg, im Vorort Buch von einer Prozession in Ehren empfangen wurde. Vorher aber hatte er sich nach dem Ritt umgezogen im Tucherschen Gartenhäuschen, „das eingeheizt war, da es kalt gewesen". In würdigem Ornat ging er dann mit seinem Gefolge zu Fuß, wie es heißt, „von demselben Garten bis an die Schranken, da der Rat versammelt war, allda ward ihm ein Teppich unter die Füße gebreitet." Es gab also auch schon Gebäude da draußen, und das schriftliche Gerangel der Eigentümer mit der Stadtverwaltung um einen gewissen Zuwachs an Wohnwert und Komfort für ihre Gartenhäuschen ist ebenfalls aktenkundig. Feste Wohnstätten wollte man nicht zulassen, eine eigene „Feuerstelle" bedurfte der Genehmigung, die nur ungern und womöglich bevorzugt an prominente Bürger gegeben wurde. Und diese Genehmigungen mussten offenbar auch immer wieder erneuert werden. So verteidigt ein gewisser Hans Neuschel im Jahre 1530 seine Feuergenehmigung mit folgenden Worten: „Er wisse es zwar nit beizubringen, es wohne aber niemand in seinem Garten und er begehre auch niemand hineinzusetzen, sondern er gebrauch sich seines Gartens und Sommerhäusleins nur zu seiner Ergezlichkeit, dass er je zuzeiten als ein alter verlebter Mann seine Lust und nur ein paar Eier oder dergleichen darin kochen und genießen könnte ..."

Mit solchen strengen Vorschriften sollte wohl vor allem das unkontrollierte „Schwarzwohnen" in den Gartenhäusern verhindert werden. Jeder Gartenbesitzer musste eine Stadtwohnung nachweisen; ausdrücklich bedurfte es der Erwähnung, dass diese Zweitwohnungen vor der Stadt durchaus ehrbaren Zwecken dienten.

Eine Feuerstelle draußen vor den Toren war also keineswegs ein selbstverständlicher Luxus. Feuer aber brauchten die Gartenbesitzer, um sich beispielsweise eine Badestube einzurichten für das Warmbad, das als Reinigungszeremonie nach der Gartenarbeit oder einfach als geselliges Vergnügen offenbar beliebt war. Man saß nicht mehr, wie zumeist im Mittelalter, gemeinsam – d.h. in Familien- oder Freundeskreise – in der Wanne, auf der quer ein Brett mit Speis und Trank lag. Fremdländische Badesitten hatten im 15. Jahrhundert um sich gegriffen: Man schwitzte auf Bänken an den Wänden und wusch sich danach kalt ab. Ein gewisser Sinn fürs Praktische hielt sich quer durch alle Stände: Draußen beim Gartenhaus lagerte man sein Holz, und um es nicht in die Stadtwohnung transportieren zu müssen, buk man dort auch das Brot. Wenn nun schon fürs Backen geheizt werden musste, so baute man gleich die Badestube Wand an Wand mit dem Backhaus, am Backtag war auch Badetag, man brauchte die Badestube bloß für den heißen, wohlduftenden Dampf zu öffnen. Auch die sogenannten „Winterungen" – also Anbauten zum Überwintern südländischer Pflanzen, die im 16. Jh. bei den Wohlhabenden bereits in Mode kamen, setzten Feuerstellen voraus, die den Frost draußen hielten.

Nürnbergs Gärten trugen nun, seit dem 16. Jahrhundert, auch auf seriöse, den Rahmen der privaten Gartenlustbarkeit und des Gemüseanbaus für die eigene Küche durchaus übersteigende Weise zum Ruhm der Stadt bei. Es war die Zeit, als die Natur wiederentdeckt und nicht nur begeistert gefeiert und besungen, sondern auch in ersten Ansätzen wissenschaftlich erforscht wurde. Apotheker und Ärzte zumal waren jetzt im Nebenberuf Gärtner und betrieben ihre botanischen Studien nicht nur am Schreibtisch, sondern in der Praxis von Pflanzenzucht und -anbau. Das Sammeln seltener, gar exotischer Pflanzen wurde nun in der frühen Neuzeit zu einer Leidenschaft der Gebildeten. Um sie ziehen, vermehren und beobachten zu können, brauchte man natürlich einen Garten. Und man musste kein Fürst sein, um es mit Hilfe seines Gartens zu einer gewissen Prominenz über die Heimatstadt hinaus zu bringen. Das gelang in dieser Zeit einigen Nürnberger Bürgern.

Der Apotheker Jörg Öllinger besaß einen solchen bekannten

und landauf, landab gerühmten Garten westlich der heutigen Bucher Straße. Etliche der darin kultivierten Pflanzen ließ der Apotheker abbilden und zu einem Manuskript zusammenstellen, das jedoch nie veröffentlicht wurde. Zu der Reihe der kostbaren illustrierten Pflanzenbücher, die zu der Zeit in Europa gedruckt und verbreitet wurden, trug Nürnberg erst mit dem berühmten „Hortus Eystettensis" das Seine bei. Darin ist zwar nicht ein Nürnberger Garten, sondern der des Bischofs auf der Eichstätter Willibaldsburg mit seiner Pflanzenvielfalt abkonterfeit. Aber das Werk ist doch aufs engste mit der Stadt Nürnberg verbunden.

Nach Öllingers Tod war sein Garten an den Arzt Joachim Camerarius übergegangen. Dieser war Stadtmedikus, einer der berühmtesten Botaniker seiner Zeit und stand mit allen, die in der Pflanzenkunde Rang und Namen hatten, in schriftlichem Gedankenaustausch. Und gewiss werden zwischen den gelehrten Herren nicht nur Gedanken, sondern auch Setzlinge und Sämereien ausgetauscht worden sein. Auch mit dem kunstsinnigen und gartenbegeisterten Eichstätter Bischof Johann Conrad von Gemmingen stand Camerarius in enger Verbindung. Nach seinem Tod ging ein Großteil der Pflanzen aus seinem Nürnberger Garten nach Eichstätt und bildete dort den Grundstock für den bischöflichen Burggarten. Und als der Bischof dann das Projekt einer Dokumentation seines Pflanzenbestandes in Angriff nahm, trat noch einmal ein Nürnberger auf den Plan: Basilius Besler, Besitzer der Mohrenapotheke. Das repräsentative Pflanzenbuch, als „Hortus Eystettensis", also „Garten von Eichstätt" lateinisch betitelt, ist ein Gemeinschaftswerk. Und von den Pflanzennachkommen aus dem Garten des Doktor Camerarius nördlich der Veste wanderten nun etliche zurück in die alte Heimat, um im Buch verewigt zu werden. War eine besondere Blüte aufgegangen, auf deren Erscheinen der Bischof vielleicht schon ungeduldig gewartet hatte, so brachten schnelle Pferde die vergängliche Kostbarkeit nach Nürnberg zum Apotheker Besler, der seinerseits schleunigst für das Abbilden und Kolorieren beim Kupferstecher zu sorgen hatte.

Nach dem Ende des 30-jährigen Krieges und seinen Verwüstungen entwickelte sich im Laufe weniger Jahrzehnte vor den Mauern wieder eine florierende Gartenkultur. Die Gärten wurden zum mächtigen, zu edlem Wetteifer herausforderndem Statussymbol. Auf seinem Grundstück zeigte man, dass man sich einen quasi-herrschaftlichen „Lustgarten" mit den modischen Requisiten adliger Gärten leisten konnte. „Man" – das waren vor allem die Patrizierfamilien, d.h. wohlhabende Kaufleute, alteingesessene wie auch ausländische, zumal Holländer oder Italiener, die Handelskontore in der Stadt unterhielten. Andererseits pflegten Nürnberger Kaufherren rege Handelsbeziehungen nach dem Süden, unterhielten Kontore in den oberitalienischen Städten und führten neben ausländischen Waren auch mediterane Pflanzen zum Schmuck ihrer Gärten ein. Für deren Überwinterung mussten bauliche Voraussetzungen geschaffen werden. Aus den mittelalterlichen Badehäuschen wurden beheizte so genannte „Winterungen" genannt. Haushälterisch zog man jedoch weiterhin auch sein Gemüse – eine sehr charakteristische Kombination von städtischem Ziergarten und ländlichem Nutzgarten. Eine Besonderheit der Nürnberger Gärten war die hohe Sandsteinmauer am Ende des Gartens an der Gegenseite vom Haus und darein- oder daraufgesetzt ein Gärtnerhäuschen. Vor dem Haus mit seinen meist hufeisenförmig angeordneten Nebengebäuden trennte eine von Vasen und Skulpturen geschmückte und in späterer Zeit mit einem schmiedeeisernen Tor versehene Balustrade das Haus vom Garten und bildete so in Hausnähe einen wohnlichen Hof. Diese sogenannte „Brusthöhe" sorgte zugleich für eine repräsentative Zäsur und Gliederung der Gartenräume von unterschiedlicher Nutzung.

Eine besonders gute Adresse für das Sommerhaus vor den Toren war in dieser Zeit des Wiederaufbaus das Gelände zwischen der Stadtmauer, dem Hallertor und dem Johannisfriedhof längs der wichtigen Ausfallstraße in Richtung Frankfurt, mit dem zur Pegnitz hin leicht abschüssigen Gartenland. Der Vorteil der Südhanglage für den Gemüseanbau ist dort seit frühester Zeit genutzt worden. Auch einen Weinberg hat es dort im Mittelalter gegeben. Hier entstanden nun in der zweiten Hälfte des 17. Jahrhunderts prächtige Gärten hinter den zur Straßenseite schlichten Häusern in gleichmäßiger Straßenflucht. Die eingangs erwähnten restaurierten „Hesperiden"-Gärten geben noch heute einen gewissen Eindruck davon.

In edlem nachbarlichem Wettstreit um makellose Beete und wohlgeratene, womöglich exotische Pflanzen legte man die notgedrungen handtuchartig schmalen Grundstücke an und machte – in der Mode der fürstlichen Schlossumgebungen – Miniparks daraus mit allen Requisiten der barocken Gartenkultur. Und natürlich ließ man sie für die Nachwelt in Kupferstichen festhalten. So zum Beispiel den Garten des Dr. Christoph Peller, der gleichzeitig das berühmte Peller-Haus am Egidienplatz als Stadtpalais sein eigen nannte. Die Anlage ist bestimmt von exakt rechtwinkligen Beeten mit streng aufgereihter Bepflanzung. Einige der Beete, gewiss der Stolz der Besitzer, sind als arabeskenhafte Broderie-Parterres angelegt, also Stickmustern nachempfundene Gestaltungen aus Buchs und buntem Kies im Stil der französischen Gartenmode. Das seiner Lage entsprechend sicher eher schmale Grundstück wird durch Querachsen geschickt optisch verbreitert: Eine aufwendig gestaltete Steinbalustrade, jene „Brusthöhe", als Trennung zwischen Hausbereich und Garten; ferner drei parallele Laubengänge mit kleinen pavillonartigen schmiedeeisernen Passagen. Auf der Gegenseite zum Haus schließt der Garten mit einer Mauer zur Hallerwiese hin ab, auf der zwei jener für Nürnberg charakteristischen Gartenhäuschen hocken. Springbrunnen und Wasserspiele, wie sie zu der Zeit in den Parks zur Gartenlust gehörten, gab es in des Herrn Dr. Pellers Garten nicht. Die Kartouche in der oberen Ecke des Kupferstichs mit den Insignien des Besitzers gibt die Jahreszahl 1655 an. Erst im Jahre 1700 wurden die Anwesen in St. Johannis mit einer öffentlichen Wasserleitung bedacht; von da an sprudelten und sprangen dann auch Wasserkünste in den noblen Gärten oberhalb der Hallerwiese – übrigens Nürnbergs älteste öffentliche Grünanlage für Leute, die sich einen eigenen Garten vor den Toren nicht leisten konnten.

Auf den Kupferstichen, wenn sie auch ein lebendiges Bild der

Gärten vermitteln, sind Details der Bepflanzung nicht zu erkennen. Da hilft die Literatur unserer Vorstellung nach mit dem Text eines Poeten, der sehr genau auf die Beete schaut und nicht bloß in den üblichen Paradiesesvergleichen schwelgt. Johann Hellwig, Doktor der Medizin, Mitglied des Pegnesischen Blumenordens und dort als der „Hirt Montanus" bekannt, gibt eine blumige Beschreibung von einem der Gärten in der Johannisvorstadt – womöglich seinem eigenen. Ein Ausschnitt daraus sei zitiert:

„... hier prangeten in ihren schöngemalten Gefäßen die manchfarbigen Nelken, die blutrote Schwärtel, die glorwürdige Juken, die andächtige Passionsblume ... die wandelbare Karthauserlein, ... die tausendschöne Amaranth, ... die wohlriechende Jasminen, der stolze spanische Ginst, die stechende spanische Feigen ... und dergleichn in der Zeit blühende und grünende Gewächse. Nahend dabei in den irrsamen und mit grünem Bux oder Weinraut besteckten Blumenbeetlein stunden die hohen gelben Dost, ... silberweißen Lilien,...die unterschiedlichen Fingerhüt und Löwenmäulen,...die manchfärbige gefüllte Rittersporn, der wundersame Aglei ... Im übrigen Feldlein wuchsen der stets grünende Rosmarin, der starkriechende Lavendel, ... die anmutige Melissen, ... die dienstliche Kamillen, der nützbare Salbei ... sowie tausend andere, sowohl zur Speise als Arznei bequemliche Kräuter. Die Hängen und Gängen hin und wieder waren mit aufgezogenen Rosen von Jericho, blauer oder weißer Winde, schwarzer Bohnenblüh, ... Sinngrün, Oleander, köstlichen Weinreben und mancherlei Arten Kürbissen bezieret und beschweret." Ein kombinierter Zier- und Nutzgarten also.

Vergänglich ist die Gartenkunst, für Ruhm und Nachruhm bedarf es eines Chronisten, der das alles schriftlich festhält. Nürnberg hatte das Glück, dass ein Spross einer der alten Familien nicht nur den Sinn und die Mittel besaß, sich einen Garten von großzügigen Dimensionen und kunstvoller Anlage im Vorort Gostenhof zu leisten, der leider das Schicksal fast aller der alten Gärten teilte und bereits 1860 überbaut wurde. Er schrieb zum Thema auch ein Buch und stattete es üppig mit Kupferstichen aus: Johann Christoph Volkamer ist der Autor, „Nürnbergische Hesperides" nannte er das Werk, das 1708 erschien. Die Hesperiden, das waren bei den Griechen die Hüterinnen der goldenen Äpfel. Volkamer verknüpfte die Begeisterung seiner Zeit für die antike Mythologie mit der neu erwachten botanischen Sammelleidenschaft, speziell für ausgefallene Pflanzen. Und „Hesperides" nannte er danach die ganze Gattung der Zitrusfrüchte, die „goldenen Äpfel" also, von denen er unter großem Aufwand allein um die 50 Sorten in seinem Garten kultivierte. Ihnen vor allem, ihrer Anzucht und Pflege und Überwinterung gilt das Werk mit seinen kundigen, detaillierten Ratschlägen. Das Schöne mit dem Nützlichen zu verbinden, das hatte ja in der Nürnberger Gartenkultur, von den „Fressgütlein" her, Tradition. Ein edler Wettstreit um die schönsten und ausgefallensten Bäumchen und die größten und saftigsten Zitronen, Pomeranzen, scheint die Besitzer der Gärten angespornt zu haben, und nicht nur die Zitrusfrüchte bevölkerten jene festgebauten und befeuerten „Winterungen", also kleine Orangerien, sondern auch Oliven, Datura, Auberginen und andere delikate Südländer. Ein berühmtes Buch, ein unschätzbares Dokument der Gartengeschichte, vor allem wegen der zahlreichen Abbildungen von Nürnberger Gärten der Zeit.

In seinem Vorwort schreibt Volkamer:

„Zu den Ergetzlichkeiten dieser Stadt [also Nürnberg] rechnet man mit bestem Fug die Kunst-und Lustgärten, welche so auserlesen schön und anmutig sich darstellen, als groß und zahlreich die Menge derselbigen in- und außerhalb der Ring-Mauern ist. Die arbeitsame Hand, so die Einwohner dieser fürtrefflichen Stadt in aller Welt berühmt macht, hat auch hierinnen bewiesen, wie viel sie zu Wege bringen könne, wo sie mit unermüdetem Fleiß und reiffem Nachsinnen sich an ein Werk schlägt, darinnen der Unfruchtbarkeit des Bodens mit der Kunst muss aufgeholfen werden. Dann zu leugnen ist es nicht, daß das natürliche Erdreich, worauf diese Königin der deutschen Städte lieget, weder zum Feld- noch zum Gartenbau besonders dienlich seyn würde."

Die zahlreichen Kupferstiche erlauben den Nachgeborenen einen Blick über die Mauern in Nürnberger Patriziergärten um 1700 und lesen sich gleichzeitig wie eine Aufreihung der namhaften Familien der Stadt. „Des Bierbrauers Johann Schmausens Gut und Lustgarten" wurde da z.b. mit einem Kupferstich der Vergänglichkeit entrissen. Unter einem anderen Stich steht geschrieben „Prospect in Herrn Harßdorffer Garten bei dem Lauffer Tor" – und über jedem dieser Gartenbilder prangt, sehr detailgetreu wiedergegeben, eine überdimensionale Zitrusfrucht. Alle diese Abbildungen zeigen, wie man nach Kräften dem Adel nacheiferte und in den Gärten und mit den Gärten zu leben und zu repräsentieren verstand. Jene zweckgebundenen Gartenhäuschen von einst hatten sich zu respektablen Villen gemausert, umgeben von geräumigen Wirtschaftstrakts. Es wird geprunkt mit Statuengruppen und Pavillons, mit Laubengängen, Fontänen, Arabeskenbeeten – kurz allem, was die Gärten der feinen Leute ausmacht.

Mit Volkamer hat sich ein Nürnberger Patriot für seine Stadt und in eigener Sache ins Zeug gelegt. Doch Ruhm und Preis der Nürnberger Gartenkultur tönte auch von neutraler Seite und aus einiger Entfernung. In Sachsen hat der Prof. Musäus um 1780 in seinen „Volksmärchen der Deutschen" die bekannte Sage des Kreuzritters Graf Ernst von Gleichen um eine poetisch ausgeschmückte Gartenepisode bereichert: Der Graf schmachtet als Gefangener im Kerker des Sultans und kommt nur frei, wenn er dem Sultan für sein exzentrisches Töchterlein einen Garten anlegt „nach der Weise der Franken", wie es heißt. Ein paar Zeilen weiter dann wird gesagt, der Graf habe viele Gärten gesehen „im Welschland", also in Italien, „und in Nürnberg, denn daselbst brach die Morgenröte der Gartenkunst zuerst in Deutschland an". Der Graf Ernst hat von Gartenbau nicht die blasseste Ahnung, aber er hat auch nichts zu verlieren und ergreift den Strohhalm zu seiner Rettung. „Einen Garten nach der Weise der Franken" – den bekommt der Sultan von ihm, und was Musäus seinen Grafen da im Orient aus dem Boden stampfen lässt, das liest sich wie die Karikatur eines Rokokogartens mit aller übertriebenen Künstlichkeit. Und als der Graf sich dann für sein dilettantisches Werk rechtfertigen muss und dafür, dass er die kostbaren wohlriechenden orientalischen Gewächse ausgerissen hat, die vorher dort wuchsen, bezieht er sich noch einmal auf Nürnberg: „Im Welschland und in den Gärten der Nürnberger reifen keine Datteln noch gedeihet daselbst das Balsamstäudlein aus Mekka."

Nürnberg als Ort der „Morgenröte der Gartenkunst" – eine kühne Behauptung, die im 18. Jh. unwidersprochen geäußert werden durfte, weil die Stadt offenbar in Sachen Gartenluxus als die erste Adresse galt.

Die Kaiserburg sollte bei einem Ausflug in die Geschichte alt-Nürnberger Gartenkultur nicht ausgespart werden. An antikem Flair haben die heutigen Grünanlagen auf den Bastionen allenfalls das alte Gemäuer ringsum zu bieten. Auf der Südseite jedoch, am steilen Sandsteinhang, soll der Stauferkaiser Friedrich II. sich bereits im 13. Jahrhundert für die aus seiner Heimat Sizilien importierten Gewächse sogenannte „Hängende Gärten" haben anlegen lassen – eine exklusive terrassenartige Anlage in der Nachfolge der Hängenden Gärten von Babylon, einem der Weltwunder des Altertums. Der Nürnberger Conrad Celtis, der 300 Jahre später davon berichtete, kannte sie nicht mehr von eigenem Augenschein, sondern nur noch vom Hörensagen. Und nach einer anderen Quelle war es nicht der legendäre Stauferkaiser, sondern rund 200 Jahre später Kaiser Friedrich III. Wie und wer auch immer – irgendeinen wahren Kern wird diese legendäre Überlieferung von den Hängenden Gärten auf der Kaiserburg wohl gehabt haben. Und damit wäre die Tradition der Gartenlust im alten Nürnberg, auch der ehrgeizigen Pflege fremdländischer Pflanzen, von ihren Anfängen her wahrhaft fürstlich geadelt.

Der Pegnesische Blumenorden

Die Bildmitte wird bestimmt von diagonalen Mustern ordentlich gepflügter Ackerfurchen. Darinnen ein Wegekreuz. Ein Landmann schreitet rüstig auf den Hintergrund zu mit dem Hut auf dem Kopf und der Grabgabel über der Schulter. Der Hintergrund – das ist die Silhouette des Dorfes Kraftshof nördlich von Nürnberg mit den Giebeln, den Dächern und dem spitzen Turm der Wehrkirche. Das herrschaftliche Tor im Vordergrund, das in ein angedeutetes Wäldchen führt, steht in rätselhaftem Gegensatz zu der ländlichen Szenerie.

Die Rede ist von einer Federzeichnung aus dem Jahre 1733; dem Betrachter von 1994 jedoch bietet sich das gleiche Bild – allenfalls säße der Landmann heute auf einer Landmaschine, und es wäre – saisonal bedingt – mit partiellem Schutz junger Kulturen durch Plastikplanen zu rechnen, Wir befinden uns mitten im so genannten „Knoblauchsland", dem traditionellen Gemüseanbaugebiet an der Peripherie von Nürnberg. Und das barockisierende Sandsteinportal mit seinen Säulchen und gemeißelten Schmuckelementen wirkt so fremd und aus einer anderen Welt unter die Gemüseanbauer gefallen wie jenes hölzerne Vorgängertor auf der alten Zeichnung. „Irrhain" steht auf der Kartusche über dem Torbogen zu lesen und darunter und daneben drei Jahreszahlen.

Solche Tore sind zum Durchschreiten da, und die Zeiten sind längst vorbei, da das nur Befugten gestattet war. Man kann das Tor auch umgehen, direkt von den Gemüsefeldern her hineinschlüpfen und sähe sich dann ebenso unvermittelt in einem Wäldchen besonderer Art: Wäldchen in der Verkleinerungsform nur, was die Ausdehnung in der Fläche betrifft, nicht aber in der Höhe. Da sind es kapitale Baumriesen, Eichen, Linden, Kastanien, Spitzahorne und Eschen, teilweise bis 450 Jahre alt, eine Rarität in dieser Gegend der von schnell wachsenden Kiefern bestimmten Forste. Eher als ein Wäldchen also ein Hain, jenes schöne altmodische Wort, in dem eine gewisse Feierlichkeit mitschwingt. Am Ende eines geraden

Waldwegs trifft der erstaunte Wanderer auf scheinbar willkürlich zwischen den Bäumen platzierte Gedenksteine verschiedener Stilrichtungen mit mehr oder weniger verwitterten Inschriften. Es wird Zeit, das Geheimnis dieses Ortes zu lüften. Die drei Jahreszahlen über dem Tor mögen dazu als Schlüssel dienen. 1644 – in diesem Jahr wurde der Pegnesische Blumenorden gegründet, der Haus- beziehungsweise Gartenherr des Irrhains. Vor mehr als dreieinhalb Jahrhunderten also, und es ist die einzige Gesellschaft dieser Art, die kontinuierlich bis in die Gegenwart lebendig blieb. Im 17. Jahrhundert entstanden allenthalben solche Dichtergesellschaften; in Deutschland schrieben sie sich vor allem die Pflege und Reinigung der deutschen Sprache aufs Panier. Wer etwas auf sich hielt, der schrieb zu dieser Zeit Latein oder zumindest Französisch, und das sollte nun anders werden. Georg Philip Harsdörffer, das prominenteste Mitglied der Gründergesellschaft der „Pegnesen" – auch er freilich heute nur noch in Germanistenkreisen bekannt – hat immerhin uns so selbstverständliche Wörter wie „Beispiel", „Briefwechsel", „Mittelpunkt" und viele andere für die deutsche Sprache geprägt. Vor allem aber traf man zusammen, um sich gegenseitig selbst verfasste Gedichte und gelehrte Abhandlungen vorzulesen und über „Gott und die Welt" zu diskutieren. Und die Gartenlust gehörte zu jener Zeit selbstverständlich dazu, wenn es um gehobenen Lebensstil ging.

Es kam im 17. und 18. Jahrhundert einiges zusammen, die Garten und Pflanzenbegeisterung der gehobenen Stände zu entfachen: Die Wiederentdeckung der Natur, ja ihre schwärmerische Verherrlichung als irdisches Vergnügen an den himmlischen Werken; – ein beginnendes Verständnis der Botanik, basierend auf genauer Beobachtung der Pflanzen und ihrer Merkmale; – die Besinnung auf das antike Ideal vom „einfachen Leben" in Schäfermanier beziehungsweise wie man sich dies vorstellte: Idyllisch, von den Musen geküsst, im Einklang mit Gott und allen seinen Geschöpfen, und abgehoben von den Wirren und Schrecknissen des 30-jährigen Krieges, der zur Zeit der Ordensgründung noch in vollem Gange war.

So ist es zu verstehen, dass jene hochmögenden Herren, Honoratioren der Stadt Nürnberg, als Mitglieder des Blumenordens in eine andere Rolle schlüpften und sich botanisch-poetische Namen gaben: Floridan mit dem Tausendschön zum Beispiel, Irenander mit dem Märzenveilchen, Poliander mit der Ringelblume oder Philophron mit der Resede. Für die gelehrten Herrenrunden zum Dichten und Philosophieren wurden, um dem Hirten-Ambiente so nahe wie möglich zu kommen, „anmuthige Orte aufgesucht, um den Gedanken ungehindert Raum zu geben", wie es heißt.

Zu ihrem Ordensemblem erkor die Gesellschaft die Passionsblume. Von der Sitzung, da dies beschlossen wurde, gibt es ein poetisch überhöhtes Protokoll, in welchem in sehr zeittypischer Weise die botanischen Merkmale der Blüte und der Frucht mit religiöser Symbolik verquickt wurden. Da heißt es: „Mitten in der Blume erhebt sich eine kleine runde Säule, an welcher unten fünf runde und rote Blättlein rings herum hervorgehen. Aus der Säule oben wachsen empor drei Spitzen, den Nägeln gleich, um welche sich eine Krone von Dornen herumschlinget. O Wunder-Gewächs! Ists möglich, dass die Natur von dem Leiden ihres Schöpfers gleichsam ein Schauspiel aufstellen könnte?"

Obwohl jene Herren Honoratioren es gewiss unter ihrem Stande gefunden hätten, jemals selbst zu Hacke oder Spaten zu greifen, so waren Blumen und Pflanzen doch ein bevorzugtes Thema ihrer Poesie. Sogar ein Lob der Gartengemüse wird angestimmt, von „Spargen, Endivien, Melonen, Artischocken, Käskohl, Peterlein" ist in einem literarischen Zwiegespräch die Rede, und das alles dem „unfruchtbaren Sandboden" nach und nach abgerungen, „in dem doch an sich nicht so viel wachse, dass die Heuschrecken davon leben könnten".

Kehren wir zurück zum Irrhain und seinen überm Tor eingemeißelten drei Jahreszahlen:

1676 – das ist die mittlere; der Orden bestand im 32. Jahr. Die Reichsstadt Nürnberg mit ihren wohlhabenden Bürgern war landauf, landab bekannt für ihre hohe Gartenkultur, und die Herren Pegnesen hatten gewiss ihre privaten Nutz- und Lustgärtlein vor den Stadttoren. Einer der Mitglieder, der Kraftshofer Pfarrer Martin Limburger, Ordensname „Myrtillus mit der Kornblume", pflegte sich für seine poetischen und botanischen Studien sowie zur Vorbereitung seiner Sonntagspredigt in ein nahes Wäldchen zurückzuziehen. Und es war seine Idee, dass hier nun zum Nutzen und zur Freude seiner Ordensfreunde ein „Irr-Garten" entstand, ein „Hirten-Hain", „der Musen Aufenthalt", wie es in den Annalen aus der Frühzeit des Irrhains heißt. Von den anfallenden Arbeiten wird berichtet: „Die Dorn-Büsche wurden neben dem hinderlichen Strauch-Pöbel ausgereutet, die übrigen Eichenstöcke ausgewurzelt, die Sümpfe und Pfützen verschüttet, die Erde geebnet, unterschiedliche Arten der Irr- und Luft-Gänge angelegt, und zu beiden Seiten mit lebendigem Gehege verwahrt, Hirten-Lauben aufgeführt ...und mit Blumen-Tafeln der Besitzer ... gezieret." Es war jedoch kein kunstvoller Barockgarten, was hier den Herren „Pegnitz-Schäfern" – wie sie sich auch nannten – nach zweijähriger Bauzeit zum einsamen Dichten und geselligen Philosophieren zur Verfügung stand, sondern ein zumindest in Teilen eher naturnaher, von Laub- und Nadelbäumen durchsetzter Hain. Von der ganzen Anlage, der Beschaffenheit jener erwähnten Irrwege und Laubengänge sowie auch der zu beiden Seiten des Hauptweges aufgereihten Dichterhütten geben Abbildungen der Zeit ein anschauliches Bild. All die gestutzten Hecken waren jedenfalls eine pflegeaufwendige Sache – aber doch mehr als eine barocke gartenarchitektonische Spielerei: Einen „sprechenden Garten" hatte Pfarrer Limburger für seine Ordensfreunde konzipiert, ein Symbol des „Welt-Irr-Waldes", wie er es ausdrückt, und „wie uns die Pforte aus dem dunklen Irr-Hain auf das weite Feld führt, so führt uns der Tod aus der Finsternis des Welt-Waldes zu der freien Lammes-Weide."

Der Irrhain hat in der ursprünglichen Anlage über mehr als hundert Jahre bestanden. Um 1800 wurden die Hecken- und Laubengänge zum größten Teil ihrem natürlichen Wachstum überlassen; es traf sich gut, dass der Vorteil des reduzierten Pflegeaufwandes dem veränderten Zeitgeschmack, dem Ideal des Landschaftsgartens, entgegenkam.

1894 – das ist die dritte Zahl über der Eingangspforte, die in jenem Jahr, dem 250. seit der Ordensgründung, völlig erneuert wurde. Der Irrhain hatte sich inzwischen zu einem Hochwald ausgewachsen. Zentrum und optischer Hinweis auf die Besonderheit des Ortes war jetzt der so genannte Friedhof geworden mit seinen Gedenksteinen, die Mitglieder sich nach dem Tod zwischen die Labyrinthwege setzen lassen konnten. Seit 1803 war der Irrhain für ordensfremdes Publikum offen und wurde im Sommer gastronomisch bewirtschaftet.

Hirtenidyllik war längst nicht mehr zeitgemäß; die Pflege der deutschen Sprache und Dichtung aber blieb das Anliegen des Ordens bis auf den heutigen Tag. Mit seinen Veranstaltungen hatte man sich in stadtnahe Innenräume zurückgezogen. Die alte Tradition des Irrhainfestes am zweiten Julisonntag jeden Jahres allerdings wurde und wird ziemlich kontinuierlich gepflegt, mit einem Festspiel, einem Umtrunk und einem Umzug, wenn auch nicht mehr auf den alten „Irr-Wegen" und unter beschnittenen Laubengängen. Gärten haben ja mehr als anderes Menschenwerk ihr dynamisches Eigenleben, und Restaurierungen nach alten Plänen spiegeln einen authentischen Idealzustand vor, den es in Wahrheit niemals gegeben hat. Rekonstruktionspläne der Stadt Nürnberg von 1980 sahen eine teilweise Wiederherstellung der barocken Anlage vor. Eine „Schön-Wetter-Idee einer wohlhabenden Kommune" – so sieht es der Vorstand des Blumenordens heute, mit hohen Folgekosten und -lasten, die weder die öffentliche Hand noch gar die „Löbliche Gesellschaft" selbst zu tragen imstande wären.

Die Belange des Naturschutzes zu wahren, das ist dagegen im Irrhain zum Null-Tarif zu haben. So wird es statt Roden und Räumen sanfte Initiativen der kleinen Schritte geben. Die Natur war sich hier über Jahrhunderte weitgehend selbst überlassen, Waldnutzung unter dem Gesichtspunkt der Wirtschaftlichkeit hat es nie gegeben. So konnte sich ein artenreicher Mischwald und Waldmantel sowie eine reichhaltige Krautschicht entwickeln, die Vögeln und Insekten ideale Lebensbedingungen bieten. Eine heile Wildnis also wie zu Zeiten, da Pfarrer Limburger dort an seinen Predigten feilte, ehe er daran ging, die Idee des „sprechenden Gartens" zu verwirklichen. Doch der Irrhain ist allemal mehr als eine ökologische Nische. Wer sich dort auf Spurensuche begibt nach dem, was die Natur des Hier und Jetzt übersteigt, der sollte sich vom unsichtbaren Genius des Ortes leiten lassen. Und vom Grundriss des alten Stiches, der in Kopie am Tor des Zaunes angebracht ist, nahe bei den Gedenksteinen.

Gärten und Pflanzen im alten Bamberg

Nach Bamberg kommt man des Domes wegen und seines Figurenschmuckes, wegen der Kirchen und Klöster. Man kommt, weil das Ensemble von Kunstschätzen zusammen mit der unvergleichlichen Lage auf sieben Hügeln und dem Fluss Regnitz Bamberg zu einer der schönsten Städte Europas macht. Auch das Bamberger Bier mag ein Magnet sein, das natürlich nirgends so schmeckt wie in den einheimischen Schankstuben und Wirtshausgärten. Doch abgesehen von dieser Sonderform der Gärten kommen auch Gartenfreunde in Bamberg auf ihre Kosten. Gewiss, Bamberg hat sein grünes Refugium wie andere Städte auch, den „Hain" auf einer Landzunge zwischen Flussarmen, mit Rentnern, die ihre Eichhörnchen füttern, mit Joggern und mit verschwiegenen Plätzchen für Liebespaare. Der Hain ist ein etwas verwilderter Landschaftspark mit einem wohl gepflegten Herzstück, dem Botanischen Garten. Eine besondere Rarität sind 23 Eichenarten, immerhin das größte Eichensortiment Europas.

Auswärtige Besucher aber werden eher in der Altstadt den Relikten alter Gartenkultur nachspüren. Die war in Bamberg vor allem mit den Residenzen der Fürstbischöfe verbunden, für die eine repräsentative, wohlgestaltete Anlage zu fürstlicher Lebensart gehörte. Auf dem Domberg, den wohl jeder Besucher ansteuert, öffnet sich hinter dem Eingang zur Neuen Residenz der „Rosengarten". Seit dem Mittelalter lag hier ein von der Stadtmauer zur

Stadtseite hin abgeschlossener Garten. Er blieb das Kernstück, um das sich im Laufe der Zeit die Neu- und Umbauten gruppierten. Fürstbischof Lothar Franz von Schönborn, der Bauherr der Residenz in ihrer heutigen Gestalt, ließ den Garten vom Barockbaumeister Balthasar Neumann in die Symmetrie bringen, so lautete der Auftrag – das heißt, dem barocken Ideal spiegelbildlicher Ordnung anpassen.

Schon vorher war die hohe Mauer am Hang geschleift und durch niedrige Balustraden ersetzt worden. Der Blick über das Gewirr von Gassen und Dächern, auf die Türme der Kirchen und ins Frankenland hinaus war dadurch frei geworden. Der Rokokopavillon, der Brunnen als Mittelpunkt der Anlage, ein Rest der einst zahlreichen Statuengesellschaft des griechischen Olymps, die Rosenbeete mit exakt beschnitten Buchseinfassungen – man wandelt noch immer in ziemlich authentischem Barock-Ambiente. Zu Füßen leicht geschürzter Steinfiguren wie Demeter, Artemis oder Hermes blühen heute 4.500 Rosen in 48 Sorten. Ein Kleinod ist dieser Garten; er war ein Ort für beschauliche Meditation der geistlichen Herren.

Doch die Hanglage setzte der Ausdehnung enge Grenzen. Für repräsentative Gartenfeste, für Orangerien und Wasserspiele, wie sie in der Barockzeit zu den Statussymbolen von Fürsten gehörten, waren Grundstücke von geräumigeren Dimensionen nötig. Und so baute eine Generation später der Fürstbischof für solche weltlichen Zwecke das Lustschloss „Seehof" östlich vor den Toren der Stadt, mit Sichtachsen auf die Türme und Hügel im Zentrum. Der weitläufige Park konnte es an Pracht und an kostspieligen Requisiten durchaus mit jenen Schlossumgebungen aufnehmen, wie sie landauf, landab im Jahrhundert der großen Gartenlust zum fürstlichen Lebensstil gehörten. Außer den viel gerühmten Wasserkünsten gab es ein Gartentheater, ein Heckenlabyrinth sowie ein ganzes Heer von Rokokoskulpturen. Der See mit seinen von Skulpturen geschmückten Inselchen hat in stimmungsvoller Naturnähe die Jahrhunderte des Verfalls und der Verwilderung von Schloss und Park überdauert. Seit einigen Jahren ist der Park wieder zugänglich, die Restaurierungsarbeiten sind weit fortgeschritten, aus der kunstvollen Kaskade sprudelt zu jeder vollen Stunde das Wasser aus Muscheln, aus Drachen- und Fischmäulern. Auf der Spitze der Pyramide zielt Herakles mit seinem Speer auf das Schlangenungeheuer zu seinen Füßen. Behutsam wurden die ausgewachsenen Linden- und Buchenhecken wieder hergestellt, die alte Kastanienallee auf das Schloss zu, die irgendwann zu Nutzholz gemacht worden war, wurde neu angepflanzt. Schloss, Orangerie und Portalhäuser erstrahlen wieder in barockem Glanz.

Wir kehren zurück zum Domplatz und seiner Umgebung. Da ist in den Domherrenhöfen sowie auch in den Hang- und Terrassengärten der alten Paläste und Bürgerhäuser manches zu entdecken. Direkt hinter dem Dom fällt der Domberg steil ab, ein Fußpfad führt in das enge Tal, das nach wenigen Häusern in eine idyllische und gänzlich unbebaute Obstwiese übergeht. Der „Domgarten" wurde dieses Refugium inmitten der Altstadt genannt oder auch „Thiergarten der Heiligen Kunigunde", der Kaiserin, Stifterin des Bistums und Schutzpatronin der Stadt, die noch nach fast 1000 Jahren in vielen Kunstdenkmälern gegenwärtig ist. Mächtig und unverstellt erhebt sich der Dom über dem engen Tal, auf dessen Wiesen Gartenpflanzen, wie zum Beispiel Wildtulpen, von früherer Gartennutzung durch den Klerus zeugen.

Von dort sind es nur ein paar Schritte und eine Brückenüberquerung bis zum „Geyerswörth". Wo heute die einem barocken Rosenparterre nachempfundene Anlage eine Tiefgarage überdeckt, befand sich einst der Garten der alten bischöflichen Residenz, der so genannten „unteren Hofhaltung". Sie füllte einst die schmale Insel in der Regnitz aus, und so waren auch hier den Dimensionen des Gartens enge Grenzen gesetzt. Zur Zeit des Bischofs Zobel von Giebelstadt im 16. Jahrhundert, ca. 200 Jahre vor dem Umzug der Residenz auf den Domberg, wurde ein, wie es heißt, „schöner und fürstlicher Garten angelegt und mit Blumenwerk sowohl als anderen raren Bäumen bepflanzt." Es gab einen Irrgarten, eine Weinlaube, eine Grotte, vergoldete und bemalte Figuren aller Art und eine Einsiedelei sowie natürlich eine Wasserkunst mit einem Brunnen und einem Kanal, der die Anlage durchzog. Berühmt weit über

Bamberg hinaus war die Sammlung ungewöhnlicher Pflanzen. In alten Reiseberichten wird die Orangerie bewundert; „der leuchtende Hain atmet Zitronenduft", heißt es da.

Den Benediktinern ist der „grüne Daumen" für den Gartenbau gewissermaßen in der Ordensregel festgeschrieben. In ihrem Kloster auf dem Michelsberg oberhalb der Stadt waren die Hänge seit dem Mittelalter in Gärten verwandelt. Die „reizende Mannigfaltigkeit der Obstbau-, Reben- und Blumenpflanzungen" rühmen Reiseschriftsteller des 18. Jahrhunderts. Zu der Zeit, als gegenüber auf dem Domberg der Residenzgarten in neuem Glanz erstrahlte, wurde auch hier ein ebener Terrassengarten neu angelegt. In einer Art Rechtfertigungsschreiben des Abtes wegen der hohen Kosten heißt es, er plane „gegen die statt einen schönen Blumengarten, wo die Religiösen [also die Mönche] im Kloster alles hätten, was sie vernünftiglich begehren können, ohne außerhalb des Klosters Rekreation zu suchen."

Von dieser Freizeitanlage der Mönche ist lediglich ein Lindengang vor der Böschung am Hang hinunter zur Regnitz erhalten. Auf dem steil abfallenden Gelände ließen sich dann die Äbte einen streng symmetrischen Stufengarten nach italienischem Vorbild anlegen, mit einem Skulpturenbrunnen auf der vierten Terrasse, mit zwei flankierenden Pavillons und einer Bepflanzung von exakt beschnittenen Hecken aus Kornellkirschensträuchern und -hochstämmchen sowie – damit auch der Nutzen nicht zu kurz kam – mit Obstbäumen. Seit etlichen Jahren ist dieser Michelsberger Abtsgarten wieder zugänglich. Auch hier wurde die Restaurierung, wie im Park von Schloss Seehof, behutsam vorgenommen. Alte, neu gepflanzte Obstsorten ergänzen die Altbestände, darunter zum Beispiel solche mit so hübschen Namen wie „Stuttgarter Geißhirtle", eine Sommerbirne.

Im Innenraum der Klosterkirche St. Michael erwartet Pflanzenfreunde ein ästhetisch-botanischer Leckerbissen besonderer Art: Der so genannte „Himmelsgarten" im Deckengewölbe. Da wandern die Augen zum Pflanzenbeschauen ausnahmsweise nicht zu Boden, sondern in die Höhe. Nach einem Brand der Kirche wurde beim Neubau Anfang des 16. Jahrhunderts die gesamte Decke mit 600 Pflanzen bemalt, circa 100 davon botanisch genau zu bestimmen, wie Maiglöckchen und Erdbeere, Zaunrübe, Nelke, Holunder und Stockrose und auch so exotische wie Passionsblume und Granatapfel, Feige und Ananas. Ein vom Irdischen ins Himmlische erhobenes Pflanzen-Paradies, dem das neu erwachte Interesse an der exakten Botanik die Details lieferte.

Die Klöster waren im Mittelalter Hort der Gartenkultur und wirkten, was Pflanzenverbreitung und Anbautechnik betraf, weit ins Land hinein auf die Felder und Beete der kleinen Leute. So wird es kein Zufall sein, dass gerade in Bamberg mit seinen vielen Klöstern der Erwerbsgartenbau seit Jahrhunderten florierte und zu Ansehen und Wohlstand der Stadt beigetragen hat. Die Stadt war im 17. Jahrhundert berühmt für ihren Gemüsesamenanbau. Zwiebelsamen, aber auch Saatgut von Spinat, Rettich, Lauch, Roten Rüben wurde in riesigen Mengen produziert. Mehr als 300 Zentner Gemüsesamen wurden in den besten Zeiten bis nach Holland und England exportiert.

Mag sein, dass im engen Umkreis der Kurie die kirchlichen Fastenregeln strenger eingehalten wurden als anderswo und im Speiseplan öfter auf Gemüse ausgewichen wurde. Doch schon seit dem Mittelalter überstieg die Bamberger Gemüseproduktion den eigenen Bedarf und wurde mit Pferdefuhrwerken wie mit Schiffen auf Regnitz und Main bis nach Norddeutschland, Ungarn und Holland ausgeführt.

Hunderte von Gemüsegärtnern gab es noch bis in unser Jahrhundert im Stadtgebiet. Die Stadtpläne zeigen, wie das Areal jenseits der Regnitz von Gartenland durchsetzt war. „Zwiebeltreter" nannte man in Franken die Bamberger wegen der speziellen Methode der Gärtner, auf den Zwiebelbeeten die grünen Schlotten niederzutreten, damit die Knollen um so größer wachsen sollten. Fürst Pückler-Muskau, Gartenenthusiast und Genießernatur, hielt sich 1834 in Bamberg auf.

„Ich habe Bamberg lieb gewonnen und verlasse es ungern", schreibt er in seinem Tagebuch, und ein paar Tage davor: „Einzig ist die Pracht, mit der sich die Gemüsewelt hier entfaltet Solche Colosse von Kraut-, Blumenkohl- und Salatköpfen, solche Könige unter den Rettigen, solche viele Ellen lange Lanzen von Süßholzwurzeln, solche Ungethüme von Artischoken, Karden und Rüben aller Alt, sahen meine Augen noch nie! Die Sämereien, aus denen diese Riesenwelt erwächst, waren sinnig in zierlicher Ordnung daneben aufgestellt, und ich rathe allen Gärtnern hier ihre Einkäufe zu machen."

Eine Spezialität und Sonderkultur – neben Heil- und Gewürzkräutern wie Anis, Majoran, Koriander, Weinraute – war das Süßholz, Rohstoff für Hustensaft und Lakritze, für dessen Anbau Bamberg eine Art Monopol hatte. Nach einer Legende ist überall, wo die Heilige Kunigunde hintrat, in Bamberg eine Süßholzpflanze gewachsen; andere sagen, ein Fürstbischof habe sich die erste Staude aus Venedig besorgt. Auf einem Stadtplan von 1602 werden zwei Süßholzpflanzen mit ihren langen Wurzeln sogar als Emblem dargestellt, und dazu heißt es in einer Art werbewirksamer „Selbstdarstellung" der Stadt, dass „etliche örter gar fruchtbar an süssem Holtz / so etwa zwo Ein hoch auß der erden wächst/ weiche Wurtzel unter der Erden bleibt und manche wol 40 oder 50 Bambergische Schuch lang wächst süß geschmacks/ und muß jährlich mit sonderbarer Arbeit und fleiß gebaut und gegraben werden."

Einige Süßholzpflanzen werden aus historischen Gründen noch immer im „Bamberger Gärtner- und Häckermuseum" angebaut und sind dort in dem nach traditionellem Muster angelegten Garten als Kuriosität zu besichtigen. Auch die speziell zum Ernten der Süßholzwurzeln bestimmten Gerätschaften sind dort ausgestellt. Die „Häcker" übrigens, das waren die Winzer, die auf der anderen Seite der Stadt an den Hängen Reben anbauten. Schon um das Jahr 1000 schenkte Heinrich II. in Verbindung mit der Stiftung dem Bistum einen Rebengarten. Erst im 19. Jahrhundert griff offenbar eine gewisse Weinmüdigkeit bei den Bambergern und vielleicht auch bei den Böden um sich, die Äbte förderten den Hopfenanbau, und so war der Siegeszug des Bieres nicht mehr aufzuhalten. Und der Besucher der Wirtshausgärten sollte, wenn er denn seine „Würstla" mit authentisch Bambergischem die Kehle hinunterspülen will, das berühmte Rauchbier probieren, auch wenn der herbrauchige Geschmack etwas gewöhnungsbedürftig ist. Man muss also wiederkommen, und das nicht nur des Bieres wegen.

Gärten bei Eichendorff

*Schwärmen, singen, wandern -
von einem Garten in den andern*

„In einem kühlen Grunde / da steht ein Mühlenrad ...". – das geht vom Ohr gleich ins Gemüt und dichtet sich fast von selbst weiter. So volksliedhaft und altvertraut klingt auch „Oh Täler weit, oh Höhen!", klingen viele Verse, die aus namenlosen Urgründen der Poesie aufgetaucht zu sein scheinen. Dabei sind es Splitter aus dem Gedichtwerk eines individuellen Autors: Joseph Freiherr von Eichendorff, dem klassischen Vertreter der Romantik in der deutschen Literatur.

Auch seine Novelle „Aus dem Leben eines Taugenichts" hat – obwohl eine Prosaerzählung – etwas von der harmonischen Geschlossenheit eines Gedichts. Brunnenplätschern, Wipfelrauschen, Vogelzwitschern; stille Wälder, träumende Wiesen – die Natur intoniert eine leise Begleitmusik in Dur oder gelegentlich auch in Moll. Und niemals wieder im Werke Eichendorffs haben Gärten eine solche, die Handlung durchgängig akzentuierende und ins Sinnbildliche erhebende Rolle gespielt. In Gärten und gartenartigen Gefilden wird geschwärmt und geträumt, gefeiert, gesungen, gegeigt und die Gitarre gezupft, wird getanzt und gelegentlich sogar Picknick gehalten.

Dass der Leser dabei die verschiedensten Gärten kennen lernt, versteht sich von selbst, denn der Ich-Erzähler, eben jener Müllerssohn, der von seinem Vater und von anderen Autoritäten der unteren sozialen Ebene für einen Taugenichts gehalten wird, hat sich das Unterwegs-Sein zur Lebensform erkoren. Und es erscheint zweifelhaft, ob sich daran in seinem ferneren, über die letzte Buchseite hinausreichenden Lebenslauf je etwas geändert hätte, wenn ihm nicht zu guter Letzt ein weißes Schlösschen mit Garten und Weinbergen samt der angebeteten Liebsten zuteil geworden wäre und ihn zur Seßhaftigkeit verführt hätte. So fällt ihm alles auf seinem Wege zu, denn er wurde mit einer Glückshaut geboren, jeder Tag ist ihm ein verheißungsvolles Geschenk, Leistung ist dafür nicht zu erbringen. Mit dieser Lebensphilosophie kommt er nicht nur durch, sondern unaufhaltsam seinem Ziel näher: Der Liebeserfüllung mit der schönen vermeintlichen Gräfin.

Der Taugenichts liebt die Gärten, wenn auch nicht die Gartenarbeit. Im Schloss der Gräfin in Wien, seiner ersten Etappe, lässt er sich als Gärtnerbursche einstellen, um in ihrem Dunstkreis bleiben zu können. „In dem Garten war gut leben", so hören wir. Doch es muss andere, fleißigere Hände gegeben haben, die den Park in Ordnung hielten. Er selbst liegt, sobald der Obergärtner den Rücken gekehrt hat, im Grase, hört dem Summen der Bienen zu, träumt den ziehenden Wolken nach. Oder er sitzt in den Zweigen eines Baumes, sinnt heimlich seiner edlen Dame hinterher und versucht, sich einen Reim zu machen aus dem, was da bruchstückhaft durch Fenster und von Balkonen für ihn sichtbar wird. Das ist wenig, und das wenige ist missverständlich deutbar. Aus solchem trügerischen Schein entwickelt sich die Handlung – ein Verwirr- und Entwirrspiel des Suchens und Findens von Liebenden, wie es in der Literatur eh und je und bis zu Eichendorffs Zeiten beliebter Gegenstand von Prosa und Drama war.

Der junge Glückspilz wird – trotz seines gestörten Verhältnisses zu Arbeit und allen bürgerlichen Tugenden – vom Gärtnerburschen zum Zolleinnehmer befördert. Von Amtsgeschäften allerdings ist nicht die Rede, wohl aber von dem kleinen buntumzäunten Gärtchen hinter dem Zolleinnehmerhaus, seinem Amtssitz, wo er sogleich die für einen Kleine-Leute-Garten zu der Zeit selbstverständlichen Nutzpflanzen zum Strecken des kärglichen Haushaltsgeldes, also die Kartoffeln und das Gemüse, ausreißt und dafür erlesene Blumen anbaut. Der Flor auf seinen Beeten wird jedoch nicht zu eigenem zweckfreiem Vergnügen gehegt und gepflegt, sondern für wortlos-vielsagende Botschaften von Herz zu Herz. Durch das dichte Gebüsch, das sein Gärtchen vom Park der hohen Herrschaft trennt und hinter dem er unermüdlich auf der Lauer liegt, statt sich um seine Pflichten zu kümmern, hört er feine Stimmen, die seine erotischen Phantasien beflügeln. „Da band ich denn alle Tage einen Strauß von den schönsten Blumen, die ich hatte, stieg gegen Abend, wenn es dunkel wurde, über die Mauer, und legte ihn auf einen steinernen Tisch hin, der dort inmitten einer Laube stand; und jeden Abend wenn ich den Strauß brachte, war der alte von dem Tische fort."

Das lässt ihn hoffen – mit Recht, ahnt der Leser. Schließlich bestellt die Angebetete sogar für eine Schäfermaskerade einen Strauß bei ihm und lässt ihn beseligt zurück: „Ich ging in mein Gärtchen und riß hastig alles Unkraut von den Beeten" – der Taugenichts hatte inzwischen mit seinem floristischen Eifer etwas nachgelassen – „und warf es hoch über meinen Kopf weg in die schimmernde Luft, als zög ich alle Übel und Melancholie mit der Wurzel heraus. Die Rosen waren nun wieder wie ihr Mund, die himmelblauen Winden wie ihre Augen, die schneeweiße Lilie mit ihrem schwermütig gesenkten Köpfchen sah ganz aus wie sie. Ich legte alle sorgfältig in einem Körbchen zusammen."

Doch das Rendezvous im Park unterm Birnbaum gehört zu jenem Verwirrspiel und führt zunächst zu nichts. So zieht es ihn in die Ferne; „Es schien mir, wie ich so saß und rauchte und spekulierte, als würden mir allmählich die Beine immer länger vor Langeweile, und die Nase wüchse mir vom Nichtstun, wenn ich stundenlang an ihr heruntersah. In meinem Garten mochte nun auch das Unkraut treiben, wie es wollte, und die Blumen ließ ich ruhig stehen und wachsen, bis der Wind die Blätter verwehte. Ich weiß nicht, wie es kam – aber mich packte da auf einmal wieder meine ehemalige Reiselust. Der Postillon bläst zum Aufbruch, und so ging es lustig nach Italien hinein."

Auch in Italien sind Gärten die Schauplätze seines Tuns bzw. Nichttuns. Da seine Angebetete zwar, wie er und der Leser erst später erfahren, zwar keine echte Gräfin ist, aber sich doch in Adelskreisen bewegt, sind es diesseits wie jenseits der Alpen herrschaftliche Parks. Und hier ist der Freiherr von Eichendorff in seinem Element, denn in einem solchen Park ist er selbst aufgewachsen.

Da heißt es: „Ich ging in fröhlichen Gedanken bei dem schönen Mondschein durch die stillen, reinlich mit Sand bestreuten Gänge über die kleinen weißen Brücken, unter denen die Schwäne eingeschlafen auf dem Wasser saßen, an den zierlichen Lauben und Lusthäuschen vorbei." An anderer Stelle ist von hohen Buchenalleen die Rede, von Rosenbüschen, von Tempeln, Lauben und grünen Gängen, von blühenden Sträuchern, Rasenplätzen und duftenden Blumenbeeten. Steinerne Stufen und Säulen werden erwähnt, hohe schmiedeeiserne Tore, altes, von Efeu überwachsenes Gemäuer und immer wieder Springbrunnen und rauschende Wasserkünste. In diesem Draußen, in den geheimnisvollen, aber doch immer gleichbleibenden Gärten – nicht in Innenräumen – scheinen die Menschen eigentlich zu Hause zu sein. Sie huschen in ihrem heimlichen Versteck- und Verwirrspiel nächtens durch die Büsche, der Morgen findet sie dort in hochgemuter Gartenlust: „Die Blumen, die Springbrunnen, die Rosenbüsche und der ganze Garten funkelten von der Morgensonne wie lauter Gold und Edelstein." Oder sie sitzen zumindest am offenen Fenster beim Gitarrenspiel, in sehnsuchtsvollem Lauschen und Träumen. Die Liebesgeschichte des Taugenichts und seiner schönen vermeintlichen Gräfin, die als Suchwanderung die ganze Erzählung durchzieht, beginnt und endet in einem Garten.

Die Gärten bei Eichendorff sind bewohnte Lebensorte, niemals nur Hintergrundkulisse. Konkret und systematisch allerdings werden wir über ihre Anlage und ihre Gestaltungselemente nicht informiert. Da ist es gut, die Gärten der Zeit, also der ersten Hälfte des 19. Jh., im Hinterkopf zu haben, die Barock- und Rokokoanlagen im französischen Stil: Schönbrunn in Wien etwa, Schwetzingen oder Heidelberg, die Eichendorff von seiner für einen jungen Adligen obligatorischen Kavalierstour durch Deutschland und Österreich her kannte. Für die Gärten in Rom oder in einer wilden italienischen Berggegend, in denen der Taugenichts sich umtut, gibt es keine Vorbilder in der Wirklichkeit. Eichendorff ist nie über Mitteleuropa hinausgekommen, ebenso wenig wie er jemals auch nur in Ansätzen selbst ein „Taugenichts" war oder – gleich den Helden seiner anderen Romane und Novellen – ein schweifendes oder gar ausschweifendes Künstlerleben geführt hat. Ein Aussteiger aus vorgegebenen Ordnungen war er nur in seiner Phantasie. Er absolvierte ein Jurastudium, heiratete früh, gründete eine Familie und hatte als preußischer Beamter sein Leben lang die Spannung zwischen den familiären und dienstlichen Pflichten und den Innenwelten eines Dichters auszuhalten.

Und die Gärten, die in seinen Werken eine so wichtige Rolle spielen? Ob in der Provence, ob in Rom oder anderswo in Italien oder in irgendeiner namenlos-poetischen Gegend: Der Freiherr war niemals dort – und warum sollte er auch? Seine Gärten sind Sehnsuchtsorte und Seelenlandschaften seiner Imagination. Wohl spiegeln sie den Gartenstil ihrer Zeit, seiner Zeit, doch ob am Tiber oder an der Donau – bestimmte Klimazonen, geographisch bedingte Charakteristika bleiben außerhalb der hohen vergoldeten Tore. Bäume und Blumen werden selten botanisch dingfest gemacht, und es ist zu vermuten, dass ihn Pflanzennamen sowie der Gartenbau in der Praxis so wenig interessierten wie seinen „Taugenichts". Seine Gärten sind utopische, symbolische Räume, sind Sinnbilder für Geborgenheit und Erlösung von rastlosem Schweifen.

Doch auch das Element der Verlockung und Verführung wird in Gartenbildern vergegenwärtigt, in dem morbiden Charme verwildernder Parks etwa und vor allem in der magischen Faszination ihrer Marmorstatuen. In der Novelle „Das Marmorbild" verirrt sich der Held Florio in einem solchen fremden, eher einem Traumreich zugehörigen Garten. „Da kam er unerwartet an ein Tor von Eisengittern, zwischen dessen zierlich vergoldeten Stäben hindurch man in einen weiten prächtigen Lustgarten hineinsehen konnte. Ein

Strom von Kühle und Duft wehte den Ermüdeten erquickend daraus an. Das Tor war nicht verschlossen, er öffnete es leise und trat hinein. Hohe Buchenhallen empfingen ihn da mit ihren feierlichen Schatten, zwischen denen goldene Vögel wie abgewehte Blüten hin und wieder flatterten, während große seltsame Blumen, wie sie Florio niemals gesehen, traumhaft mit ihren gelben und roten Glocken in dem leisen Winde hin und her schwankten. Unzählige Springbrunnen plätscherten, mit vergoldeten Kugeln spielend, einförmig in der großen Einsamkeit. Zwischen den Bäumen hindurch sah man in der Ferne einen prächtigen Palast mit hohen schlanken Säulen hereinschimmern. Kein Mensch war ringsum zu sehen, tiefe Stille herrschte überall. Florio betrachtete verwundert Bäume, Brunnen und Blumen, denn es war ihm, als sei das alles lange versunken, und über ihm ginge der Strom der Tage mit leichten, klaren Wellen, und unten läge der Garten gebunden und verzaubert und träumte von dem vergangenen Leben."

An anderer Stelle heißt es: „So in Gedanken schritt er noch lange fort, als er unerwartet bei einem großen, von hohen Blumen rings umgebenen Weiher anlangte. Der Mond, der eben über die Wipfel trat, beleuchtete ein marmornes Venusbild, das dort dicht auf einem Steine stand, als wäre die Göttin soeben selbst aus den Wellen aufgetaucht, und betrachte nun, selber verzaubert, das Bild der eigenen Schönheit, das der trunkene Wasserspiegel zwischen den leise aus dem Grunde aufblühenden Sternen widerstrahlte. Einige Schwäne beschrieben still ihre einförmigen Kreise um das Bild, ein leises Rauschen ging durch die Bäume ringsumher. Florio stand wie eingewurzelt im Schatten."

Eine zaubermächtige, folgenträchtige Begegnung zwischen dem Jüngling und dem steinernen Abbild der Liebesgöttin hat da gerade stattgefunden, wie sich dann herausstellen wird.

Fast immer schwingt eine Stimmung von Wehmut über das verlorene Paradies mit, wenn Eichendorff von Gärten spricht. Das Paradies ist die eigentliche Heimat des Menschen, ist der Garten der Kindheit – und das war für Eichendorff der heimatliche Park um das Schloss von Lubowitz in Schlesien nahe der Oder. Der Paradiesgarten, den er wohl äußerlich verlor – die Familie musste das Schloss verkaufen –, den er aber innerlich immer behielt und der wohl das Urbild für seine literarischen Gärten war. Ein Lustgarten im französischen Stil war Lubowitz gewiss, wie alle fürstlichen Gärten der Zeit. Doch konkret beschrieben hat Eichendorff ihn nie. Wenn er die Leser mit in seine fiktiven Parks nimmt, so werden Erinnerungsbilder aus der Jugend beschworen und zu erdichteten Gefilden stilisiert. Jedes seiner Prosawerke hat seine Gartenszenen, und viele seiner Gedichte auch:

> *Es glänzt der Tulpenflor, durchschnitten von Alleen*
> *Wo zwischen Taxus still die weißen Statuen stehen,*
> *Mit goldenen Kugeln spielt die Wasserkunst im Becken,*
> *Im Laube lauert Sphinx, anmutig zu erschrecken...*

Der barocke Garten mit seinen schnurgeraden Wegen, den Bosketten und Schnörkelbeeten in all seiner rigoros zurechtgestutzten Natur – das war ein Gartenstil, der zu Eichendorffs Zeiten gerade aus der Mode kam. Eine Daseinsform hatte sich überlebt, für die eben dieser Garten Kulisse und Dekoration gewesen war: Die feudale Adelsgesellschaft. Auch für diese historischen Gegebenheiten war für Eichendorff jener „alte Garten" ein Sinnbild. Er spottet über die Gartenmuse in Reifrock und Lockenperücke, er grüßt mit einem lachenden und einem weinenden Auge den frischen Wind aus den englischen Landschaftsgärten, der zu seiner Zeit in die geometrisch angelegten Parks des Kontinents hereinwehte. Eichendorff schreibt in einem kritischen Essay gleichnishaft über die alte Adelsgesellschaft – der er ja selbst angehörte: „Da brach auf einmal auch das Prachtgerüst jener alten Gärten zusammen, die lang abgesperrte Wildnis kletterte hurtig von allen Seiten über die Buchswände und Scherbenbeete herein."

Für ihn ist das geschichtliche Notwendigkeit und wehmütig beklagter Verlust zugleich. Ein feiner Nebel der Melancholie liegt über Eichendorffs Gartenszenen – wie auch über jenem „Der alte Garten" betitelten bekannten Gedicht mit den Kaiserkronen und Päonien, den einzigen Blumen außer Tulpen und Rosen, die er konkret benennt. Mag sein, es waren in Lubowitz die Lieblingsblumen der Freifrau, seiner Mutter; mag sein, ihre opulenten, ein wenig exotischen Blüten erschienen ihm besonders gleichnishaft für die verlockenden und leicht zu verlierenden Garten-Paradiese.

Kaiserkron und Päonien rot,
Die müssen verzaubert sein,
Denn Vater und Mutter sind lange tot,
Was blühn sie hier so allein?

Der Springbrunnen plaudert noch immerfort
Von der alten schönen Zeit ...,

Gärten und Pflanzen bei Hans Christian Andersen

Däumelinchen im Tulpenkelch

Wer kennt sie nicht, die kleine Seejungfrau, die Prinzessin auf der Erbse, den standhaften Zinnsoldaten? Sie gehören zum Märchenfundus unserer Kultur wie Dornröschen, Hänsel und Gretel oder die sieben Zwerge. Dabei sind sie sozusagen aus einer anderen Familie, sie haben – im Gegensatz zu den aus der mündlichen Überlieferung gesammelten Volksmärchen – einen namentlich fassbaren geistigen Vater: Den Dänen Hans Christian Andersen. Geboren wurde er 1805 in Odense, als Sohn eines Flickschusters. Hartnäckig überzeugt davon, zu Höherem berufen zu sein, ging er im Alter von 14 Jahren nach Kopenhagen, mittellos, von dürftiger Schulbildung und ohne jeden tragenden Rückhalt – außer seinem unbändigen Ehrgeiz, ein Dichter zu werden. Theaterstücke, Romane verfasste er, kein Mensch kennt sie mehr. Seine Märchen und Geschichten aber, von denen er über 40 Jahre hin mehr als 200 schrieb, haben ihm literarischen Weltruhm gebracht. Ein „hässliches junges Entlein", das seiner inneren Natur nach schließlich ein Schwan wird – so wie es in einem seiner populärsten Märchen nachzulesen ist.

In vielen von Andersens Geschichten kommt die Handlung in einem Garten zur Ruhe. Gartenhafte Naturidyllen sind der Schauplatz des Geschehens: Die wundersame, unspektakuläre Geschichte eines Gänseblümchens zum Beispiel, ein Schmetterling, der eine Blume zum Heiraten sucht; ein Tännling, ein Vogel, Disteln, Schnecken, die mit sich selbst und mit anderen Gespräche führen.

Andersen hatte einen besonders liebevollen, einfühlsamen Blick für gezähmte Natur. Da liegt es nahe zu fragen, ob er selbst ein Gärtner war, ob dem „grünen Blick" also auch ein „grüner Daumen" entsprach. Tatsächlich war er Zeit seines Lebens ein unsteter Wanderer, Frauen hatte es wohl zum heimlichen Schwärmen in seinem Herzen, nie aber zu sesshaftem Ehestand an seiner Seite gegeben. Das einzige Gärtchen, das er je sein eigen nennen konnte, gehörte zur ärmlichen Dachstube seiner Kindheit, und in seinen Lebenserinnerungen beschreibt er es:

„Aus der Küche kam man über eine Leiter auf den Boden hinauf, wo in der Regenrinne, zwischen unserem und des Nachbarn Haus, ein Kasten mit Erde stand, mit Schnittlauch und Petersilie darin, der ganze Garten meiner Mutter; in meinem Märchen [Die Schneekönigin] blüht er noch heute."

In dieser langen Geschichte fällt das Dachgärtchen allerdings etwas üppiger aus, in ihm werden die ersten Freundschaftsbande geknüpft zwischen dem kleinen Kay und dem Mädchen Gerda:

„Die Eltern hatten draußen jeder einen Holzkasten, und darin wuchsen Küchenkräuter, die sie brauchten, und ein kleiner Rosenstock; es stand in jedem Kasten einer. Erbsenranken hingen über die Kästen herunter, und die Rosenstöcke trieben lange Zweige, die sich um die Fenster rankten und einander entgegen bogen, es war fast wie eine Ehrenpforte von Grün und Blüten. Da die Kästen sehr hoch waren und die Kinder wussten, dass sie nicht hinaufklettern durften, so bekamen sie oft die Erlaubnis, zueinander hinauszusteigen und auf ihren kleinen Schemeln unter den Rosen zu sitzen, und dort spielten sie dann prächtig."

Es bleibt nicht bei der Idylle. Ein Splitter aus einem magischen Teufelsspiegel lässt das Herz des Jungen zu Eis erstarren und macht, dass er die Rosen ausreißt und die Blumenkästen umstößt. Die Schneekönigin nimmt ihn mit in ihr klirrendes Reich, und das Mädchen begibt sich auf eine lange, schließlich erfolgreiche Suchwanderung, um ihren kleinen Freund zu erlösen. Unterwegs trifft sie jenseits des Flusses, also schon in der Märchenwelt, auf den Garten einer Zauberin, einer Art gutmütiger Gegenfigur zur Knusperhexe in „Hänsel und Gretel". Ihr Garten ist ein himmlisches Verweilparadies für Kinder. „Gerda kannte jede Blume," heißt es dann, „aber so viele dort auch waren, so schien es ihr doch, als ob eine fehle, aber welche, das wusste sie nicht."

Der Leser weiß mehr als sie: Die Zauberin hat flugs alle Rosen wieder in die Erde gehext, denn sie wollte das Mädchen bei sich behalten, und die Rosen könnten sie an Kay und an Sinn und Ziel ihrer Reise gemahnen. Die Rose auf ihrem Sonnenhut jedoch hat die Alte vergessen, und als Gerdas Blick darauf fällt, hält es sie nicht länger dort.

Auch wir verlassen den Garten der Zauberin, die eigentlich keine echte Märchenhexe ist, „sie zauberte nur ein wenig zu ihrem Vergnügen", heißt es von ihr ein typischer Andersen-Ton: Der ist mal ironisch, humorig, mal elegisch, gemütvoll. Andersen baute um Volksmärchenmotive herum seine eigenen poetischen Einfälle, und zumeist erfand er ganz eigene, mehr oder weniger fantastische, märchenhafte Geschichten.

Aus der Fülle von Gartenbeschreibungen in Andersens Märchen können hier nur einige wenige ausgewählt werden. Einem ungewöhnlichen Grundstück soll unser erster Besuch gelten: Dem um das Unterwasserschloss des Meerkönigs in Andersens wohl bekanntestem Märchen „Die kleine Seejungfrau", der Geschichte von der unglücklichen Liebe der schönen jungen Wasserfrau zu einem Menschenprinzen. Da heißt es:

„Draußen vor dem Schlosse war ein großer Garten mit feuerroten und dunkelblauen Bäumen. Die Früchte strahlten wie Gold und die Blumen wie brennendes Feuer. Die Erde selbst war der feinste Sand, aber blau wie die Schwefelflamme. Ober dem ganzen dort unten lag ein eigentümlicher, blauer Schimmer. Während der

Windstille konnte man die Sonne erblicken, sie erschien wie eine Purpurblume, deren Kelch alles Licht ausströmte. Jede der kleinen Prinzessinnen hatte ihren kleinen Fleck im Garten, wo sie graben und pflanzen konnte."

Die Jüngste von ihnen hat sich zu den rosenroten Blumen auf ihrem kleinen Beet die Marmorstatue eines Knaben aufgestellt, die von einem Schiffswrack stammt, und daneben pflanzt sie eine rosenrote Trauerweide. Es wird das Mädchen mit dem Fischschwanz eines Tages aus der hermetischen Unterwasserwelt der Kindheit hinauf ans Tageslicht ziehen, und das wird ihr Unglück sein. Das deutet sich in diesen symbolgesättigten Bildern bereits an.

In dem Märchen „Der Garten des Paradieses" macht ein Königssohn sich auf den Weg, eben den Garten des Paradieses zu suchen, mit dem erklärten Ziel, aus Adams Kardinalfehler zu lernen und verbotene Früchte streng zu meiden. Der Ostwind trägt ihn auf seinen Schwingen in den Paradiesgarten, und so wird dieser beschrieben:

„Nun waren sie in der herrlichsten milden Luft, so frisch wie auf den Bergen, so duftend wie bei den Rosen des Tales. Da strömte ein Fluss, so klar wie die Luft selbst, und die Fische waren wie Silber und Gold und die breiten Seerosenblätter hatten die Farbe des Regenbogens; die Blüte selbst war ein rotgelb brennendes Feuer, dem das Wasser Nahrung gab. Eine feste Brücke aus Marmor, aber so kunstvoll und fein gearbeitet, als wäre sie aus Spitzen und Glasperlen gemacht, führte über das Wasser zur Insel der Glückseligkeit. Waren es Palmen oder riesengroße Wasserpflanzen, die hier wuchsen? So saftige und große Bäume hatte der Prinz früher niemals gesehen; in langen Kränzen hingen da die wunderlichsten Schlingpflanzen. Im Grase stand ein Schwarm Pfauen mit entfalteten, strahlenden Schweifen. Zahme Löwen und Tiger sprangen wie geschmeidige Katzen zwischen den grünen Hecken, die wie Olivenblüten dufteten.."

Und so geht es weiter: Die schöne, verführerische „Fee des Paradieses" erscheint mit ihrem blumenhaften Mädchen-Gefolge und macht dem Jungen eindeutige Avancen. Eine mit Magie aufgeladene Schönheit verbindet alle Wesen in diesem sonderbaren Paradies. Der Königssohn ist angesichts der Versuchung nicht standhafter als Adam, der Sündenfall ist hier jedoch eindeutig erotischer Natur, nicht der mehrdeutige Biss in den Apfel – es ist ein Kuss, der mit einem Donnerschlag den betörenden Zauber vernichtet.

Wir werfen einen Blick in eine weitere berückende Gartenlandschaft. Däumelinchen, das winzige Blumenkind in dem gleichnamigen Märchen, geboren in einem Tulpenkelch, gelangt dorthin auf dem Rücken einer Schwalbe. Sie entkommt damit den Nachstellungen eines hässlichen Krötenjünglings und eines nicht minder abstoßenden Maulwurfsfreiers und findet im Feenland endlich den standesgemäßen Partner: Einen Blumenelf. Und er ist, auch wenn nicht direkt erwähnt, offensichtlich ein Italiener. Denn nachdem die Schwalbe mit Däumelinchen über die hohen Berge geflogen war, wo immer Schnee liegt, heißt es, sie „kamen in die warmen Länder. Dort schien die Sonne viel heller als hier, der Himmel war zweimal so hoch, und auf Gräben und Hecken wuchsen die schönsten grünen und blauen Weintrauben. In den Wäldern hingen Zitronen und Apfelsinen, es duftete von Myrten und Krauseminze, und auf den Wegen liefen die niedlichsten Kinder und spielten mit großen bunten Schmetterlingen. Unter den herrlichsten grünen Bäumen an dem blauen See stand ein leuchtendweißes Marmorschloß aus alten Zeiten! Weinreben rankten sich an den hohen Säulen empor." Und so weiter – in den schönsten, poetischen Sehnsuchtsklischees. In einer der vielen Blumen dieses Elysiums sitzt er, Däumelinchens Zukünftiger, er trägt ein Goldkrönchen, und es ist Liebe auf den ersten Blick.

Auch in dem tiefsinnigen Märchen „Die Nachtigall" ist der Hauptschauplatz ein Garten: Der kaiserliche Garten in China, in dem die zweite Hauptfigur neben dem Kaiser, nämlich eben jene Nachtigall, zu Hause ist. Der Garten ist unchinesisch ort- und zeitlos, wie es sich im Märchen gehört. „Im Garten sah man die wunderbarsten Blumen, und an die allerprächtigsten waren Silberglocken gebunden, die läuteten, damit man nicht vorbeigehen möchte, ohne die Blumen zu bemerken. Ja, alles war in des Kaisers

Garten so kunstvoll ausgeklügelt. Und er erstreckte sich so weit, dass der Gärtner selbst das Ende nicht kannte."

Die Nachtigall wird dann als kaiserliche Hofsängerin im Käfig gehalten, später durch eine künstliche, automatisch funktionierende Nachtigall ersetzt. Zu guter Letzt jedoch besiegt der Gesang des echten Vogels, der sich zur Gesundung des Kaisers freiwillig wieder einfindet, selbst den Gevatter Tod. Er bekommt „Sehnsucht nach seinem Garten", wie es heißt, von dem die Nachtigall so wunderbar gesungen hatte.

Nicht alle Gärten in Andersens Märchen und Geschichten liegen in poetischen Zwischenwelten. Real auf Erden angesiedelt – eine Meile von der Hauptstadt, also Kopenhagen, entfernt – ist der alte Herrensitz einer Adelsfamilie in der Geschichte „Der Gärtner und die Herrschaft". Da geht es ganz normal und alltäglich zu. Die Hauptperson, der Gärtner Larsen, ist eine wahre Perle seiner Zunft, der Park mit einem aufwändig bepflanzten Ziergarten, mit Gewächshäusern und Gemüsebeeten ist seine Domäne. In seinen späteren Jahren legt er sogar eine Art Biotop heimischer Wildpflanzen an, die exakt benannt und in ihren Merkmalen und mit den jeweiligen Standortansprüchen beschrieben werden.

Es ist schwer, diesen anspruchsvollen Leuten alles recht zu machen. Zuerst sind es überaus köstliche Äpfel und Birnen, dann Melonen, die die Herrschaft woanders gegessen hat und von denen sie ihrem Gärtner in vorwurfsvollem Ton berichtet. Es stellt sich jedoch heraus, dass all die Köstlichkeiten von den eigenen Beeten stammen, von ihrem Gärtner Larsen selbst gezogen. So geht es weiter: Viel bewunderte, weil für eine exotische Rarität gehaltene Blumen werden achtlos fortgeworfen, als sich herausstellt, dass es Artischockenblüten von Larsens Gemüsebeet sind. Der Name der Adelsfamilie und ihres Gutes verbindet sich schließlich landauf landab mit einem gewissen Gartenrenommée. Wir wissen: Allein dem inzwischen über der Arbeit an seinen Beeten und Bäumen alt gewordenen Larsen gebührte dieser Ruhm, die Herrschaft aber brüstet sich zu guter Letzt noch damit, dass sie ihm all die Jahre niemals gekündigt habe. Da heißt es fast sarkastisch: „Sie waren gute Menschen, und von ihrer Art gibt es so viele gute Menschen, und das ist erfreulich für jeden Larsen." Ein ironisch-bitterer Schluss, ein Ton von Sozialkritik schwingt mit.

Andersen selbst war zeit seines Lebens vom Wohlwollen der „Herrschaft" abhängig, wenn auch nicht als Gärtner. In herrschaftlichen Parks übrigens, von denen in dieser Geschichte so kundig und detailliert die Rede ist, kannte Andersen sich aus. Nie hat er wohl selbst Hand angelegt, aber er muss gut und gartengenießerisch hingeschaut haben, wenn er in seinen späteren Jahren ein gerngesehener, ja gefeierter Gast in vielen europäischen Fürstenhäusern war.

Die Pflanze im Jugendstil

Ein Lorgnon hat als Handgriff einen Irisstiel, das Material ist Silber grünemailliert, darüber in opakem Kobaltblau die Irisblüte, und daraus wachsen in schlichter Goldfassung zwei Brillengläser, so formvollendet, als wäre es auch in der Natur die selbstverständlichste Sache der Welt, dass Blütenkelche Sehhilfen hervorbrächten.

Ein Kleiderschrank, erlesenes Ahornholz, handgeschmiedete Messingbeschläge, hat in den Türfüllungen ein Muster stilisierter Rosen eingeschnitten. Entworfen wurde er 1901 – auch dieser Künstler, Patriz Huber, gestaltete mit dem gleichen Gefühl für edle Materialien und die ihnen angemessene Form Häuser, Tischtücher oder Gürtelschließen. Die Dinge der ersten Phase des Jugendstils, zumal die Möbel in ihrer handwerklich gediegenen Qualität, muss man gesehen und bewundert haben. Jeder meint sie zu kennen, doch es sind zumeist die industriell gefertigten, handwerklich minderwertigen Kopien solcher Meisterstücke, die Großmutters Schlafzimmer zierten. Heutzutage haben selbst diese Imitate wieder einen nostalgischen Wert, und manch einer verwindet es sein Lebtag nicht, dass so ein Erbstück vor Jahren dem Sperrmüll überantwortet wurde und das Sofa mit den arabeskenhaft geschnitzten

Lehnen gleich dazu. Der Zeitgeschmack unterschied nicht zwischen Original und Massenware. Ein halbes Jahrhundert war das alles verpönt, verachtet wie der Pomp und Plüsch der Gründerzeit, gegen den die Künstler des Jugendstils gerade zu Felde gezogen waren. Floraler Stuck aus der Zeit der Jahrhundertwende wurde von den Decken geklopft, die wasserlilienförmig geschwungenen Türklinken gegen schlicht funktionale ausgetauscht. Pflanzen, Blumen zumal, so wollte es der Zeitgeschmack in der Mitte des 20. Jh., haben an Wänden und Gebrauchsgegenständen nichts zu suchen, dort sind sie „Kitsch".

Die Künstler des Jugendstils sahen das ganz anders. Sie waren geradezu besessen von der Idee organischen Wachstums; die Pflanze in ihrer selbstverständlichen Schönheit, der natürlichen Balance von Anmut und Nutzen, in ihrer hohen Symbolkraft wurde als Motiv neu entdeckt. Rhythmisch angeordnetes Blattwerk, beschwingte Stiele, spiralig schlingende Klimmorgane, dekoratives Wurzelwerk und vor allem Blüten und immer wieder Blüten zierten Vasen und Lampen, Tischtücher und Besteck, überzogen Tapeten und Stoffe und gaben Möbeln, Hausfassaden und selbst noch den Bodenfliesen eines Wasserbeckens die gewisse, unverkennbare Note: „Jugenstil" – auf den ersten Blick zu erkennen und zeitlich einzuordnen wie kaum eine Epoche sonst.

Der Floralismus ist das beherrschende Merkmal dieser Stilrichtung, die ihre Wurzeln im 19. Jh. hat, in der „Arts & Crafts"-Bewegung in England, wo man den billigen Produkten des aufkommenden Industriezeitalters Gebrauchsgegenstände in traditioneller handwerklicher Arbeit entgegenstellen wollte. Die von der Maschine erzeugte Massenware – das sei der zweite Sündenfall des Menschen. „Art Nouveau" in Frankreich, „Liberty Style" in England, „Sezession" in Wien und „Jugendstil" in Deutschland – das sind national verschiedene Namen für denselben Stilwillen. In München hatte 1896 eine Gruppe von Architekten und Malern die Zeitschrift „Jugend – illustrierte Wochenzeitschrift für Kunst und Leben" gegründet, die der Bewegung ihren Namen gab. Man wollte Brücken schlagen zwischen den schönen, den zweckfreien

Künsten und den angewandten, also der Gestaltung von Dingen des täglichen Bedarfs, die im Zuge der rasanten technologischen Entwicklung der „Gründerzeit", mit den Möglichkeiten der neuen Maschinen zu seelenloser Massenware verkommen. Das kunstgerecht gefertigte Einzelstück war die Antwort auf die Produkte des Fließbands, die unter dem Eindruck der Weltausstellung von 1850 in London unter bewussten Ästheten schieres Entsetzen hervorgerufen hatten. Die künstlerische Gegenbewegung stand durchaus unter einem moralischen Aspekt: Schöne Dinge machen bessere Menschen, das war der Glaube, und so betätigten sich die Künstler dieser sanften Kulturrevolution – in Deutschland Olbrich und Behrens, Christiansen, Obrist und andere – als Designer auf allen Gebieten, sie entwarfen Häuser, Bahnhofshallen und die Pariser Metro-Stationen, Möbel, Schmuck, Porzellan – kurz alles, was Menschen tagtäglich umgibt. Das macht den universellen Charakter dieses Stiles aus. Es gilt, den so lange scheinbar unumstößlichen Unterschied zwischen hoher und angewandter Kunst zu verwischen, postuliert der Wiener Architekt Joseph Olbrich – auch er ein Universalkünstler, der sein Ingenium ebenso an Warenhausbauten wie an Butterdosen und Bucheinbänden erprobte. Und das alles in weichen Linien und mit einer Vorliebe für stilisierte Rosenblüten – in allen Details ganz unverkennbar „Jugendstil".

Allen diesen Künstlern gemeinsam ist die Vorliebe und Hinwendung zu Pflanzen als bevorzugtes Gestaltungselement. Es wächst und blüht in Holz und Silber, Gusseisen, Zinn, auf Porzellan und Leinen. Nicht als Streublümchen jedoch und auch nicht in üppigen Fantasiesträußen auf Damast, Brokat und hochglanzkaschierten Tapeten, wie sie in den Jahrzehnten davor die bürgerlichen Wohnstuben überwuchert hatten. Die Pflanzen des Jugendstils sind von anderer Art und kommen aus dem sehr bewussten Stilwillen eines „Zurück zu den Ursprüngen", zu den Grundformen des Lebens und damit auch zu den Wurzeln menschlichen Seins. Die Künstler und Designer um die Jahrhundertwende gingen bei den Naturwissenschaften in die Lehre. Etliche von ihnen, so der berühmte Glaskünstler Gallé in Frankreich, Otto Eckmann in Deutschland, trieben selbst botanische Studien. Charles Darwin hatte in seiner Evolutionstheorie die Entwicklung von Leben unter neue, revolutionäre Perspektiven gestellt. Der Mensch ist demnach das Glied in einer unendlichen Kette der „Arten". Das gab auch den Pflanzen einen festen Platz im Gefüge und eine neue Würde. Bücher erschienen gegen die Jahrhundertwende mit exakten mikroskopischen Zeichnungen und mit den ersten Fotografien von Pflanzendetails, auch von nie zuvor gesehenen Exemplaren der Unterwasserflora, von fantastischen, die Fantasie anregenden Amöben usw. „Die Formenwelt aus dem Naturreiche" von Ernst Haeckel, „Urformen der Kunst" von Karl Blossfeld, „Formenwelt aus dem Naturreiche" von Martin Gerlach – das sind bezeichnende Titel von reich illustrierten Werken. Fasziniert von den dargestellten Urmustern alles Organischen, schöpften Die Jugendstilkünstler aus solchen Naturformen die Vorlagen für ihre floralen Ornamente.

Einer von ihnen, August Endell, schreibt 1896: „Wen niemals die köstlichen Biegungen der Grashalme, die wunderbare Unerbittlichkeit des Distelblattes, die herbe Jugendlichkeit sprießender Blattknospen in Entzücken versetzt haben, wen nie die schlanke Geschmeidigkeit des Birkenstammes, die große Ruhe weiter Blattmassen gepackt und bis in die Tiefen seiner Seele erregt hat, der weiß noch nichts von der Schönheit der Formen."

Ebenso enthusiastisch äußert sich Hermann Obrist 1903: „Eine ungeahnte Fülle von Möglichkeiten tut sich vor dem Auge dessen auf, der plastische Formen in der Natur zu sehen gelernt hat, der die gedrungene Kraft der Knospen, die Rundung und Rippen der Samen aus ihrer mikroskopischen Kleinheit zu vergrößern gelernt hat zu meterhohen Gebilden. Alle Formen der Tastempfindung, das Gefühl des Glatten, des Rauen, des Harten, des Weichen, des Elastischen, des Starren, des Biegsamen, des Schwellenden, des Dürren, des Runden, des Kantigen, sind auslösbar durch die der Natur nachmodellierten Formen."

In der Pflanze versuchte man den gemeinsamen Bauplan allen organischen Lebens aufzuspüren. Lernen von den formenden Kräften der Natur – das war die Devise. Studien an der Physik der

Pflanzenstängel, ihrer Elastizität, ihrer Kräftebalance, verbunden mit einem neuen Sich-Einfühlen in den Werkstoff Holz, führten zu sehr eigenwilligen und typisch „jugenstilhaften" Möbeln, besonders zu Tischen und Sitzmöbeln. In ihren schönsten und charakteristischen Exemplaren scheinen sie organische Gebilde zu sein. Der berühmte, vielfach variierte, oft kopierte Thonet-Stuhl aus Bugholz z.B. folgt diesen den Pflanzen abgeschauten Bauformen organischen Wachstums.

Vor allem die Objekte der Glaskunst verkörpern den Jugendstil in seiner reinsten Form, wie sie sich zumal mit dem Franzosen Gallé und dem Amerikaner Tiffany verbinden. Der Werkstoff Glas, die diffuse Körperlichkeit der daraus gestalteten Gegenstände, kamen den künstlerischen Intentionen in besonderer Weise entgegen. Neue Techniken führten zu bisher ungeahnten Möglichkeiten, zu „Farbwolken in Glas", zu einer „Poesie der Glaskunst". Glaskörper werden geblasen, die ihre Durchsichtigkeit fast aufgegeben haben, die sanft perlmuttern schimmern, einer Blüte nachgestaltet oder mit einem Gespinst floraler Formen überzogen sind. Selbst bei diesen fantastisch unwirklichen Gebilden ist das Pflanzendekor zumeist botanisch durchaus dingfest zu machen: Eine Kalla etwa, eine Tulpe oder eine Brombeerranke. Glas – in Verbindung mit Metall – war auch das Material der ersten elektrischen Leuchten. Kurz zuvor war die Glühbirne erfunden worden, licht wurde es, wo bis dahin blakende Dochte von Petroleumlampen die Finsternis notdürftig erhellt hatten. Die frühen Lampenkreationen waren zumeist von Blumen inspiriert: Der Fuß aus Bronze oder Messing den Formen von Pflanzenstielen nachempfunden, das „Herz" der Lampe, die Glühbirne, entsprach dem „Herzen", also Stempel und Staubgefäßen, der Blume, und darum herum als Schutzmantel, den Blütenblättern von Glockenblumen oder Malven ähnlich, der gläserne, pflanzenhaft geäderte Schirm.

Beim Porzellan schufen vor allem skandinavische Manufakturen Schmuckgefäße und Gebrauchsgeschirr in vollendetem Einklang von Form, Farben und Linien, überzogen von Blüten und Blättern des Stechapfels, der Klematis oder Kapuzinerkresse. Ein Service hat

Zyklamen- oder Pfeilkraut-Dekor; Tapeten, Fliesen, Türstöcke, Buchseiten sind mit Winden oder Wurmfarn, Wegerich, Weinlaub, Efeu oder Kastanienblättern übersponnen, ein goldzisilierter Kettenanhänger ist Ahornfrüchten nachgebildet, das schlichte Gefäß einer Zinnkanne wird an den Kraftpunkten von Henkel und Deckel mit Mohnkapseln akzentuiert. Eine silberne Zuckerdose zieren wenige stilisierte Rosenknospen. Ein Haarkamm aus Horn in Form einer Mistelfruchtdolde – das sind schöne erlesene Einzelstücke. Die botanischen Merkmale der jeweils gemeinten Pflanze sind genau beobachtet und wiedergegeben; nicht jedoch realistische Naturkopie ist beabsichtigt, sondern Naturstilisierung zu sehr künstlichen, kunstvollen Gebilden, zu Ornament und Arabeske, streng in rhythmisierende Muster gebracht.

Von der japanischen Kunst, die seit den letzten Jahrzehnten des 19. Jh. unter europäischen Künstlern ihre Bewunderer gefunden hatte, lernte man die Konzentration auf das Wesentliche, die Ausdruckskraft der einfachen, schwingenden Linie. Das barg Gefahren vor allem für die Schöpfungen der freien Künste, etwa Wandbild, Wandbehang, Graphik: Leicht konnte die Dominanz der schwungvollen Kurvatur bei den Epigonen der zweiten Stunde im allzu Plakativen und Dekorativen erstarren.

Ein rhythmisches Auf und Nieder umfasst und bewegt in den Schöpfungen des Jugendstils die Elemente des Lebendigen. Sie scheinen alle aus dem gleichen Urstoff zu sein und einander zu durchdringen: Pflanzenformen, Wellen des Wasserspiegels, schöne Mädchenleiber, Frauenhaare in ungebändigter Fülle gehen auf Bildern, Plakaten, in Buchillustrationen grenzenlos ineinander über. Und dazwischen immer wieder Lilien und Iris. So wie der Schwan das Symboltier des Jugendstils ist, so ist die Lilie seine Symbolpflanze.

Der Hang zur Pflanzenstilisierung muss in der Luft gelegen haben – auch die meisten Dichter der Zeit gingen durch eine individuelle Jugendstil-Phase, mit Sprachbildern, die den visuellen Gestaltungen von Kunst und Kunsthandwerk atmosphärisch durchaus entsprechen. „Die rote Feuerlilie/ schreitet riesig durch die

Weltennacht..." – heißt es bei Richard Dehmel; „Die Brunnen glühn wie Ketten von Opalen..." bei Otto Stadler; die symbolträchtige Sprache Stefan Georges – um nur diese Beispiele aus der Lyrik der Jahrhundertwende zu nennen. Das sind hochgestimmte Gartenbilder, welche die Natur metaphorisch übersteigen, wie Gemälde von Gustav Klimmt oder Buchillustrationen von Heinrich Vogeler.

Als weiteres Beispiel ein Gedicht von Arno Holz von 1898:

Sieben Billionen Jahre vor meiner Geburt
war ich eine Schwertlilie.
Unter meinen schimmernden Wurzeln
drehte sich ein andrer Stern.
Auf seinem dunklen Wasser
Schwamm
meine blaue Riesenblüte.

Die Schrift dieses Gedichtes in seiner kostbar gestalteten Druckform als Lithographie wächst aus einer riesigen Irisblüte heraus. Blütenblätter, Staubgefäße in abstrahierendem Schwarz-weiß sind ganz in Adern, Lebenslinien aufgelöst, erst auf den zweiten Blick nimmt das Auge im Innern des Blütenkelches einen nackten Frauenleib wahr. Nur ein winziger Schritt aus der Balance der Abstraktion heraus würde zu peinlichem Kitsch führen, und dieser Schritt ist später von den Nachahmern vielfach gegangen worden und hat dann den Jugendstil als Ganzes abgewertet und ästhetisch in Verruf gebracht.

Gerade in der Druckgraphik haben die Jugendstilkünstler kreative Verbindungen von Wort, Schrift und Illustration gesucht: Dynamisch schwingende, dem Inhalt angemessene Schrifttypen, kunstvolle Initialen und Bordüren, edles Papier – niemals seit den mittelalterlichen Handschriften wurden so schöne Bücher gefertigt. Ob Buchillustrationen oder die ersten Plakate mit künstlerischem Anspruch – Pflanzen in all ihren Lebensstadien, zumeist zum Ornament stilisiert, waren das bevorzugte Gestaltungselement. Das hatten die Dichter und die Meister der bildenden Künste in den klassischen Jahrzehnten des Jugendstils gemeinsam: Die Vorliebe für florale Motive und die preziösen, wie mit Goldgrund unterlegten Bilder von oft für den modernen Geschmack etwas gestelzter Feierlichkeit.

Es war eine kurze Zeit, die gerade noch das erste Jahrzehnt des 20. Jh. umspannte. Die meisten Künstler wuchsen darüber hinaus und wandten sich einem anderen Kunstverständnis zu. Der Maler Heinrich Vogeler (1872-1942) aus dem Worpsweder Künstlerkreis drückte seine eigene Wendung später in seinen Erinnerungen mit harschen, kritischen Worten so aus: „...eine rein formale wirklichkeitsfremde Phantasiekunst ohne Inhalt...Nirgends war ein Horizont, nirgends ein Durchblick, nirgends eine Perspektive; das Ganze war ein schöner Vorhang, der die Wirklichkeit verhüllte... Dass sie wie eine Flucht vor der hässlichen Wirklichkeit war, gerade dadurch hatte meine Kunst wohl damals solchen Erfolg und war vielen ein Trost gegenüber den warnenden Zeichen der kommenden Unruhe einer neuen Zeit."

Bei all den Seitensprüngen in literarische Gefilde – es waren die Designer-Künstler mit ihrem heiligen Ernst, Schönheit und Nutzen in Einklang zu bringen, die den Zeitgeist des Jugendstils prägten und ihm den charakteristischen Ausdruck gaben. In ihrer enthusiastischen Hinwendung zur Natur hatten sie die Pflanzen als zentrales Motiv entdeckt. Sie hatten Pflanzen in all ihren Lebensphasen, mit all ihren Merkmalen vom Wurzelwerk bis zur Samenkapsel, aus Büchern studiert und ihnen ihre Wachstumsgesetze abgelauscht. Sie hatten sie kunstvoll in allen erdenklichen Werkstoffen nachgebildet, auf Papier, Stoff und Wandflächen gebannt ins Drinnen hereingeholt. Wie aber – das muss unsere letzte Frage an die Jugendstilkünstler sein – hielten sie es mit den echten Pflanzen im Draußen, in der lebendigen Natur? Wie also legten sie ihre Gärten an?

Von bewusst im Geist des Jugendstils gestalteten Gärten zeugen nur noch einige wenige Pläne und Skizzen, gemauerte Brunnen und Skulpturen. Nach Naturnähe und sanftem Reglement im Sinne der Landschaftsgärten jedenfalls stand ihnen nicht der Sinn, den Architekten und Designern mit ihrem rigorosen Gestaltungswillen. Sie liebten Pflanzen und Blumen wohl mehr auf dem Zeichenblock als Idee und abstrahierte Kunstform und weniger in der konkreten Gartenpraxis, wo sie mit widerspenstigem Wuchern ihres Rohmaterials zu rechnen hatten.

Auf der Mathildenhöhe in Darmstadt war um die Jahrhundertwende, gefördert vom hessischen Großherzog, ein Zentrum modernen Gestaltens, eine Künstlerkolonie, entstanden. Jugendstil-Design brachte hier die verschiedensten Dinge des menschlichen Umfeldes, vom Haus bis zur Kleiderbürste, auf einen künstlerischen Nenner; noch heute ist das Ensemble von Wohnhäusern, Werkstätten und Ausstellungsräumen ein Mekka für Jugendstil-Fans. In Darmstadt gab es 1905 die erste nach ästhetischen Gesichtspunkten konzipierte öffentliche Gartenbauausstellung, und der Architekt Olbrich entwarf dafür die ersten einfarbigen Gärten: Einen monochrom gelben, einen blauen und einen grünen, in geometrischen Beeten gefasst, akzentuiert von strengen Mauern und Kugelformen und unter das Parkniveau abgesenkt. In Postkartenaquarellen hat Olbrich sie für die Nachwelt festgehalten.

Eine öffentliche Parkanlage auf der Mathildenhöhe gibt noch heute einen gewissen Eindruck vom Gartenideal der Jugendstilzeit: Der Platanenhain. An Vegetation gibt es dort nichts außer den alten Platanen, axial und streng vermessen aufgereiht wie Säulen, die ein Kirchengewölbe stützen. Hier jedoch bildet das zurechtgestutzte und formierte Ast- und Blattwerk der Platanen das Dach. Durch die Sichtachsen blickt man auf einzelne Skulpturengruppen: Profane Altäre im Geist des Jugendstils. Die Natur selbst also ist hier ins Übernatürlich-Ideale hochstilisiert, so wie die Pflanzen und Blüten auf Buchseiten oder Hausfassaden in dieser kurzen, überaus kreativen Epoche.

Die Gärten der islamischen Welt

Wo Fruchtbäume sprießen und Bächlein fließen

Die Wüste sei Allahs Garten, so sagt ein arabisches Sprichwort, aus dem der gerechte Schöpfer alles Überflüssige entfernt habe, damit der Weise in Frieden leben könne. Eine paradoxe Definition des göttlichen Gartens spricht aus diesem Zeugnis der Weltentsagung, zugeschnitten auf Asketen und Eremiten. Mag sein, sie fürchteten die Verführung durch allzu intensive Gartenlust. Mag sein, sie kannten den Garten wohl als reine Idee und Urbild des Paradieses, wie es ihr Prophet den Gläubigen und Rechtschaffenen verheißen hatte, nicht aber als Ort irdischen Vergnügens im Hier und Jetzt. Die arabische Halbinsel, die Heimat Mohammeds und seiner ersten Anhänger, gehört zu den Trockenzonen, in denen sich der Gartenbau niemals von selbst versteht. Eine Quelle, in ihrem Bereich ein paar Dattelpalmen und in deren Schatten am Boden ein wenig vom Nötigsten zur täglichen Nahrung, das ist für die Bewohner von Steppen und Halbwüsten schon ein „Garten" – und hat doch mit der Idee des Gartens als zu Schönheit und Nutzen gestalteter Natur noch kaum etwas zu tun.

Fruchtbarkeit muss zunächst der Dürre mühsam abgerungen werden, ist von den Leben spendenden Wassern einer Flussoase abhängig, ein Gnadengeschenk der Götter. Gärten sind, mehr noch als in unseren Breiten, Wunschorte; sie stehen für Fülle des Lebens und Lust am Dasein schlechthin. Da ist die Angst der Asketen vor der Versuchung, sich im schönen Schein des Grünens und Blühens zu verlieren und von der gänzlichen Hinwendung zu Gott ablenken zu lassen, umso verständlicher.

Gärten anzulegen, also umhegte Orte gedeihlichen Wachstums, das war in den Trockengebieten des Vorderen Orients primär ein Wasserproblem. Erst das Wasser setzt in der Erde die Wirkungskette von Vegetation und Fruchtbarkeit in Gang, es ist das belebende Elixier zur Aktivierung dessen, was wir heute das „Ökosystem" nennen. Das Wasser war bei den Völkern des Alten Testaments und des Koran, im Gegensatz zur Sonne, dem anderen Ur-Stimulans, rar, unzuverlässig und von daher kostbar. Intelligent eingefangenes, gefällig gefasstes Wasser – als Voraussetzung für schattendes Blattwerk – bildete das Grundelement jeder Gartengestaltung. Das zentrale Wasserreservoir und die davon gespeisten Kanäle dienten der Bewässerung und hatten zugleich sowohl schmückende Funktion als auch hohen Symbolwert. Mit reichlichem Wasser schenkt Gott das Leben selbst; als Pendant zu seinem Odem, mit dem er den Menschen beseelt, pulsiert es durch die Adern der Erde und aller Kreatur. Das kunstvoll bewässerte, intensiv genutzte Stück Land bot Schutz vor den Unbilden eines extremen Klimas, mit dem die Bewohner der arabischen Halbinsel, aber auch weiter Teile Persiens und des Zweistromlandes sich arrangieren mussten: Sengende Sonne im Sommer, Stürme aus vegetationslosen Steppen und Wüsten, eisige Winterwinde.

So ist es kein Zufall, dass das Paradies mit seinen vier Strömen in alle vier Himmelsrichtungen, der Garten Eden mit seiner nie versiegenden Fülle lebendigen Wassers im Vorderen Orient erdacht, erträumt, offenbart wurde – in der Bibel als schuldhaft verlorener Ort des Anfangs, im Koran als endzeitliche Verheißung. Den Anhängern Mohammeds werden gartenhafte Gefilde der Seligen in vielen Suren vor Augen gestellt; „Gärten der Wonne" erwarten die Gläubigen, von grüngekleideten Engeln als Wächtergestalten werden sie dort erwartet, an Flüssen können sie sich laben, in denen außer Wasser in Fülle auch Milch, Wein und Honig fließen. Und in der 55. Sure heißt es: „Für den, der die Gegenwart seines Herrn fürchtet, sind zwei Gärten bestimmt. Ausgeschmückt mit Bäumen weit ausgebreiteter Zweige. In beiden befinden sich zwei fließende Quellen. In beiden befinden sich von allen Früchten zwei Arten. Ruhen sollen sie auf Polsterkissen, deren Inneres mit Seide und Gold durchwirkt ist, und die Früchte der beiden Gärten sollen ihnen nahe zur Hand sein. Außer jenen Gärten sind noch zwei Gärten bereit. Beschattet mit dunklem Grün. In ihnen sind zwei Quellen, welche stets wasserreich strömen. In beiden befinden sich Obst, Palmen und Granatäpfel. Auch die herrlichsten und schönsten Mädchen, mit großen schwarzen Augen, in Zelten für euch aufbewahrt. Dort ruht man auf grünen Kissen und herrlichen Teppichen."

Über die gestalterische Anlage des Gartens Eden erfahren wir so gut wie nichts, weder in der Bibel, noch im Koran, und für Jenseitsorte bedarf es ja auch keiner irdischen Topographie. Erst als die ersten Muslime nach dem Tode Mohammeds in der zweiten Hälfte des 7. Jh. aus Mekka und Medina aufbrachen, um den Nachbarvölkern ihre neue Religion zu bringen, da trafen sie auf reale Gärten, die den Wüstensöhnen wohl als „Paradiese auf Erden" erschienen sein müssen. Sie kamen nach Persien, dem Land, das man – zumindest für den europäisch-vorderasiatischen Kulturkreis – als die Wiege der Gartenkunst bezeichnen kann. So sehr liebten die Perser ihre Gärten, dass sie auch im Winter nicht ganz auf sie verzichten mochten und sich geknüpfte, textile Abbilder in ihre Häuser bzw. Paläste holten. Einer der letzten Sassaniden-Herrscher vor der islamischen Eroberung, Chosro I., besaß in seiner gartenreichen Residenz in Ktesiphon einen legendären großformatigen Teppich, „Winterteppich" oder „Frühlingsgarten des Chosro" genannt, den der arabische Schriftsteller Tabari noch am Ort bewundern konnte und seiner Mit- und Nachwelt beschrieben hat: „Der Fond des Teppichs stellte den eigentlichen, von Bächen durchrieselten und von Pfaden durchkreuzten Lustgarten dar, mit Bäumen und lieblichen Frühlingsblumen geschmückt. Die umfassende breite Bordüre zeigte bepflanzte Blumenbeete in buntfarbigen, durch blaue, rote, gelbe, weiße und grüne Steine dargestellten Blütenschmuck. Am Fond des Teppichs war die gelbliche Färbung des Erdbodens durch das Gold nachgeahmt. Streifen vertraten darin die Ränder der Bäche, dazwischen gaben kristallhelle Steine die Gewässer täuschend wieder. Die Kiespfade waren durch perlengroße Steinchen angedeutet. Stängel und Äste bestanden aus Gold und Silber; die Baum- und Blumenblätter wie das sonstige Pflanzenwerk war aus Seide, die Früchte aus buntem Gestein."

Von diesem Wunder eines Teppichs sind nicht mehr als dürre Worte erhalten, wenn auch solche höchster Bewunderung. Von den realen Gärten im alten Persien, wie sie die arabischen Eroberer vorfanden, wissen wir kaum mehr, als dass es sie gab. Griechische Schriftsteller wie Xenophon, Herodot, Diodor erwähnen die Pracht der großköniglichen Residenzen und schließen auch die Gartenanlagen in Passagardae, Sardes, Persepolis, Susa in ihre Bewunderung ein.

„Überall", so belehrt nach Xenophon der weise Sokrates seine Schüler, „wohin der Perserkönig sich begibt, ist er eifrig besorgt, dass er dort Gärten findet, die sie Paradiese nennen, die voll sind von allem, was die Erde an Gutem und Schönem hervorbringt. Hier hält er sich den größten Teil der Zeit auf, wenn es die Jahreszeit nicht verbietet."

Die Gartenkunst ist eine der flüchtigsten Künste. Schnell holt sich die Vegetation in ihre natürlichen Ordnungen zurück, was ihr zuvor in mühsamer und arbeitsreicher Gestaltung abgerungen wurde. So sind wir bei den altpersischen Gärten auf einige wenige magere schriftliche Zeugnisse angewiesen, die durch archäologische Grabungen mit den verfeinerten Methoden der Neuzeit bestätigt wurden. Aus der Notwendigkeit der Bewässerung ergab sich die rechtwinklige, rasterförmige Anlage: Gerade Kanäle, strenge, symmetrische Gliederung der Pflanzbeete, an den Schnittstellen Wasserbassins, im Zentrum der meist achteckige, oft mehrstöckige sogenannte Kiosk, von dem aus der Garten erschaut – nicht erwandert wurde. Immer waren diese atriumartigen Gärten von hohen Mauern, auch galerieartigen Hofräumen umgeben. Wichtigstes, die Struktur bestimmendes Gestaltungselement aber war das Wasser. Es war Notwendigkeit und Lebenselixier und gleichzeitig, in seiner zu Schönheit und Ornament gebändigten Fülle, Symbol für gottgegebene, menschgemachte Ordnung. Daneben gab es einen anderen Gartentyp, die ebenfalls eingefriedeten, aber weitläufigen und zumeist vom Haus getrennt liegenden Baum-„Paradiese" – das sind Jagdparks der hohen Herrschaften von beträchtlichen Ausmaßen, die mit einheimischen und exotischen Tieren besetzt wurden. Unser Wort „Paradies" kommt über das Griechische paradeisos daher und wurde von Xenophon erstmals auf Gärten bezogen verwendet.

Bezeugt ist die Baumverehrung im alten Persien. Heiligtümer waren seit frühester Zeit von Hainen umgeben. Der griechische Geschichtsschreiber Herodot berichtet, dass der Großkönig Xerxes auf einem Zug durch Anatolien unterwegs eine Platane so sehr bewunderte, dass er sie mit goldenen Ornamenten verzieren ließ. Und das Schlimmste und Schändlichste, das man seinen Feinden auf Kriegszügen antun konnte, war, ihre Bäume zu fällen. Inwieweit Blumen gezielt in die Gestaltung der Gärten einbezogen wurden, entzieht sich unserer Kenntnis. Die persische Literatur der islamischen Zeit jedoch schwelgt in schönen und metaphorischen Blumenbildern, insbesondere der Rose, und so darf man wohl auf eine alte Tradition der Blumenzucht und –kultivierung schließen, zumal in den mauerumschlossenen Hausgärten.

Auch im Zweistromland, an Euphrat und Tigris, ist der Baumkult seit frühester Zeit bezeugt, wurden die Götter in heiligen Hainen verehrt. Wandreliefs aus den Palästen von Ninive und Assur zeigen gartenhafte Landschaften als Schauplätze ritueller Handlungen, künstliche Hügel und Terrassen, regelmäßige Pflanzungen von Zypressen, Pinien und Weinstöcken. Das zeugt von intensivem Gartenbau. Wichtige Elemente der Gartenkunst allerdings wie Hecken und Mauern – also Abgrenzung vom ungestalteten Draußen – und Blumen – also ein über den Nutzen hinausgehender ästhetischer Mehrwert – fehlen in diesen frühen Darstellungen. Etwa um 1000 v. Chr. tut sich im Zweistromland die erste literarische Quelle zum Lobpreis eines Gartens auf; ein assyrischer König hat sie in Stein fixiert: „Zedern und Buchsbaum aus den Ländern, die ich erobert, diese Holzarten, die unter den Königen, meinen Vorfahren, keiner gepflanzt hatte, nahm ich mit und pflanzte sie in den Parks meines Landes an. Auch kostbare Gartenpflanzungen, die es in meinem Lande nicht gab, in den Parks Assyriens pflanzte ich sie."

Import fremdländischer Pflanzen und Versuche ihrer Einbürgerung – das gehörte also auch vor 3000 Jahren bereits zu fürstlichem Prestige in Gartendingen. Wenig später kündet der Großkönig Sanherib von seinem Palast in Ninive und dessen Umgebung, einem Palast, „der seinesgleichen nicht hatte", angelegt auf einem Terrassenunterbau, und auch hier werden die „Exoten" unter den Gewächsen mit besonderem Stolz erwähnt: „Oberhalb und unterhalb der Stadt legte ich Gärten an; botanische Produkte des Gebirges und der Länder ringsumher, alle Spezereipflanzen des Hethiterlandes, Myrrhen, die in den Gärten besser als in ihrem Heimatlande wuchsen, alle Anpflanzungen von Gebirgsweinen, die Obstsorten aller Völker. Damit die Pflanzungen gediehen, habe ich vom Gebiete der Stadt Kisiri bis in die Umgebung von Ninive das Gebirge und das Feld mit eiserner Hacke geebnet und einen Kanal hineingeleitet, habe ich fließendes Wasser dorthin geleitet und zwischen diese Pflanzungen fließen lassen. Um den Wasserlauf im Garten aufzuhalten, machte ich einen Teich. Auf Befehl des Gottes gediehen die Gärten, sämtliche Wein- und Obstpflanzungen, Sirduholz und Gewürze. Die Zypressen, Palmen und alle Bäume wuchsen prächtig und sprossten reichlich."

Am Beginn der vorderorientalischen Gartengeschichte schließlich hat eine fürstliche Palastumgebung es zu legendärem, die Zeiten überdauerndem Weltruhm gebracht: Die hängenden Gärten der Semiramis, die das Altertum zu den sieben Weltwundern zählte. Schon der griechische Geschichtsschreiber Diodor gibt als Eigentümer nicht Semiramis, sondern den assyrischen König Nebukadnezar an, der die Anlage für seine aus Persien stammende Frau habe anlegen lassen, die sich nach den Gärten ihrer Heimat sehnte. Die fälschliche Zuweisung blieb jedoch unausrottbar, und der Name der Semiramis, der sonst wohl längst ins Dunkel der Zeiten hinweggetaucht wäre, blieb für immer mit den wunderbaren Gärten verbunden. Hängende Gärten, darunter hat man sich erdbedeckte Terrassen auf gemauerten Gewölben an einem Berghang vorzustellen. Solche Anlagen scheinen zwischen Euphrat und Tigris nichts Ungewöhnliches gewesen zu sein, und so war wohl hier das Ausmaß der Terrassenanlage und ihre Bepflanzung mit hohen Bäumen und nicht die Tatsache ihrer „hängenden" Beete Kriterium für die Aufnahme in den Katalog der Weltwunder.

Hochentwickelte Gartenkultur, lustvolle Diesseitsorte rings um herrschaftliche Paläste – das also fanden die muslimischen Araber in ihren Nachbarländern vor. Sie kamen als unstete Eroberer, und sie blieben als sesshafte Gartengenießer. Ihre Sultane und Kalifen legten sich Residenzen an in Bagdad, Samarra, Kairo, im fernen Samarkand, in Moghul-Indien und Spanien. Den Garten nach alter persischer Tradition, den „Chahar Bagh", also den „vierteiligen Garten", am Haus und darüber hinaus den weitläufigeren Wildpark nahmen sie zum Vorbild. Prächtige Anlagen mit ihrem Ineinander von Innenräumen und kunstvoll strukturiertem Draußen, mit Pavillons und Arkadengängen, Wasserspielen und schattigen Hallen schuf man sich, Oasen der Kühle und des Schutzes gegen Sommersonne und Wüstenwinde. Der hier entwickelte Kanon von Gestaltungselementen hat sich – je nach Klima und Geographie leicht abgewandelt – in der islamischen Welt und von dort aus dann auch in Europa über mehr als ein Jahrtausend erhalten.

Die Freude am ästhetischen Reiz schöner Gartenräume also und das irdische Vergnügen, das der Aufenthalt in ihnen seinen Besitzern bot, hatte im Vorderen Orient eine alte Tradition. Dem wuchs eine Tiefendimension, ein hoher Gehalt an Symbolik aus den Paradiesesvisionen des Koran zu: Die rechteckige Vierteilung der Anlage, der Quell lebendigen Wassers im Zentrum, fruchtbeladene Obstbäume, blühende und grünende Pflanzen in Fülle, balsamische Düfte: All das weist über reale Lustorte hinaus auf das den Gläubigen von ihrem Propheten verheißene Jenseits. Und so wurde der Garten als Schnittstelle zwischen der irdischen und der geistigen Welt erlebt und die Gartenlust als Vorwegnahme himmlischer Freuden. Immer ist der Grundriß der Pavillons, der sogenannten Kioske, ein Achteck, entsprechend der koranischen Topographie des Himmels, den acht Paradiesen – wogegen die Hölle nur sieben Sphären hat. Das Oktogon erinnert also den Gläubigen daran, dass Gottes Gnade größer ist als sein Zorn.

Gartenbilder der Poesie und der zeitgenössischen Reisebeschreibungen sowie nüchterne Ausgrabungsberichte geben ein gewisses Bild von den Anlagen aus den Jahrhunderten der Blütezeit islamischer Gartenkultur. Zu lebendiger Anschauung und Augenlust jedoch wird ihre Gestaltung und Atmosphäre auch heute noch beim Besuch der wenigen erhaltenen bzw. restaurierten Gärten im spanischen Andalusien, in den Gärten der Alhambra in Granada vor allem und denen um das benachbarte Lustschloß Generalife. Den Sinn für Gartendinge hatten die islamischen Eroberer der iberischen Halbinsel aus dem fernen Orient wohl im Blut, und die Fülle an nicht versiegenden Quellen von den Bergen der Sierra Nevada machte in der Fremde einen Gartenluxus möglich, der den Söhnen der Trockenzonen das Heimischwerden an den Ufern der Flüsse und den fruchtbaren Berghängen erleichtert haben mag. Die Technik in Form des Wasserrades und der ausgeklügelten Bewässerungssysteme brachten sie aus dem Osten mit. So stand einem extensiven Gartenbau und einem intensiven Gartenluxus nichts mehr im Wege.

Das schön gestaltete Draußen der Reichen, die grünenden, blühenden Höfchen der kleinen Leute – es gibt sie heute, wie es sie damals gab; authentische Zeugnisse davon aus maurischer Zeit sind jedoch nicht erhalten. Die paradiesischen Gärten in den ehemaligen Sultanspalästen der Städte waren verkommen und wurden erst in jüngerer Zeit restauriert und im Sinne der traditionellen Paradiesesidee zum Leben erweckt. Vor allem der sinnliche Reiz des Wassers für Auge und Ohr, den kein Buch vermittelt, erschließt sich beim Gang von einem der Höfe und intimen Gartenräume zum andern: Plätschernde Brunnen, rieselnde Kaskaden, Verdoppelung anmutiger Fassaden und Säulenreihen in spiegelglatten Wasseroberflächen. Überquellende Springbrunnen in Innenräumen, buntglasierte Fayencen in den Patios als Beeteinfassungen, Verblendungen von Bänken und Mauersockeln – das Element Wasser hebt die Grenzen zwischen Fließendem und Festem, Drinnen und Draußen auf.

Ein wichtiges Detail wurde bei der Restaurierung der Gärten – als Konzession an modernen Geschmack – außer Acht gelassen: Die Beete zwischen den schnurgeraden Wegen und Wasserläufen lagen tiefer, waren bis zu einem Meter abgesenkt. Die Kronen der Zitrusbäume, der niederen Palmen und anderer Gewächse befanden sich in Augenhöfe, denn ein Garten war nicht zum Lustwandeln, sondern zu genießendem, meditativem Schauen von einem Pavillon oder von schattigen Arkaden aus da.

Doch zurück in den Osten und zu den muslimischen Eroberern. Von unstet schweifenden Kriegerhorden wurden sie schnell zu begeisterten Gartenbesitzern. Selbst der Mongolenkaiser Timur, Schrecken seiner Zeit, hat in seiner Residenz in Samarkand im 14. Jh. berühmte Gärten besessen; acht sollen es gewesen sein. Mag sein, es war die Gartenlust, mit der sich die wilden Reiter aus den Steppen Innerasiens infizierten und die sie innerhalb einer Generation sesshaft machten. Timurs sogenannter „Rosengarten", in dem er Audienz hielt, wird von einem spanischen Gesandten bewundernd beschrieben: Er war von hohen Mauern umgeben, im Innern mit Bäumen bepflanzt, von Alleen und Wasserstraßen durchzogen. Es gab einen künstlichen Hügel aus Lehm und darauf mehrere Kioske mit kostbar gekachelten Fußböden, wie sie als charakteristisch für islamische Gärten auch auf persischen und indischen Miniaturen der Zeit zu sehen sind. Von einem weiteren Garten Timurs wird erwähnt, dass die Astrologen den geeigneten Tag für den ersten Spatenstich angaben. Auch diese Anlage folgte streng geometrisch-symmetrischen Plänen, sah aber innerhalb des Wasser-Wegesystems Blumenbeete und kleine „Wildnisse" vor, mit Frucht- und Zierbäumen gesäumte Alleen und kleine Pavillons an den Schnittstellen.

In Bagdad, über 500 Jahre Hauptstadt des islamischen Reiches und Sitz des Kalifen, erregten die prächtigen Paläste und Gartenanlagen schon einige Jahrhunderte vor denen Timurs in Samarkand das Erstaunen seiner Besucher. Die Gärten der Vornehmen waren von hohen Mauern umgeben und reichten bis hinunter zum Tigris. Reisende aus Byzanz, denen Gartenluxus von den Metropolen der späthellenistischen Welt her durchaus nichts Neues war, rühmen die ausgedehnten Tierparks mit Löwen, Giraffen und Leoparden. Ein Hain mit 700 Zwergdattelpalmen erregt ihr Erstaunen, deren rissige Stämme mit Auflagen aus Edelhölzern kaschiert und von vergoldeten Kupferringen zusammengehalten wurden und die so gezogen waren, dass man sich mühelos beim bloßen Vorbeigehen an ihren großen Datteln laben konnte. In einem anderen Garten in Bagdad ist dem Chronisten ein Baum erwähnenswert, dessen 18 Äste aus Gold und Silber bestanden, mit Früchten aus Edelsteinen und goldenen Vögeln in den Zweigen, denen der Wind allerlei Pfeifgeräusche entlockte. Diese artifiziellen mechanischen Spielereien, die kunstvoll-künstliche, über-natürliche Erhöhung der Gartenflora durch Edelmaterialien, war auch in Byzanz Mode geworden. Sie entsprach orientalischer Freude an Glanz und Pracht der Oberfläche. Und da mochten auch die Sultane und Kalifen im Morgenland wohl nicht nachstehen.

In Bagdad, das über die Jahrhunderte bis in die Gegenwart dicht besiedelt blieb, hat die einstige Gartenpracht nicht einmal mehr Spuren hinterlassen. In Samarra dagegen, ca. 100 km stromaufwärts gelegen, das im 9. Jh. Für 50 Jahre Hauptstadt war und dann verlassen wurde, konnten die Archäologen am Ostufer des Tigris, der Stadt gegenüber, Gartenanlagen mit gesetzlich geregeltem Bewässerungssystem orten. Schriftliche Quellen berichten von Landgütern, von Teichen und Spielplätzen, von blumenbepflanzten Höfen im persischen Stil, von Palmen-, Orangen- und Weingärten. Da heißt es: „Wasser war reichlich für diese Kulturen. Die Palmen wuchsen gut, die Früchte reiften, das Obst wurde süß, Blumen und Gemüse gediehen. Die Leute pflanzten dort alle Arten von Getreide, Blumen und Gemüse und Grünzeug. Der Boden, der Tausende von Jahren geruht hatte, ließ alles, was gepflanzt und gesät wurde, treiben."

In der bildenden Kunst des Islam war die Darstellung von Mensch und Tier untersagt. Blasphemie wäre es, Gott als dem allmächtigen und alleinigen Schöpfer in menschgemachten Bildern nachzueifern. Die Pflanze war von diesem Verbot ausgenommen. Gartenhaft überzogen Pflanzenelemente in kunstreich verfeinerter Abstraktion steinerne Gebäude und keramische Gefäße, Textilgewebe und Metallgegenstände. Der Mensch und weitgehend auch das Tier blieben in diesem vegetabilen Kosmos ausgespart.

Als eine Art „Nischenkunst" wurde jedoch die Darstellung von

173

Menschen in der Buchillustration geduldet und in Persien und schließlich am Rande der islamischen Welt, am Hofe der Moghulkaiser in Nordindien, zu höchster Vollendung gebracht. Hier endlich, im späten Mittelalter, wird uns verfeinerte Gartenkultur sinnlich und detailliert vor Augen geführt: Ziselierte Mauern oder Zäune mit geschnitzten Toren und dahinter die ganze Vielfalt blühender, fruchtender Vegetation, Palmen, Zitrusbäume, Zypressen, steingefasste Blumenbeete, wohlgestutzte Büsche, Laubengänge von Weinreben, dazwischen Pfauen und Enten – und das alles in Form und Struktur gebracht durch gradlinige, die Vierzahl variierende Wasserläufe. Im Zentrum befindet sich, uralter Tradition folgend, leicht erhöht, das rechteckige oder oktogonale Wasserbecken mit einer Fontäne oder mit Lotusbepflanzung. In offenen oder halbgeschlossenen Pavillons mit gekachelten Böden oder auch ganz im Freien auf einem Teppich, unter einem Baldachin, wird gespeist und musiziert, gekost, auch Politik gemacht – denn es ist ja immer eine hochgestellte männliche Persönlichkeit, zumeist wohl der Herrscher selbst, um den sich alles dreht: Die schönen Mädchen, die mit allerlei Zureichungen beschäftigten Diener, die disputierenden Männer. Auf einigen Illustrationen wird dem Betrachter Ausblick gewährt in den Nutzbereich jenseits des Lust- und Ziergartens, dorthin, wo dem Luxus der Boden bereitet wird. Da werken Männer mit Hacke und Spaten, bereiten Beete, ernten Obstbäume ab und warten die Bewässerungskanäle. Menschen sind in schemenhafter Stilisierung dargestellt und fügen sich diesem feinsinnig und kunstreich geschilderten Miniatur-Kosmos ganz selbstverständlich ein. Es fehlt darin an nichts von dem, was Gärten zu Orten irdischen Vergnügens macht. Ein letzter Glanz aber kommt ihnen aus anderen Sphären zu: Sie spiegeln das himmlische Paradies auf die Erde herab.

Märchengärten

Gärten in den Märchen der Brüder Grimm

„Es war einmal ein Mann und eine Frau, die wünschten sich schon lange vergeblich ein Kind, endlich machte sich die Frau Hoffnung, der liebe Gott werde ihren Wunsch erfüllen. Die Leute hatten in ihrem Hinterhaus ein kleines Fenster, daraus konnte man in einen prächtigen Garten sehen, der voll der schönsten Blumen und Kräuter stand; er war aber von einer hohen Mauer umgeben, und niemand wagte hineinzugehen, weil er einer Zauberin gehörte, die große Macht hatte und von aller Welt gefürchtet ward. Eines Tages stand die Frau an diesem Fenster und sah in diesen Garten hinab, da erblickte sie ein Beet, das mit den schönsten Rapunzeln bepflanzt war; und sie sahen so frisch und grün aus, dass sie lüstern ward und das größte Verlangen empfand, davon zu essen ...". Die Fortsetzung kennt jeder: Der angehende Kindsvater steigt wiederholt über die Mauer und besorgt seiner Frau die begehrte Rohkost, wird von der Zauberin ertappt und muss ihr das Kind versprechen. Diese sperrt es in einem Alter, da junge Mädchen einer Behütung zu entgleiten drohen, in einen abgelegenen Turm. Doch wo hat sich das Leben je durch noch so drakonische Maßnahmen „in Türme sperren" lassen – im Märchen von dem Mädchen mit dem Pflanzennamen nicht und in uns selbst auch nicht. Märchen haben jenseits ihrer vordergründigen Handlung immer auch gleichnishaft etwas mit menschlichen Ursituationen, mit seelischen Entwicklungen und Konflikten zu tun. In den Varianten, die das Grimmsche Rapunzelmärchen im Mittelmeerraum hat, gelüstet es der Schwangeren nach Petersilie – in einem Märchen aus Malta nach Fenchel. Manchmal ist sie selbst mutig genug für den Hausfriedensbruch bei der feindseligen Nachbarin. Immer aber steht in diesem Märchentypus am Anfang der Raub eines harmlosen Gartenproduktes bei einer Zauberin, wodurch diese Macht über das noch Ungeborene bekommt.

Der Garten ist also kein friedlicher Ort zum Anknüpfen gutnachbarlicher Beziehungen. Das ist er im Märchen selten. Vor allem in Märchenwäldern ist es zumeist nicht ganz geheuer; wer ruhig und von den Außerirdischen unbehelligt leben will, der sollte sie tunlichst meiden. Aber auch in Märchengärten ist Vorsicht geboten, selten geht es dort mit rechten Dingen zu. Obstbäume tragen goldene oder wundertätige Früchte, Hausbäume haben magischen Kontakt zum Totenreich. Blumen sind auf mystische Weise mit menschlichen Seelen verbunden, wie in dem Märchen „Die zwölf Brüder": „Es war aber ein kleines Gärtchen an dem verwünschten Häuschen, darin standen zwölf Lilienblumen... Nun wollte sie [die Märchenheldin, um deren Reifeprozess es in dem Märchen geht] ihren Brüdern ein Vergnügen machen, brach die zwölf Blumen ab und dachte jedem aufs Essen eine zu schenken. Wie sie aber die Blumen abgebrochen hatte, in demselben Augenblick waren die zwölf Brüder in zwölf Raben verwandelt..".

Woanders verwandelt der Genuss von Kraut oder Salat Menschen in Esel oder lässt ihnen Hörner wachsen, und nur der Günstling der Zaubermächte findet dann auch das rechte Gegenkraut. Sträucher können silberne und goldene Blätter haben, und nur die Richtige kann sie pflücken: Zweiäuglein etwa, die damit über ihre bösen Schwestern Einäuglein und Dreiäuglein triumphiert.

Auch an Gartenbrunnen und -teichen im Märchen heißt es auf der Hut zu sein: Niemals haben sie bloßen Dekorationswert. Teiche müssen vom Märchenhelden in einer Nacht mit einem Fingerhut leer geschöpft werden; Brunnen beherbergen verwünschte Froschprinzen, oder sie führen geradewegs ins Jenseitsreich, zu den unterirdischen Schätzen einer Hexe etwa in dem Märchen „Das blaue Licht" oder in den nur vordergründig idyllischen Garten der Frau Holle, von dem es heißt „...eine schöne Wiese, wo die Sonne schien und vieltausend Blumen standen". Aber es gibt dort in dieser zwielichtigen Ober-Unterwelt auch sprechende Apfelbäume und Backöfen und gold- oder pechregnende Tore, und junge Mädchen werden von der mythischen Muttergestalt der Frau Holle (in dem Grimmschen Märchen erscheint ihr dämonischer Charakter kaum mehr durch) auf die Probe gestellt. Aus anderen Brunnen quillt das Wasser des Lebens, in anderen Gärten wächst das allheilende

Lebenskraut oder der Apfel, der allein der todkranken Prinzessin Genesung bringen kann.

Diese Dinge zu beschaffen ist gefährlich, eine Sache auf Leben und Tod. Märchengärten werden von unüberwindbaren Mauern vor Unbefugten geschützt, wilde Tiere werden darin auf Eindringlinge losgelassen. Aber der Märchenheld, zumeist der „Dummling", der scheinbar zu kurz Gekommene, er geht damit auf die rechte Weise um. Er macht sich unbeirrt auf den Weg und hat keine Angst, er hat sich oft durch sein gutes Herz Tiere, ein kleines Männlein, eine gutmütige Alte ein zauberkundiges Mädchen zu Helfern gewonnen, oder er hat einfach nur – eigentlich ganz unverdient – das Glück auf seiner Seite. Keine Warnung, keine noch so furchterregende Grundstückseingrenzung schrecken ihn ab: Die berüchtigte Rätselprinzessin zum Beispiel hat die Köpfe ihrer ausgetricksten Freier auf den Zaunpfosten zur Schau gestellt, und auch die berühmteste Rosenhecke der Weltliteratur, die um das Dornröschenschloss, gehört in diesen Zusammenhang. Es kommt wohl auf die Abwehrfunktion ihrer Dornen an, aber dann, als der Richtige erscheint, lesen wir: „... waren es lauter große schöne Blumen, die taten sich von selber auseinander."

Am Anfang oder an einem Knotenpunkt des Geschehens steht im Märchen oft eine Tabuverletzung, wie ja auch in „Rapunzel", und da kann es einer jener verwünschten Gärten sein, in denen der Mensch etwas Verbotenes tut und in den Bannkreis der Zaubermächte gerät. In dem weit verbreiteten Märchentypus „Die Schöne und das Tier" wünscht sich die jüngste, die Lieblingstochter, vom Vater ein schwer zu beschaffendes Reisemitbringsel, zumeist eine Pflanze. Der Vater kommt dadurch mit einem wilden Tier in Konflikt, muss ihm die Tochter als Braut versprechen, was dann die Erlösung des „Tierbräutigams" bewirkt – also eines Königsohns, der zeitweilig als Löwe, Bär oder Frosch leben muss. In den Grimmschen Märchen gibt es dazu in der Erstausgabe ein Märchen „Von dem Sommer- und Wintergarten". Die Tochter wünscht sich hier eine Rose mitten im Winter. Der Vater kommt auf der Rückreise „... vor ein Schloss, und dabei war ein Garten, in dem war es halb Som-

177

mer und halb Winter, und auf der einen Seite blühten die schönsten Blumen groß und klein und auf der anderen war alles kahl und lag ein tiefer Schnee." Der Mann pflückt sich eine Rose, natürlich nicht ungestraft, das große schwarze Tier, dem der Garten gehört, holt sich die schöne Tochter. Es gibt Komplikationen, an deren Tiefpunkt über den Garten der totale Winter hereinbricht. Zum Schluss aber, mit der Verwandlung des Tieres in einen schönen Prinzen, heißt es gleichnishaft: „Die Sommerseite des Gartens kam prächtig hervor, und sie lebten vergnügt immerdar". Nicht Sonnenstand und Jahreszeiten also bestimmen von außen den Vegetationsrhythmus, sondern die Temperaturen im Innern der Menschenseele. Auch das gute Mädchen, das von seiner Stiefmutter mitten im Winter in einem Papierkleid in den Wald geschickt wird, findet hinter dem Haus der drei Haulemänner „lauter reife Erdbeeren, die ganz dunkelrot aus dem Schnee hervorkamen." Und es fallen uns Legenden ein, in denen vor den Füßen der Heiligen Blumen aus dem Schnee sprießen. Hier waltet die Gnade Gottes, dort das Wunder des Märchens.

Um eine Tabuverletzung geht es auch, wo Früchte in königlichen Märchengärten abgezählt, sorgsam bewacht und dann doch von Unbefugten geraubt werden. Ein verbotener Apfel – im Märchen kann es auch eine Birne sein – von einem besonderen Baum in einem besonderen Garten: Der Urgarten Eden klingt an, Mythos und Märchen sind ja eng miteinander verwandt. In dem Märchen aus der Grimmschen Sammlung „Dat Erdmänneken" werden selbst die eigenen Töchter des königlichen Gartenbesitzers unter die Erde verbannt, als sie von seinen Äpfeln kosten. Das „Mädchen ohne Hände" aus dem gleichnamigen Märchen gelangt mit Hilfe eines Engels in einen solchen Garten, ernährt sich von seinen Früchten, wird dort vom König entdeckt und vom Fleck weg geheiratet.

In den alten, den märchenhaften Zeiten waren die Grenzen zwischen den Wesen nicht gänzlich verhärtet, Menschen konnten zu Tieren, ja zu Pflanzen werden und umgekehrt. Als Pendant zum sogenannten Tierbräutigam – also einem Mann, der zeitweise zum Dasein als Tier verwünscht worden ist – gibt es die „Pflanzenbraut". In dem Märchen „Der liebste Roland" verwandelt sich die rechte Braut für ihre kummervolle Wartezeit auf den Liebsten in eine Blume; in dem Märchen „Die Nelke" nimmt der Mann seine Braut als Nelke mit auf seine abenteuerliche Heimreise; als er schließlich wieder bei seinem Vater war, „griff er in die Tasche und holte die Nelke und stellte sie auf die königliche Tafel und sie war so schön, wie der König nie eine gesehen hatte." Natürlich wird im nächsten Augenblick eine Schwiegertochter aus Fleisch und Blut daraus, und auch von ihr heißt es: „Sie war so schön, dass kein Maler sie hätte schöner malen können."

Es ist ungewöhnlich, dass hier ausdrücklich von einer Nelke gesprochen wird, das Märchen legt unsere Fantasie sonst nicht namentlich fest. Aus „Sternenblumen" muss die Schwester sechs Hemden knüpfen, um die Schwanenbrüder zu erlösen; mag sein, es sind Astern damit gemeint, aber es ist nicht wichtig, das zu wissen. Wir fragen nicht nach den botanischen Namen all der Jenseitskräuter – so wenig wie nach dem der Blauen Blume des Novalis. Die zwölf Lilienblumen, die das Mädchen zuvor gebrochen hatte und die so verhängnisvoll mit dem Lebensnerv der Brüder verbunden waren – wir denken sie uns als Madonnenlilien, als die edle Blume von hoher Symbolkraft. Aber dann wird im Märchen gesagt: „Es war aber ein kleines Gärtchen an dem verwünschten Häuschen, darin standen zwölf Lilienblumen, die man auch Studenten heißt", und das Grimmsche Wörterbuch erläutert dazu: „Studentenlilien, in Hessen auch `Studenten` botanisch Lupinus albus". Eine weiße Lupine demnach, keine echte Lilie. Das klingt etwas enttäuschend, aber wer wollte es auch so genau wissen! Es tut nicht gut, Märchendetails auf die Erde herunterzuholen.

Der Garten ist also ein Ort der Anderswelt, an Blumen und Bäumen ereignet sich oft das Wunderbare. Daneben gibt es in den Grimmschen Märchen aber durchaus Gärten, in denen es ganz normal zugeht; nur werden sie allenfalls am Rande erwähnt, denn Märchenhelden und -heldinnen haben in der gerafften Dramatik der Handlung keine Zeit für Idyllen und Nebenbeschäftigungen. Oft allerdings müssen sie eine Weile unfreiwilliger Erniedrigung mit nicht standesgemäßer Arbeit überbrücken, ehe sie reif sind für die Hochzeit mit der Prinzessin, dem Königsohn. Das sind zumeist Küchendienste; in dem Märchen „Der Eisenhans" aber kommt der Junge mit den goldenen Haaren, der Schützling des allgewaltigen Eisenhans, zu einem Gärtner. Dort geht es ganz irdisch-realistisch zu. Wir hören: „Nun musste der Junge im Garten pflanzen und begießen, hacken und graben und Wind und böses Wetter über sich ergehen lassen. Einmal im Sommer, als er allein im Garten arbeitete, war der Tag so heiß, dass er sein Hütchen abnahm, damit die Luft ihn kühlen sollte".

Die Königstochter sieht vom Fenster seine goldenen Haare, bestellt einen Blumenstrauß, und er bricht wilde Feldblumen ab, denn „die wilden riechen kräftiger und werden ihr besser gefallen", sagt er auf die Vorhaltungen des Gärtners. Der Gang mit dem Strauß ins Schloss ist der erste Schritt des Jungen in Richtung auf seine Erhöhung hin, zu der es freilich noch anderer Mutproben und der Hilfe des Eisenhans bedarf.

Ein anderes wohlbekanntes Märchen beginnt so: „Eine arme Witwe, die lebte einsam in einem Hüttchen, und vor dem Hüttchen war ein Garten, darin standen zwei Rosenbäumchen, davon trug das eine weiße, das andere rote Rosen; und sie hatte zwei Kinder, die glichen den beiden Rosenbäumchen, und das eine hieß Schneeweißchen, das andere Rosenrot". Auch hier handelt es sich, trotz der engen Verbindung zu den Mädchen, um normale Pflanzen, die Zauberwelt spielt aus einer anderen Richtung in die Geschichte hinein. Als die Mädchen dann ihre Prinzen bekommen haben, lebt die Mutter mit am königlichen Hof und weiter heißt es: „Die zwei Rosenbäumchen aber nahm sie mit, und sie standen vor ihrem Fenster und trugen jedes Jahr die schönsten Rosen weiß und rot". Ein hübscher poetischer Ausklang, der – bei aller gärtnerischen Skepsis über die Erfolge beim Verpflanzen älterer Rosenstöcke – durchaus im Bereich des Möglichen liegt. Andere Rosenstöcke dagegen stammen offensichtlich aus einer Welt jenseits aller Biologie. Mädchen verwandeln sich und ihren Liebsten auf der Flucht vor der Hexe oft in einen Rosenstock und eine Rose, um die böse Alte oder ihre Häscher zu täuschen und aufzuhalten. Niemand schüttelt ungläubig den Kopf, wenn es mit der Zauberei hin- und hergeht. Mensch zu Pflanze, Pflanze wieder zu Mensch – im magischen Bereich des Märchens sind Wunder selbstverständlich.

Gärten in den europäischen Volksmärchen

„Das Lustgärtchen war aus den schönsten Pflanzen zusammengesetzt; dort gab es Rosen in allen Farben, spanischen Ginster, rotes Geißblatt, und über alledem erhob sich eine Wunderblume, welche lachte", und ein paar Seiten weiter dann heißt es: „Ein Garten voller Früchte und Blumen, Quellen von Wein und süßen berauschenden Getränken; die Blumen mit zarten Stimmen wie die Cherubin im Paradies, und die Früchte boten sich selber an. Es gab Diener, die ihn zu erwarten schienen und schöne Mädchen, die aus dem Bade stiegen, auf dem Rasen tanzten und ihn bei Namen riefen." Er – das ist Peronik, die bretonische Abart des Dummling, einer aus der Sippe der Einfältigen, Tagträumer, Ofenhocker, die dann aber doch listig und zielstrebig das Glück auf ihre Seite bringen und sich vom Antihelden zum sieghaften Märchenheros und Prinzessinnenbefreier mausern. Und der Garten, das ist eine jener verführerischgefährlichen Gegenwelten von schlaraffenländischem Zuschnitt – Scheinparadiese, in denen alles möglich ist. Wehe, Peronik hätte der Versuchung nicht widerstanden, hätte eine Frucht gepflückt oder sich mit den schönen Mädchen eingelassen! Nicht einmal hinschauen durfte er, sonst wäre es um ihn geschehen. Und er, der scheinbare Dummling, weiß es; das unterscheidet ihn von den wirklichen Toren, seinen vordergründig gescheiteren älteren Brüdern. In einem russischen Märchen sind drei Brüder auf Drachenpirsch. Eine der hexenhaften Drachenfrauen sagt: „Ich werde mich in einen wunderbaren Garten verwandeln, über den Zaun werden Früchte hängen, duftend und saftig. Sie werden Lust darauf bekommen, werden die Früchte pflücken wollen, und es wird sie zerreißen in

181

Stücke nicht größer als ein Mohnkörnchen." Iwan Kuhson, der Held dieses Märchens, weiß natürlich mit dem sicheren Instinkt des erklärten Günstlings der guten Zaubermächte, dass etwas faul ist mit diesem Garten, diesen Früchten. „Er hieb auf die Bäume ein und fällte sie", heißt es – sehr zum Verdruss seiner Brüder, die sich in dem Garten ausruhen und laben wollten und nicht ahnten, dass das ihr Verderben gewesen wäre.

In den alten Zeiten, in denen ja auch die Märchen ihren Ursprung haben, galten Gärten als das umhegte, der feindlichen Umwelt abgerungene Stück Natur. Sie sind Sinnbild für selige, paradiesische Orte, und dies auch noch in ihrer bescheidensten Form. Das kleine irdische Gartenglück hat es wohl auch für das Personal der Märchen gegeben. Das Schloss des Königs, die Hütte der armen Leute – sie mögen ihre zu normalen Gärten gestalteten Grundstücke ums Haus gehabt haben mit Blumen zum Pflücken und Äpfel für schmackhaftes Apfelkompott. Und gelegentlich werden diese sogar kurz erwähnt. Interessant aber und erzählenswert ist im Märchen, was die straffe Handlung weitertreibt und was dem Wunderbaren, den Zaubermächten Eingang in die irdische Alltagswelt verschafft. Typisch 'märchenhaft' ist der Garten, in dem Magie und Wunderbares hinter jedem Busch lauern.

Wo immer ein Garten Ort märchenhaften Geschehens ist – seine Flora gehorcht anderen Gesetzen als denen der Botanik und vordergründigen Kausalität. Aus Schottland hören wir, wie Tom von der Feenkönigin „in einen sonnenbeschienenen Garten vor den Toren des Feenlandes geführt wird, Lilien und schöne Blumen wuchsen dort und Bäume von einem leuchtenderen Grün als anderswo, und unter den Zweigen weideten zahme Einhörner." Cendrillon, das französische Aschenputtel, erhält die Ehe stiftenden Luxusrequisiten – goldene Kutsche, Pferdegespann – aus einem Kürbis, der im Garten ihrer zauberkundigen Patin wächst. In einem griechischen Zaubergarten gedeihen heilkräftige Kirschen, Quitten, Trauben, woanders haben die Bäume silberne Blätter und goldene Früchte. Blut kann aus ihrem Holz spritzen, wenn es angestochen wird. Und Äpfel sind niemals nur zur Nahrungsaufnahme gut. Wer im Märchen einen Apfel isst, ob in Russland, Frankreich, Polen, Deutschland, der sollte wissen, worauf er sich da einläßt: Hörner können ihm wachsen, eine lange Nase, Eselsohren; er verschläft womöglich die Chance seines Lebens oder verliert sein Gedächtnis. Die Empfängnis eines lange vergeblich gewünschten Kindes kann durch den Genuss eines Apfels oder selbst seiner Schalen befördert werden, oder die Prinzessin wirft dem unbekannten Ritter ein goldenes Exemplar der Spezies Malus zu und erwählt ihn damit zu ihrem Prinzgemahl. Der Apfel als mythisches Fruchtbarkeitssymbol hat im Märchen die Zeiten überdauert.

Märchen haben es mit Problemen und Fragen zu tun, die über Sprach- und Kulturgrenzen hinweg allen Menschen gemeinsam sind. Ursituationen werden in Bilder gefasst: Generationskonflikte zum Beispiel, Wunschphantasien der Armen, der Darbenden und Beladenen, nach den Gaben von der Sonnenseite des Lebens, zumindest nach Fülle der Nahrung. Und so ist es nicht verwunderlich, dass bestimmte Motive uns überall im europäischen Volksmärchen begegnen. Wie das alles dann erzählt wurde, wie es von Mund zu Mund ging, das ist abhängig von kulturellen Umständen und – sofern es schließlich gesammelt und in Buchform Verbreitung fand – auch vom Zeitgeist und von der Absicht der Herausgeber. Die „Kinder- und Hausmärchen" der Brüder Grimm etwa verraten schon im Titel eine bestimmte Tendenz. Woanders wurden die Dinge unverblümter beim Namen genannt, es wurde weniger Rücksicht auf ein kindliches Publikum genommen – ganz im Sinne des Genres Märchen, das ja in den alten Zeiten, als die Medien noch nicht in die Stuben vorgedrungen waren, in mündlicher Erzähltradition vor allem die Erwachsenen unterhielt und erfreute.

Auch Märchengärten sind überzeitliche, sozusagen interkulturelle Orte, gemeinsam ist ihnen das seltsame Zwielicht, die trügerische Idylle. Flora und Fauna jedoch, die sie bevölkern, können sich den lokalen Gegebenheiten anpassen. Ein Orangenbaum weist auf die Herkunft des Märchens aus dem Mittelmeerraum hin. In einem katalanischen Märchen ist zur Heilung des Vaters ein Pfirsich zu beschaffen; Feigen statt Äpfel können im Süden dem Esser entstellende Auswüchse am Kopf wachsen lassen. Andererseits waren Märchen mobil und wanderlustig, ihre Erzähler trugen sie über Land, später überschritten sie Grenzen in Buchform. Orangen können auch an Bäumen in Skandinavien wachsen, Löwen dort einen Trollgarten bewachen, ohne dass wir daraus schließen dürften, es hätte diese Dinge je im hohen Norden wirklich gegeben.

Auch bestimmte literarische Moden, Eigenheiten eines zeitbedingten Lebensstils, spiegeln die Märchen. So ist z.B. die Sammlung des Italieners Basile, erschienen um 1700, also rund 150 Jahre vor der Sammlung der Brüder Grimm, von großer Detailfreudigkeit, und da diese Märchen und phantastischen Geschichten innerhalb einer Rahmenhandlung in geselliger Runde in einem Garten erzählt werden, ist auch ungewöhnlich viel über die Flora dieser wunderbaren Gefilde zu erfahren und über die idyllisch-galanten Vergnügungen, zu denen man sich dort traf. Da heißt es z.B.: „Zoza vergnügte sich mit den anderen Frauen in dem Garten; eine pflückte blühenden Ackersenf, eine andere Lavendel, eine dritte fünfblättrige Raute, die eine dies, die andere das; diese wand sich ein Kränzlein, als ob sie etwas Lustiges vortragen sollte, jene band sich einen Strauß; hier steckte sich eine die aufgeblühte Rose an die Brust, dort nahm eine andere eine bunte Nelke zwischen die Lippen. Sie ließen sich nun allesamt unter dem Springbrunnen nieder, in dem sich die Zitronenbäume spiegelten, wobei sie ihren Kopfschmuck so ineinanderwirrten, dass sie der Sonne den Zutritt verwehrten."

Märchen sind Zwei-Welten-Geschichten, und in manchen ist der Garten selbst schon Teil der jenseitigen Anderswelt. Zumeist aber haben die Überirdischen gefahrvolle, übermenschliche Anstrengungen gesetzt, ehe man in ihr Reich gelangt: der Sprung in den Brunnen etwa, der Ritt auf den Glasberg, der Abstieg durch den Stamm eines Waldbaums oder, wie in dem bekannten englischen Märchen „Jack und die Bohnenranke", das Erklimmen einer über Nacht himmelhoch gewachsenen Bohnenranke. Der Sohn einer armen Witwe hat die letzte Kuh auf dem Weg zum Markt gegen eine Bohne getauscht, sehr zum Verdruss seiner Mutter; sie schimpft und wirft diese achtlos in den Vorgarten. Wir hören: „Jack schaute am anderen Morgen zum Fenster und sah, dass es draußen von dichtem grünen Blattwerk überwuchert war, tatsächlich, die Bohnenpflanze wuchs hinauf bis in den Himmel. Ihre Spitze verlor sich in den Wolken. Jack stieg auf den Bohnenbaum und klomm am Stamm höher und höher, bis die Hütte seiner Mutter winzig klein unter ihm lag." Jack trifft „oben" auf einen Menschenfresser. Dreimal steigt er hinauf; er listet dem Unhold seine Schätze ab und ist fortan ein gemachter Mann. In Varianten des Märchentyps kann die wundertätige, alle botanische Gesetze verhöhnende Hülsenfrucht auch eine Erbse sein. In einem französischen Märchen klettert „der kleine Mann Saperlot" daran geradewegs vor die Himmelstür, der Herrgott selbst erfüllt dort nach und nach die immer unmäßigeren Wünsche seiner Frau – und das endet schließlich zwar nicht im „Pißpott", wie im Grimmschen Märchen „Vom Fischer und syner Fru", aber auch ganz unten auf der sozialen Leiter, wo die beiden herkamen. Ein Beispiel dafür, wie Märchenmotive über Landes- und Sprachgrenzen hinweg zu neuen, im Sinne der Volksmärchen durchaus stimmigen Lebensgeschichten verknüpft wurden.

Gewiss, Märchenheld und Märchenheldin gehen unaufhaltsam ihrem Glück entgegen, aber Tränen, Not und Arbeit bleiben ihnen auf ihrem Weg dahin nicht erspart. Der Dämon, in dessen Gewalt sie sich begeben haben – Hexe oder Zauberer z.B.- verlangt drei eigentlich nicht zu bewältigende Aufgaben, oder der königliche Schwiegervater fordert arglistig drei unerfüllbare Freierproben, weil ihm der Emporkömmling für die Tochter nicht genehm ist. Da ist ein Schloss aus Gold zu errichten, ein unbändiges Zauberpferd einzureiten; schier unerschöpflich ist die Märchenphantasie im Ausdenken dieser Schikanen. Gern schickt man den Armen vors Haus, womöglich mit unzulänglichen Werkzeugen aus Gold oder Silber, und gebietet ihm, in einer Nacht einen Garten anzulegen und gleich zum Blühen und Fruchten zu bringen. In einem russischen Märchen heißt es: „Jetzt will ich, dass auf beiden Seiten der Brücke Apfelbäume wachsen, dass an den Apfelbäumen reife Äpfel hängen, dass in den Zweigen Paradiesvögel singen und fremdländische Katzen miauen, und wenn es dir nicht gelingt – das Schwert, das schwingt, ist mein, der Kopf, der rollt, ist dein." In einem serbischen Märchen ist von einem Tag auf den anderen ein Weinberg anzulegen, und die Trauben sind zu ernten und zu keltern – um nur diese beiden Beispiele zu nennen. Unverzagt packen sie das Überwerk an, aber dann sitzen sie da, mutlos und verzweifelt. Wie vollbringt ein schwaches Menschlein Naturwunder? Doch es wird ihnen zauberkundige Hilfe zuteil. „Es wird alles gut! Leg dich schlafen, der Morgen ist weiser als der Abend", sagt die allweise Wassilissa zu ihrem Zarensohn. Sie pfiff, und von allen Seiten kamen Blumengärtner und Gemüsegärtner gelaufen. Am Morgen brauchte er bloß noch hier und da eine Ranke zurechtzuzupfen, ehe der missgünstige Zar schnaubend vor Wut zum Inspizieren kam und sich vor dem Wunder geschlagen geben musste.

Das Märchen hat es mit einem Diesseits und einem Jenseits zu tun, beide Welten verschränken sich zu einer neuen Wirklichkeit. Ein Gang in den Wald, ein Biss in eine Frucht – und die Märchengestalt ist mittendrin und hat den Boden der realen Welt verlassen. Die Magie kann ihr auch in der Zwitternatur des künftigen Partners begegnen, dem Tierbräutigam etwa – tags Bär oder Schlange, nachts schöner Prinz – oder in der Pflanzenbraut, die je nach psychischer Wetterlage von einer Pflanze zu einem blumenschönen Mädchen hin- und herwechselt. Dazu gibt es einen im ganzen Mittelmeergebiet außerordentlich verbreiteten Märchentypus, den von den drei Orangen- oder Zitronenmädchen. Ein junger Mann macht sich auf Brautsuche, wird von einer wohltätigen Zauberin oder einer wunderlichen Alten in einen Garten geschickt, in dem ein Zitrusfruchtbaum von bösen Tieren bewacht wird; aber, so heißt es in einer Variante von der griechischen Insel Zakynthos: „Fürchte dich nicht, ich bin der Gärtner dieses Gartens, und wenn du die goldenen Zitronen abzuschneiden wünschst, so will ich dir sagen, wie du es anfangen musst". Aus den drei Zitrusfrüchten springt beim Anschneiden je ein schönes Mädchen heraus. Diese müssen sofort mit irdischem Quellwasser gelabt werden; das hat der Jüngling nicht parat, so dass ihm zwei der Mädchen unter der Hand verdursten. Erst die dritte vermag er zu erlösen. Jedoch aus einer Orange wird eben nicht so leicht eine handfeste Ehefrau, und so sind vor das endgültige Eheglück mancherlei Widrigkeiten gesetzt: Die Menschengestalt des Mädchens ist noch ungefestigt, kurzzeitig verwandelt es sich in einen Fisch und in einen Rosenstock. Oder, was die feingesponnene überzeitliche Wahrheit des Märchens hinter den poetischen Bildern sagen will: Die verführerische Kreatürlichkeit des Orangenmädchens und die Seite im Manne, die davon angesprochen wird – das reicht noch nicht aus für eine reife Partnerschaft.

In den Balkanländern steht die Pflanzenbraut gern tagsüber als Rosmarinstrauch kaschiert auf der Fensterbank statt etwa als Nelke, wie in dem Grimmschen Märchen gleichen Namens ("Die Nelke"). Und in einem sizilianischen Märchen stehen die geheimnisvoll mit den Schicksalsfäden von drei Schwestern verknüpften Blumen nicht in einem Gartenbeet, sondern in Töpfen auf der Terrasse – hier wie dort also die orts- und klimabedingten Gebräuche spiegelnd. Die zauberhafte Geschichte aber, die sich entspinnt, als die Blumen in ihren Töpfen aufblühen und die Freier anlocken – die könnte überall spielen, wo Menschen sich Märchen erzählt haben.

Gärten in orientalischen Märchen

Ein Garten für Grünkappe und Herzverloren

„Der Sultan erwachte eines Tages missgestimmt aus dem Schlafe. Da sprach sein Wesir zu ihm: Was ist dir, oh größter Sultan unserer Zeit?" – „Mein Wesir", antwortete der Sultan, „ich kenne den Grund meiner Missstimmung nicht." Der Wesir fuhr fort: „Oh mein Gebieter, dies ist nur Überfluss an Blut in den Adern. Erhebe dich, wir wollen in den Garten gehen." Da führte der Wesir ihn, und sie gingen in den Garten hinab."

Natürlich wird es dem Sultan versagt gewesen sein, zu Spaten, Hacke oder auch nur Gartenschere zu greifen, um den „Überfluss des Blutes" über die Muskelkraft abzuleiten. Aber der Rat des Wesirs, sich lustwandelnd der sänftigenden Aura seines Gartens auszusetzen, wird trotzdem seine therapeutische Wirkung nicht verfehlt haben. Im übrigen – so erfährt der Leser auf der nächsten Seite – geht es in diesem Garten nicht mit rechten Dingen zu, denn es handelt sich nicht um einen normalen fürstlichen Park, sondern um einen Märchengarten. Und für das Unbehagen des Sultans an Leib und Seele wird eine plausible Erklärung nachgeliefert: Es gibt in dem Garten einen Baum mit verschiedenfarbigen Zweigen, und jede Nacht kommt ein farbiges Zauberpferd und stiehlt den farblich zu seinem Fell passenden Zweig. Der jüngste der drei Sultanssöhne – wie könnte es anders sein! – vermag die Diebe in flagranti zu ertappen, was aber keineswegs schon das glückliche Ende, sondern erst den Anfang einer wunderbaren und motivreichen Geschichte bedeutet. Varianten dieses Märchens, das mit dem Raub eines Gartenproduktes beginnt, sind auch in Europa weit verbreitet. Wo ein Märchen oder ein einzelnes Motiv seinen Ursprung hatte – ob im Orient oder Okzident -, lässt sich mit Sicherheit kaum je feststellen. Märchen haben im Gefolge von Handelsleuten, Kreuzrittern und fahrendem Volk aller Art schon im Mittelalter weite Wege zurückgelegt, lange ehe sie zwischen Buchdeckeln eine schriftliche Form fanden.

Doch zurück zum Sultan und seinem Wesir. Wie mag der Garten ausgesehen haben, in dem sie sich ergingen? In jenem arabischen Märchen erfahren wir darüber nichts. Wohl aber anderswo. Da ist z.B. der Garten des legendären Herrschers Harûn er-Raschid in Bagdad am Ufer des Tigris, von dem es in „1001 Nacht" heißt: „Den Eingang bildete ein Gewölbe, über und über mit Reben bedeckt. Die Türschwellen waren aus edlem buntem Gestein. Als sie zu den Baumgruppen, Staudengewächsen und Blumenbeeten kamen, fanden sie doppelte und einfache Dattelpalmen, beladen mit süßen Früchten, Mandelbäume, die ihre schmackhaften Kerne hinter üppigem Grün verbargen, Aprikosen gleich den Wangen eines schönen Mädchens, Orangen gleich goldenen Pokalen... Aus der Höhe kam das Gurren der Turteltauben, im Schatten schlug die Nachtigal. Am Boden glänzte die Rose, rot wie Rubin. Die Bäche murmelten leise, mild säuselte die Luft."

Gärten in den trockenen Zonen des Vorderen Orients – das verstand sich niemals von selbst. Fruchtbarkeit musste der Dürre abgerungen werden, war nicht nur Sache des Gärtnerfleißes, sondern immer von den lebensspendenden Wassern einer Flussoase abhängig, ein Gnadengeschenk des Himmels. Im Koran wird den Gerechten das Paradies, das sie nach dem Tod aufnehmen wird, in mehreren Suren verheißen und beschrieben; von daher fällt auch auf irdische Gärten himmlischer Glanz. Gärten sind Wunschorte, Grünen und Blühen steht für Fülle des Lebens und Lust am Dasein schlechthin. Unser deutsches Wort „Paradies" ist auf dem Umweg über das Griechische dem Altpersischen entlehnt und hatte dort die Bedeutung „Garten". Das kunstvoll bewässerte, intensiv genutzte Stück Land – es wurde von Alters her in der Literatur der arabischen Länder, vor allem in den Märchen, enthusiastisch gepriesen und mit poetischen Vergleichen gefeiert. Von einem Garten ist in einem arabischen Märchen die Rede, der „so krautreich, schön und blühend war, dass die Augen schier erschraken von seinem Anblick und ob der Schönheit seiner Pracht und Blüte."

Über Anlage und Pflege dieser Gärten erfahren wir so gut wie nichts. Nur Wasser ist immer in Fülle da: Rieselnd, plätschernd, in Gestalt von Springbrunnen und Bassins. Und wenn der Märchenheld Glück hat, so wird er – in einer Baumkrone versteckt – Zeuge einer Entkleidungs- und Badeszene schöner Mädchen. Natürlich hätte der Held in einem solchen Harems-Garten absolut nichts zu suchen – aber die Gärtner, so erfährt der Leser von „1001 Nacht" mehr als einmal, – sind entweder bestechlich oder leicht zu überlisten.

Auch über die Flora und Fauna wird in phantasievollen Bildern berichtet; in den Beschreibungen ist allerdings eher poetische als botanische Detailtreue angestrebt. Immer hängen an üppigen Bäumen reife Früchte, z.B. Quitten „wie mit Moschus gefüllte Bälle", Äpfel „wie mit Rubinwein gefüllte Pokale". Aladin findet in der Unterwelt nicht nur die Wunderlampe, die ihn dann auch im Abendland berühmt machte, sondern einen Obstgarten mit Früchten aus Perlen, Diamanten und Edelsteinen, und das ist in

189

diesem Falle wörtlich zu verstehen. Er nimmt davon mit heim, was die Hosentaschen halten, obwohl ihm in diesem Moment, kurz vor dem Verdursten, die „köstlichen" eher als die „kostbaren" Früchte gedient hätten. Feigen und Trauben wären ihm lieber gewesen – so heißt es –, als all das Geschmeide, dessen Wert er erst später zu würdigen lernt. – Vögel beleben mit lieblichem Gesang diese Gärten. Blumen und Kräuter gibt es in Hülle und Fülle, und auch sie können manchmal singen, immer aber ist von ihren betörenden Düften ausdrücklich die Rede. Bächlein fließen, Fruchtbäume sprießen um den Gartenpavillon des Königs Salomo, von dem Scheherezade in der 508. Nacht berichtet, „und Beete mit Rosen und Basilien, Eglantinen und allerlei anderen duftenden Blumen."

Gesamtkunstwerke sind diese wahrhaft herrschaftlichen Gärten, die alle Sinne ansprechen. Lediglich die Fülle der Früchte erinnert entfernt an einen Nutzgarten. Sonst ist kunstvolle Stilisierung der Natur oberstes Gestaltungsprinzip. Sie gehören Fürsten und reichen Kaufleuten oder gar Geisterkönigen oder zauberkundigen Damen, alles ist darin vom Feinsten. Man versteht zu leben in solchen Kreisen; alles, was Spaß macht – Speisen, Plaudern, Lieben – macht hinter Gartenmauern, an den Wasserbecken und in den mit Edelsteinen gefliesten Pavillons noch viel mehr Spaß.

Orientalische Märchengärten tun sich gern wie eine Fata morgana inmitten einer Wüste oder auch auf einer Insel im weiten Meere auf. Gerade noch fegen heiße Sandstürme über den Märchenhelden hinweg, das bisschen Wegzehrung, das seine bösen Widersacher ihm zynisch gelassen haben, als sie ihn in der Wüste aussetzten, ist verbraucht. Da erreicht er mit letzter Kraft eine Oase mit all den üblichen Ingredienzien, die sie zu einem Paradies macht. Immer übrigens gehören dazu nicht nur köstliche Früchte, sondern schöne Mädchen, oft im Plural, und der Märchenheld ist trotz aller gerade durchgestandenen Strapazen zu jedem erotischen Abenteuer bereit.

Das Schlaraffenland in der Einöde: Der Held sollte auf der Hut sein, seine Dankgebete zu Allah für die Errettung vor Seenot und

Wüstentod sind fast immer verfrüht. Böse Zauberer, schwarze Dämonen lauern hinter Dattelpalmen und Weinstöcken mit ihren Täuschungsmanövern und werfen ihre Köder aus. Doch immer wächst dem Günstling des Glücks rettende Hilfe in Gestalt von Geistern und Feen zu: Den Peris und gutartigen Dschinnen. Typische Situationen, in die die Hauptperson geraten kann, sind im orientalischen Märchen fantastischer und episodenreicher ausgemalt, aber in den Grundmustern dem europäischen Märchen gleich.

Eine besonders hübsche Variante des Märchentyps „Einer/eine zieht aus, um für einen Todkranken das heilende Kraut zu suchen" ist das persische Märchen „Der Vogel Blumentriller". Da gilt es, dem siechen König eben jenen Fantasievogel zu beschaffen, und natürlich ist es der jüngste Sohn, dem außerirdische Helfer den Weg zeigen und ihn von einem wunderbaren Garten in der Wüste in den nächsten schicken, bis er im dritten – außer einer erlösungsbedürftigen und liebeswilligen Prinzessin – den Vogel findet und raubt. Und, so heißt es, „jedesmal, wenn er seinen Triller schlug, fielen süß duftende und schönfarbene Blumen aus seinem Schnabel" – die obendrein noch heilkräftig waren und, aufs Herz gelegt, den alten König gesunden lassen.

Auch verbotene Türen, wie wir sie aus unseren Märchen kennen, kommen in orientalischen Geschichten vor, und der Leser weiß so gut wie der oder die zeitweilig mit der Schlüsselgewalt Betrauten, dass sich ein magisches Geheimnis dahinter verbirgt und dass gerade diese Tür nicht ungeöffnet bleiben wird. Im Orient jedoch führt sie nicht in das Horrorzimmer eines frauenmordenden Blaubarts, sondern geradewegs ins Freie und in einen offensichtlich der Zauberwelt zugehörigen Garten. Und natürlich bleibt hier wie dort die Tabuverletzung nicht folgenlos und setzt die Märchenhandlung erst richtig in Gang. Dschamschah, den Prinzen von Kabul z.B., bringen hinter einer solchen kaschierten Gartenpforte im Schlosse des Vogelkönigs drei Taubenmädchen schier um den Verstand, die dort ihr Gefieder ablegen und baden, nackt – „und schön wie der Mond in seiner Fülle", wie weibliche Reize etwas stereotyp gepriesen werden. Als Beispiel für viele aus „1001 Nacht" und anderen orientalischen Märchensammlungen sei die Beschreibung des Gartens hinter der verbotenen Tür zitiert: Dschanschah „sah einen großen Teich, neben dem sich ein kleiner Pavillon befand, der aus Gold und Silber und Kristall erbaut war; seine Fenster waren mit Rubinen ausgelegt, und sein Boden war mit grünen Chrysolithen, Rubinen, Smaragden und anderen Edelsteinen gepflastert ... Inmitten jenes Pavillons stand ein Springbrunnen, mit einem goldenen Becken voll Wassers, umgeben von allerlei Tieren und Vögeln, die aus Gold und Silber kunstvoll gearbeitet waren und aus denen das Wasser hervorströmte. Und wenn der laue Wind wehte, so drang er in ihre Ohren ein, und alle die Gestalten begannen zu flöten, jede in ihrer eigenen Weise. Neben dem Springbrunnen befand sich eine breite Estrade, auf der ein großer Thron aus Saphyir stand, mit Perlen und anderen Edelsteinen eingelegt ... Ferner erblickte Dschanschah rings um jenen Pavillon einen großen Garten. Dort sah er Fruchtbäume sprießen und Bächlein fließen und nahe bei ihm Beete mit Rosen und Basilien, Eglantinen und allerlei anderen duftenden Blumen; und wenn die Winde durch die Bäume säuselten, so wiegten sich ihre Äste hin und her ..." So wohl erdachte, erträumte man sich das Paradies.

In einem im Orient eher als in Europa verbreiteten Märchentypus wachsen Geschwister in einem einsamen Schloss mit prächtigem Garten auf, glücklich und sich selbst genug, bis eine heimtückische Alte die Idylle stört und der Schwester weismacht, dem Garten fehle etwas zu seiner Vollkommenheit: Ein sprechender Vogel, ein singender Baum, das besondere Wasser – oder gleich alle drei. Der Bruder begibt sich auf die Suche danach – und wird zu Stein. „Geschwister" im Märchen müssen nicht blutsverwandt sein, sie stehen für das Ur-Geschehen zwischen Mann und Frau. Erst die „Schwester" vermag dann den „Bruder", den Mann zu erlösen, zu „entsteinern", erst sie holt den Wunderbaum, das Zauberwasser in den gemeinsamen Garten, das Lebendige also in die allzu „geschwisterliche" Beziehung.

Lange braucht der Leser von „1001 Nacht" und von all den anderen märchenhaften Geschichten niemals zu warten, ehe ihm wieder eines der Gartentore aufgetan wird und dahinter gleich die weichen, mit erlesenen Teppichen belegten Ruhebänke und kostbar ziselierten Tische für ihn bereitstehen. Bei der Fülle der Gartenzitate fand sich nicht nur eines für den Anfang dieser Betrachtungen, sondern auch eines für das Ende. Die jüngste von drei Fischerstöchtern mit dem schönen Namen „Herzverloren" gerät an einen Pferdebräutigam, der natürlich nach Belieben Menschengestalt annehmen kann. Er heißt „Grünkappe", was auf die ehrwürdige Sippe der Vegetationsgottheiten hindeutet; Märchen gehen ja auf ihre spielerische, poetische Weise mit mythischen Urbildern um. Grünkappe und Herzverloren wird es nicht leicht gemacht, zu endgültigem gemeinsamem Dauerglück zu finden, und in diesem Falle ist es – eine Ausnahme in einer vom Islam geprägten Welt – die Frau, die erst 27 Paar Eisenschuhe durchlaufen muss. Aber am Ende – so heißt es in den letzten Zeilen – teilte Grünkappe an die Geister seine Befehle aus, und wörtlich: „... sofort bauten sie für ihn und Herzverloren ein Schloss und einen Garten, und dort lebten sie in aller Pracht und Freude."

Zaubergärten – Hexengärten

Wie jedermann weiß, gerät Aladin, armer Leute Kind, ein Faulpelz und Tunichtgut, völlig unverdientermaßen in den Besitz jener wunscherfüllenden Wunderlampe, die ihm im Titel seiner Geschichte aus „1001 Nacht" namentlich zur Seite gestellt wird. Und die ihm schließlich zu Sultanstochter und Herrscherwürden verhilft. Dass der Weg zum Aufbewahrungsort der Lampe im Bergesinnern durch einen Garten führt, ist weniger bekannt und erschließt sich erst dem geduldigen Leser des langen, ereignisreichen Märchens. Ein unterirdischer Garten ist dies mit Attributen der Zauberwelt: Aladin ging zwischen den Bäumen hin und her, heißt es, „und dabei schaute er auf sie und auf all die Dinge, die den Blick blendeten und den Verstand raubten...Da sah er denn, dass die

193

Bäume statt richtiger Früchte große Edelsteine trugen, kostbare Smaragde, Diamanten, Hyazinthen, auch Perlen und andere Juwelen, bei deren Anblick die Sinne verwirrt wurden." Als Aladin seine Enttäuschung überwunden hat, dass nicht Weintrauben oder Feigen oder andere essbare Früchte an den Bäumen hängen, füllt er sich die Taschen mit dem hübschen Tand, den er für Glas oder Kristall hält. Etwas Genießbares wäre ihm lieber gewesen, denn da er einstweilen weder die wunderbaren Eigenschaften der Lampe noch die seines neuen Fingerringes kennt, sieht er dem Hungertod entgegen. Doch in exquisiten Zaubergärten wachsen und sprudeln selten normale Hunger- und Durststiller. Silberne oder goldene Blätter, goldene Äpfel, diamantene Früchte, an solchen Extremformen der Obstkultur, Attrappen, wenn auch der feinsten Art, sind die Gärten der Zauberwelt leicht zu erkennen. Im Märchen wird gern mit solchen magischen Überhöhungen realer Natur im Bilde kostbarer Minerale und Metalle gespielt.

In anderen Zaubergärten geht es eher deftig-bodenständig zu, man wird dort nicht unbedingt reich, aber zumindest satt: Ein Ausdruck von Wunschfantasien der kleinen Leute, für die solche Geschichten Erzählstoff waren. Und Sattwerden, womöglich noch nach Feinschmeckerart, das war ja alles andere als selbstverständlich. So heißt es, was die Gartengestaltung betrifft, in Ludwig Bechsteins „Märchen vom Schlaraffenland": „Um jedes Haus steht ein Zaun, der ist von Bratwürsten geflochten und von bayerischen Würsteln, die sind teils auf dem Rost gebraten, teils frisch gesotten, je nach dem sie einer so oder so gern isst. Alle Brunnen sind voll Malvasier und andre süße Weine, die rinnen einem nur so in das Maul hinein. Auf den Birken und Weiden, da wachsen die Semmeln frischbacken, und unter den Bäumen fließen Milchbäche ..."

Edelsteinwälder, Bratwurstzäune, Milchgewässer – da ist die Sache klar. Nicht immer jedoch sieht man Zaubergärten so ohne weiteres ihre magische Natur an, und gerade das macht sie so gefährlich für Besucher und Eindringlinge. Der unbedachte Biss in einen Apfel, das Knabbern an einem Kräutlein, und es wächst einem eine lange Nase. Einer klettert in einen Obstbaum, um von seinen

Früchten zu kosten – und ist am Stamm festgehext. Und in jedem Falle ist ein Gegenzauber, ein lösender Spruch des Gartenbesitzers nötig, damit der Weg des Märchenhelden oder der -heldin und damit die Handlung weitergehen kann.

Viele Zaubergärten sind trügerische Paradiese. Peronnik, die Abart eines „Dummlings" mit märchenhafter Zukunft, gerät in einen solchen; da heißt es: „Das Lustgärtchen war aus den schönsten Pflanzen zusammengesetzt, dort gab es Rosen in allen Farben, spanischen Ginster, rotes Geißblatt, und über allem erhob sich eine Wunderblume, welche lachte...Der Garten war voller Früchte und Blumen mit zarten Stimmen wie die Engel im Paradies." Diener gab es, die den Jüngling schon zu erwarten schienen, und schöne Mädchen, die auf dem Rasen tanzten und ihn mit Namen riefen. Auch dies also ist ein Genießer-Garten, ein Schlaraffenland, wenn auch der verfeinerten Art. Übrigens ist natürlich in diesem Schein-Paradies etwas faul, der Leser ahnt es und der Jüngling weiß es instinktiv, sonst wäre er kein Märchenheld. Wehe, er würde sich nach den schönen Mädchen auch nur umdrehen oder gar eine Frucht pflücken...!

Wir verlassen diese luxuriösen Gefilde und folgen einem jungen angehenden Vater auf seinen heimlichen Beutezügen über die Grenzmauer in den Garten seiner unheimlichen Nachbarin. Sie ist eine „mächtige Zauberin", wie es im Märchen der Brüder Grimm heißt, und damit mag es zu tun haben, wenn die Rapunzeln auf ihren Beeten gar so verlockend grün und saftig sind. Die schwangere Frau des jungen „Diebes wider Willen" meint sterben zu müssen, wenn sie sich nicht daran laben darf. Und deshalb ist dann für ein paar Salatpflänzchen ein so unangemessen hoher Preis zu entrichten – eben jenes ungeborene Kind. Ein Übergriff in die Gartensphäre der Zauberwelt ist gefährlich und hat unabsehbare Konsequenzen. In einem französischen Märchen dieses Typs sind es Erdbeeren, nach denen gleich sieben Schwangere lüstern sind. In der Siebenzahl sind die Frauen stark und brauchen keinen Mann, selbst überlisten sie den wachthabenden Esel der Hexe und tragen die Erdbeeren gleich schürzenweise davon. Zweimal geht es gut, am dritten Tag aber hat die Hexe sich im Garten eingegraben, so dass nur noch ihr großes Ohr im Beet herausschaut. Eine der Schwangeren hält es für einen Pilz, den man abbrechen kann, da wird sie von der Hexe erwischt, die anderen können entkommen, sie aber muss ihr Kind versprechen. Ein schönes Mädchen wird geboren, deren schicksalhafte Verknüpfung mit der Zauberwelt zu einem ähnlichen Lebensweg führt wie der der goldhaarigen Rapunzel.

Bodenständige, essbare, allgemein bekannte Nutzpflanzen gedeihen also hier im Garten von Hexen, wenn auch solche erlesenster Qualität – im Gegensatz zur Flora der meisten anderen fantastischen Zaubergärten, von denen verwünschte Schlösser und andere magische Orte umgeben sind. Da gehorchen die Pflanzen anderen Gesetzen als denen der Botanik und werden kaum jemals konkret benannt. Ausnahmsweise hören wir jedoch in einem spanischen Märchen, was auf den Beeten einer Hexe wächst: Diese wird von einem Ritter in die Enge getrieben und muss ihm die Rezeptur ihres Zaubergebräus verraten, mit dem sie Tote wieder lebendig kochen kann: „Geht in den Garten, nehmt Eisenhut, Klatschmohn und Drachenblut und kocht das in einem Kessel ..." – und es wirkt – jedenfalls im Märchen.

Hexe und Garten – das scheint eigentlich ein Widerspruch in sich. Die alte Wortbedeutung „Hexe" – die „Zaunhockerin" – weist die unheimliche, der Magie kundige Alte als ein Zwitterwesen aus, das an der Grenze zwischen der umzäunten, also der geordneten Welt und der chaotischen Wildnis haust. Und so stellte man sich Hexen, bzw. Frauen, die für solche gehalten wurden, eher im Unheimlichen des Waldes bei der Suche von Zauberkräutern als im Heimeligen des Gartens beim Hegen und Pflegen von Nutzpflanzen vor.

Eine alpenländische Sage beginnt so: „In einer morschen Hütte am Rande eines Hügels, auf dem allerlei Gestrüpp wucherte und die Käuze in der Nacht unheimlich schrien, hauste ein krummes altes Weiblein, das sich vom Verkauf heilkräftiger Kräuter ernährte. Es war die Wurzelsophie, die so hieß, weil sie nicht nur jedes Stänglein kannte, sondern auch Wurzeln aus der Erde grub und sie zu Medizin verkochte. Oft dampfte bis spät in die Nacht hinein ihr Kessel, über dem sie allerlei geheimnisvolle Sprüche hinsagte und beschwörende Zeichen machte". Sie ist mit der Natur auf Du und Du, die Wurzelsophie, sie hat das Gespür für die energetischen Verbindungen zwischen Mensch und Pflanze. Außerhalb von Märchen und Sage wäre sie deswegen in der Realität der frühen Neuzeit als Hexe verbrannt worden. Vergessen waren da vor dem Tribunal die heilkräftigen Tränklein und wohltätigen Salben, die jene Kräuterkundigen brauten und mixten aus dem, was ihnen die Flora von Wald, Feld und Garten spendete – und der Garten ist hier nicht als etwas Eingezäuntes und Angelegtes zu verstehen, sondern im erweiterten Sinne der alten Pflanzenbücher, die unter „Kräutergarten" oder „Gart der Gesundheit" die ganze Gesellschaft der Pflanzen verstanden, die der Mensch zu benennen und zu nutzen wusste.

Die Hexe ist in der Volksliteratur wie in der geschichtlichen Wirklichkeit eine Mischfigur aus Aberglaube, Angstprojektionen und den Erfahrungstatsachen im Umgang mit Frauen, die nicht ganz der gesellschaftlichen Norm entsprachen. Und jedenfalls spielten bei ihren zauberischen Machenschaften – wie überhaupt im Volksglauben – Pflanzen eine wichtige Rolle. Den kirchlichen Autoritäten waren solche magischen Praktiken höchst suspekt, wie in dem berühmten und weit verbreiteten „Kreuterbuch" von Tabernomontanus von 1588 deutlich wird: „Es gebrauchen gleich wohl heutigen Tages noch etliche alte Kupplerinnen diese Kreuter..., das sammeln sie zu iren Wurtzwischen und treiben allerhand Segen, Fantaseyen und zauberisch Gauckelwerk damit, welche doch den Christen verboten." Je nach Dialekt Wurzwischen, Wurzbüschel, Kräuterbüschel – so wurden jene Sträuße aus Heil- und Zauberkräutern genannt, die in katholischen Gegenden am 15. August, dem Tag der Himmelfahrt Mariens, zur Potenzierung ihrer Heil- und Abwehrkräfte in der Kirche geweiht wurden und auch heute noch werden. So wurden die ursprünglich heidnischen Bräuche, wenn denn alle Verbote nichts ausrichteten, christlich verbrämt und in den kirchlichen Jahreslauf integriert.

Was aber wächst in den Hexengärten der Natur? Lassen wir in diesem Zusammenhang all die segensreichen Kräuter der „Apotheke Gottes" beiseite, für deren therapeutischen Einsatz jene zauberkundigen Frauen vor allem zuständig waren, die dann mit ihren Künsten so sehr ins verhängnisvolle Zwielicht gerieten. Daneben waren es spezielle Liebestränke, die man sich von den Hexen brauen ließ, um damit ein laues Herz für sich zum Erglühen zu bringen.

Allgemein stand an erster Stelle der „magischen Gewächse" die Alraune, botanisch Mandragora officinarum, als Nachtschattengewächs verwandt mit Tomate, Kartoffel, Tabak, Petunie. Die Alraune ist eine Pflanze mit unscheinbaren Blättern und Blüten, aber einer dickfleischigen Wurzel, bisweilen in der Form eines Männchens, die für alle Arten von Zauber und Gegenzauber gut war und hoch im Preis stand, da sie in heimischen Hexengärten nicht winterhart ist, also importiert werden musste. Die stark giftigen Wurzeln dienten nicht nur zum „zaubern", sondern auch in der Medizin als wirksames Narkotikum.

Auch mit dem Bilsenkraut, Hyoscyamus niger, ließen sich Zahnextraktionen, Geburtswehen und chirurgische Eingriffe leichter überstehen. Es ist eine unscheinbare, heute weitgehend unbekannte Pflanze aus Feld und Flur mit narkotisierender, in entsprechend hohen Dosen tödlicher Wirkung. Pfeilspitzen sollen zu nachhaltigem Effekt mit Bilsenkrautsaft präpariert worden sein, beim Jagd- und Wetterzauber, als Aphrodisiakum wurde es eingesetzt – oder auch um Liebeszauber unschädlich zu machen und generell zur Abwehr böser Geister in Haus und Stall. So manch ein unliebsamer Mitmensch soll mit Hilfe des Bilsenkrautes auf die Seite und unter die Erde gebracht worden sein.

Als klassische Liebesdroge galt vor allem der Stechapfel, Datura stramonium, eine Wildform der heute als Kübelpflanze gezogenen Engelstrompete mit kleineren weißen Blüten und stachlig-kugeligen Früchten. Neben verschiedenen magischen Praktiken außerhalb der Botanik waren es vor allem Pflanzen – als Getränk eingeflößt, als Blättchen in den linken Schuh geschoben – die unwiderstehlich machen sollten, z. B. Liebstöckel, Myrte, Rosmarin, wobei die verwirrende Fülle der im Volksglauben überlieferten einschlägigen Mittelchen darauf schließen lässt, dass jede Hexe ihre eigenen Rezepturen hatte.

Vor allem das schadenszauberische Anhexen von Unheil aller Art auf Mensch, Tier und Ernte wurde jenen Frauen mit dem zweifelhaften Ruf zugeschrieben und brachte ihnen Folter und Feuertod. Ebenso kannten sie jedoch die rechten Kräuter, wenn es darum ging, sich den Teufel und andere dämonische Wesen vom Halse und von Haus und Stall entfernt zu halten: Wehrmut, Salbei, die Rautenarten, Arnika, Lavendel – Aromapflanzen also, aber auch Buchs und viele andere. Die hätte man allenfalls auch selbst sammeln können, aber es waren eben jene Frauen, die wussten, wann man sie pflückt und wie man sie aufbereitet, damit sie ihre magischen Energien freigeben.

In eigener Sache brauten Hexen zumal jene geheimnisvollen Mixturen, die sie scheinbar schwerelos und für ihre Besenritte zum Blocksberg flugfähig machten. Die müssen in der Fantasie, in einer halluzinatorischen Zwischenwelt starker Bilder, wirklich statt gefunden haben. Die Bewusstseinsgrenze zwischen Traum und Realität muss sich unter der Wirkung von Drogen aufgelöst haben; phantastische, auch obszöne Erlebnisse im Dämonenland erschienen den angeblichen Hexen im Nachhinein als täuschend real.

Über die Zusammensetzung jener Flugsalben ist viel gerätselt worden. Volkskundler haben in unserer Zeit in Selbstversuchen verschiedene Mixturen und Essenzen erprobt und unter ihrer Wirkung Gefühle von Schwerelosigkeit und orgiastischer Entgrenzung erlebt. Neunerlei Kräuter mussten es sein – also die Potenz der magischen Zahl drei – und die zumeist genannten Ingredienzien sind Tollkirsche, Nachtschatten, Eisenhut, Bilsenkraut, Mondraute, Wegwarte, Hauswurz, Kalmus, Pestwurz, Käspappel, Wolfsmilch, Eppich – wobei die botanische Zuordnung dieser „Hexenkräuter", wegen der im Volksmund variierenden Bezeichnung, nicht immer exakt und eindeutig ist. Die „Englischen Kräuterhexen" – so nennen sie sich selbst in ihrem vergnüglichen Büchlein – übermitteln ein Rezept von 1660, das durchaus auch für den Küchengebrauch geeignet scheint; die – im Vergleich zu anderen magischen Mixturen – unverfängliche Basis besteht aus Salatöl: „Zunächst reinige man es mit Rosenwasser und Tagetes, wobei die Blüten gegen Osten gepflückt werden müssen. Man reinige es so lange, bis das Öl weiß wird, fülle es dann in ein Glasgefäß, gebe die Knospen von Stockrosen, Blüten von Tagetes und wildem Thymian und die Knospen von junger Haselnuss dazu. Dann nehme man das Gras eines Feen-Thrones (= Ameisenhaufen), füge alles zu dem Öl im Glas, lasse es drei Tage in der Sonne ziehen und verwahre es anschließend für den Gebrauch."

Andere Rezepte sind weniger harmlos und appetitlich. Sie sehen das Kochen in Bohnenbrühe vor oder in „Fledermausblut", auch gekochte Spinnen, Kröten, die gepulverten Knochen von Erhängten, Blut ungetaufter Kinder und andere Unappetitlichkeiten werden vorgeschrieben. Dagegen wirken die vielerlei zauberwirksamen Kräuter sympathisch und realistisch. Ob diese bei Vollmond oder bei Neumond, ob an Johanni oder in der Karfreitagsnacht zu ernten sind, ob mit bloßen Fingern gegraben werden muss oder ob ein Messer erlaubt ist – auch darüber gingen die Meinungen von Gegend zu Gegend und von Hexe zu Hexe stark auseinander. Magie aber war immer im Spiel, und dafür waren jene Frauen mit ihrem sechsten Sinn für Zauberpflanzen und Hexenkräuter zuständig.

***